近藤 康史 著

左派の挑戦

―理論的刷新からニュー・レイバーへ―

木鐸社刊

【目次】

序論   7

第1部　「新しい政治」におけるヘゲモニーの政治
はじめに   21
  （1）左翼政党と左翼政治言説の機能不全   21
  （2）ポスト・マルクス主義論への注目   23

第1章　戦後ヘゲモニー構造の構成と転位   29
 第1節　戦後ヘゲモニー構造の構成   29
  （1）経済的政治体制としての福祉国家   29
  （2）コンセンサス政治の形成と安定――イギリスの戦後体制   32
 第2節　ヘゲモニー構造の転位   35
  （1）コンセンサス政治の終焉   35
  （2）戦後ヘゲモニー構造の転位――中心性の揺らぎ   37
  （3）福祉国家を超えて――「再構築論」の意義と限界   40
  （4）新しい社会運動の登場と「政治空間の複数性」   43
 第3節　小括――新たなヘゲモニーの構成に向けて   46

第2章　「新しい政治」における政治戦略   55
 第1節　アイデンティティの多元化と接合――言説とヘゲモニー   56
 第2節　「新しい政治」のヘゲモニー――ヘゲモニー論の現代的到達点   60
  （1）ヘゲモニー論における経済・階級中心性の相対化   61
  （2）「ヘゲモニーの危機」をめぐって――具体的展望についての考察   66
  （3）小括   70
 第3節　ポスト・マルクス主義ヘゲモニー論についての批判的考察
　　　　　　――ヘゲモニーと客観的アイデンティティ   71
 第4節　まとめと結論――「新しい政治」におけるヘゲモニー   77
結び   93

第2部　現代イギリスにおける左派言説の変容
　はじめに　97

第3章　「新しい政治」における政治言説の再構成　105
　第1節　政治理念の再構成　105
　第2節　左翼言説の再構成へ向けて　108
　　（1）社会的変化への対応——共鳴盤の構成　108
　　（2）否定性と対立軸の形成　112

第4章　イギリス左派言説の転回　121
　第1節　新しい時代認識から左翼の変容へ　121
　第2節　新たな対立軸の構成
　　　　　——新保守主義ヘゲモニーについての解釈　127

第5章　イギリス左派言説——「政治的領域の拡大」を軸として　139
　第1節　言説的転換——「政治的領域の拡大」の構想　139
　　（1）多元性と差異　139
　　（2）民主主義的自律　141
　　（3）参加と討議　143
　　（4）アソシエーショナル・デモクラシー　144
　　（5）小括　145
　第2節　転換の意義　146

第6章　新しい左派言説の諸問題——批判と考察　155
　第1節　市民社会の制度と国家　155
　第2節　議会制との関係——イギリス左派言説と「政治的なるもの」　163
　結び　177

第3部　ニュー・レイバーのヘゲモニック・プロジェクトの位相
　はじめに　183
　　（1）問題の所在　183

（2）政党戦略への注目の文脈　184

第7章　転換の文脈——イギリスの戦後政治と労働党の政治戦略　193
　第1節　コンセンサス政治と労働党の戦略的枠組　194
　第2節　福祉国家の危機・サッチャリズム・労働党の模索　204
　第3節　ニュー・レイバーへ　216

第8章　左派理念の刷新　229
　第1節　「社会主義」言説の刷新——新たな左派理念へ向けて　229
　第2節　綱領四条改訂　238

第9章　新たな政策と言説——国家中心性へのオルタナティヴ　255
　第1節　社会正義——福祉国家を超えて　256
　第2節　政治的革命——分権とコミュニティ　265
　　（1）政治的革命　265
　　（2）市民サービスとコミュニティ　268
　　（3）分権化　274
　　（4）分析と整理　280
　第3節　「政治的領域の拡大」へ——コミュニティをめぐって　286

結び　左翼の転換と政治空間の変容　299
　　（1）「第三の道」の意味　300
　　（2）左翼の変容　303

結論——左翼の変容とその政治学的意義　307

あとがき　314
文献一覧　318
用語索引　328
人名索引　331

序　論

現代の先進諸国は，1970年代以降に始まる福祉国家の危機を契機とし，その克服を目指して様々な政治的プロジェクトが錯綜する，揺らぎの状況の下にある。その原因としては，経済成長の鈍化やそれに伴う財政危機のみならず，環境運動などの様々な社会運動の登場や，福祉をはじめとした社会的サービスにおける要求の多元化，あるいは消費者のニーズの多様化といった形での，政治的イシューの複数化やアイデンティティの多元化に直面した，既存の政治諸勢力の対応能力と統合能力の喪失が挙げられる。現在のこの閉塞状況の下で，政治諸勢力は，多元化に対応した形で統合能力を回復することを求められており，新たな政治戦略の構築が必要とされていると言えよう。この文脈を踏まえ，新たな政治的プロジェクトの可能性について検討し，多元性の開花したポスト福祉国家的状況において，いかなる政治的統合原理が可能かという問題に迫ることが，本書の最も大きな課題となる。

この揺らぎの中において，政党をはじめとした政治勢力は，右派・左派を問わず，新たに有効な政治統合原理を模索している状況にあり，未だその政治的転換の確固たる方向性は定まっていないと言えよう。日本のように，いずれの政治勢力も未だ有効性のある新たな政治戦略を打ち出せず，その結果政治不信が高まっている事例もあれば，イギリスのように，新保守主義プロジェクトが一定の有効性を見た事例もある。しかし，ポスト福祉国家政治戦略としての有効性を打ち立てたかに見えた新保守主義プロジェクトも，90年代に入りその勢いを失った一方で，労働党などの左派勢力が，現在では多数派獲得に次々と成功している。このことは，80年代以来，左派の側でもその政治的プロジェクトの転換への模索が続けられてきた結果と見ることができるが，それは，閉塞状況の打破を果たしつつ，新保守主義プロジェクトの持った問題点をも突破しうるような，オルタナティヴの提起を伴っているのであろうか。この点からすれば，左派政治プロジェクトの変容を採り上げ，その可能性を検討していくことは，現代の政治的な揺らぎの状況を読み解き，そしてそこから抜け出す筋道を探り出すという我々の課題からしても，一定の意義を有するものと思われる。

70年代から始まる政治的な揺らぎの状況の下で，いわゆる「左翼」[1]は，とりわけ大きな揺らぎを経験している。1980年代から90年代初頭にかけて

表1　1970年代と1980年代における主な左翼政党の選挙パフォーマンス

(上段が年，下段が得票率)

イギリス労働党	1974.2 37.2	1974.10 39.2	1979 36.9	1983 27.1	1987 30.7	
(西)ドイツ社会民主党(SPD)	1972 44.9	1976 42.6	1980 42.9	1983 38.2	1987 37.0	1990 35.5
オーストリア社会党(SPÖ)	1971 50.0	1975 50.4	1979 51.0	1983 47.4	1987 43.1	1990 43.5
スウェーデン社会民主主義労働者党(SAP)	1973 43.6	1976 42.7	1979 43.2	1982 45.6	1985 44.7	1988 43.2
フランス社会党	1973 25.0	1978 28.9	1981 39.7	1986 31.8	1988 37.9	

注：H. Kitschelt, *The Transformation of European Social Democracy*, Cambridge U.P.,1992, p. 5, Table 1.1を参照の上，筆者作成。

の時期においては，西欧諸国のいわゆる左翼政党，特に社会民主主義政党は，戦後政治において経験したことのない低迷を強いられた。表1は西欧諸国の代表的な社会民主主義政党の，70年代から80年代にかけての国政選挙での得票率の推移を示しているが，この時期において多くの社会民主主義政党が得票率の低下，ないしは頭打ちを経験している。中でも，(西)ドイツの社会民主党とイギリスの労働党は，この期間においては得票率の減少が著しい。その理由として，(西)ドイツでは緑の党という新政党が登場したこと，イギリスでは対抗政党である保守党がサッチャリズムという形で勢力を拡大したことが挙げられる。いずれにしろ，新たな政治的支持を開拓した他党によって，左翼政党は従来の支持を掘り崩されてきていたのである。

　他方で，以上のような不適合性を，左翼政治理論も抱えつつあった。戦後の左派知識人に圧倒的な影響を与えたマルクス主義は，ソ連のスターリン支配などをきっかけとしてその正統性を失い始め，80年代後半の冷戦終結，90年代初頭のソ連崩壊に至ってその影響力をほぼ失っている。それに加え，前段で見た現実の動向は，社会民主主義なども含んだ広義のマルクス主義的潮流に対して，現代政治への不適合性という批判を突きつけることになった。

　このように，一方では現実的な動向の文脈から，他方では理論における時代適合性の点から，左翼の閉塞が指摘され，転換への要請がなされたの

であるが、この二つの文脈は相互に連関したものでもある。左翼理論が、直接的であれ間接的であれ、左翼政党の戦略的・イデオロギー的基盤を支えてきたことを考えるならば、左翼理論の有効性の喪失は、政党戦略の機能不全の一要因をなしていたと言えよう。また逆に、アイデンティティの多元化といった現実的動向が、左翼理論の正統性を掘り崩し、また東欧革命・ソ連解体という事態が、左翼理論の見直しの決定的契機をなしたという点を考えるならば、左翼理論の閉塞と転換もまた、現実政治上における変容を一つの契機としている。したがって、左翼の閉塞・転換を考える際には、これらの二つの文脈を連関させ、その全体像を浮かび上がらせる必要があると言えよう。

さて、上記の危機や不適合性の中で、左翼理論においても左翼政党においても、この間一定の転換が試みられた。90年代後半における、西欧各国での左翼政党の復権という動向（表2）を見れば、それらの転換は成果を上げたと見ることができるかもしれない。この状況を背景として、左翼の危機と転換はどのような性質と意義を持ち、そして現代の政治空間を変容させるインパクトを与えているのかということが、政治学的な課題として問われつつある。この問いは、現代における「左翼の変容」を検討することによって、「新しい政治」における新たな政治統合原理の可能性とそれに

表2　欧州連合（EU）加盟15カ国の政権（1998年10月）

95年	ルクセンブルク	中道左派（キリスト教社会党, 社会労働党）
	フィンランド	中道左派（社会民主党, 国民連合, 左翼同盟など）
	ベルギー	中道左派（フラマン系, ワロン系のキリスト教社会党と社会党）
	ポルトガル	社会党
96年	イタリア	中道左派（左翼民主党, イタリア人民党, 緑の党など）
	スペイン	中道右派（国民党, カタルーニャ同盟）
	ギリシア	全ギリシア社会主義運動
97年	オーストリア	社会民主党を軸とした連立
	イギリス	労働党
	フランス	左派（社会党, 共産党, 緑の党など）
	アイルランド	中道右派（共和党, 進歩民主党）
98年	デンマーク	中道左派（社会民主党, 急進自由党）
	オランダ	労働党を軸とした中道・保守との三党連立
	スウェーデン	社会民主党の少数単独政権
	ドイツ	社会民主党を軸にした連立へ

注：『朝日新聞』1998年10月1日朝刊。

伴う政治変容を読み解こうとする本書が目指す課題でもあり，また同様の目的を持った研究が，現代の政治学的課題の一つとして数多く出始めている。これらの研究は，筆者が冒頭部で示した課題——左翼の変容と，それが現代政治空間に及ぼしたインパクトの析出——に対して，どのような回答を与えるのであろうか。

　先に示したように，一方では，ネオ・マルクス主義やポスト・マルクス主義といった形で，マルクス主義を中心とした左翼政治理論における転換が生じており，それらの理論についての検討に焦点を定めた研究がいくつか出てきている。この理論的転換についての包括的な研究として，日本において最も代表的であるものが，加藤哲郎の業績であろう[2]。彼は，主に国家論の分野で開始されたネオ・マルクス主義およびポスト・マルクス主義への左翼理論的転換を，経済規定性と階級規定性を相対化し，「政治」のモメントを救い出すという観点から整理している[3]。また，東欧革命の原因となった「国家主義」が，マルクス主義を中心とした左翼理論が抱えた問題点であるとして，「永続民主主義革命」の論理を，新たな左翼理論の展望として提出している[4]。

　これらの議論は，左翼理論の転換の重要な要素の指摘を含んでいる。しかし彼の議論は，マルクス主義の展開であれ，国家論の展開であれ，その理論的転換の紹介にとどまる傾向にあり，左翼政党を中心とした現代政治上の勢力に対して，その転換がいかなるインパクトを与えたのか，という点へと展開されないため，筆者が「左翼の変容」を採り上げる問題関心に対しては，十分な回答を与えるものではない。彼の議論は，左翼理論の転換が，福祉国家の危機を中心とする現代政治上の揺らぎに対して，具体的な政治勢力と結びつきつつ，どのような意味を持ったのかという点については，直接的な答えを提示しているわけではないのである。その課題に答えるためには，単にその理論的転換の紹介にとどまるだけでなく，更に次のような検討が必要となる。つまり，左翼理論上に生じた転換の要素——例えば，経済規定性や階級規定性の克服，「政治の優位性」の導出——が，福祉国家からポスト福祉国家へという政治状況の変化といかに対応しており，新たな政治統合の原理として政党戦略のオルタナティヴへと具体化されていくのか，ということが問われなければならないのである。そして，

これらの問いに答えるためには，左翼理論の変容について，理論的なパースペクティヴから紹介するだけではなく，福祉国家の形成から危機，新たな政治統合原理の模索という現代政治の状況に照らしながらその変容の意味するところを組み直し，その政治学的意義を引き出していくという作業が求められるであろう。

また，このようなマルクス主義的展開以外にも，80年代から90年代前半にかけての左翼政党の衰退という，より具体的な現代政治状況を契機としつつ，左翼理論の変容について検討した研究も，多く存在する。代表的なものとして，A．ギデンズの『左と右を超えて[5]』や，N．ボッビオの『右と左[6]』が挙げられるだろう。それらにおいて，解放政治から生活政治への転換や，「平等」の実現への一貫したコミットメントといった，新たに左翼が依拠すべき理論が提供されている。しかしこれらの議論は，左翼の転換への提言を込めた性格も強いため，それらの理論的提言が実際の政治勢力にどのようなインパクトを与え，現在の政治的揺らぎの状況に対して処方箋を提供しているのか，という点については，別に検討すべき課題となる。

このように，左翼理論の転換に焦点を定めた諸研究においては，その議論が理論的考察の中にとどまるという傾向を持ち，その転換が，どのような形で具体的な政治勢力の転換へと結びつき，それを通じて，現代政治に対していかなるインパクトを与えているのか，という点へと議論が展開されない傾向がある。したがってそれらは，左翼理論の変容の分析としては一定の意義を持っているが，現代政治に起こりつつある左翼政党の変容を，その関連からどのように位置づけ分析するかという課題は残されている。その結果，左翼の変容に伴い，現代の政治空間がどのように再構成されているのかという問いもまた，残されたままとなる。これらの状況を踏まえれば，「左翼の変容」を論ずる中で，筆者が提起する課題を解いていくためには，福祉国家の閉塞とポスト福祉国家への模索という，より具体的な状況を踏まえた上で，理論的転換の意義を整理し直し，それを受けて政治勢力に焦点を当てた分析を行うことが，必要となっていると言えよう。

他方においては，90年代後半の西欧諸国における左翼政党の復権を契機として，ある特定の国の左翼政党に焦点を定めて分析を行う研究も出始めている[7]。特に日本においては，日本社会党（社会民主党）の近年の衰退と

の比較の視点などから，諸外国の「左翼の変容」について紹介・検討した文献が多いと言えよう。

　しかし，それらの多くは，いずれの政治勢力も，利益政治的な戦後体制に対して，オルタナティヴとなる戦略を明確には打ち出せていないという日本の状況に照らして，諸外国の左翼政党の成功から学ぼうという目的意識が強いため，例えば労働党などの政党の政策転換についての紹介にとどまったり，それに対する批判的視点を欠いたりといった傾向を持っている。つまり，政治学的に先進諸国の政治転換をとらえようというよりはむしろ，日本の政治状況に対して，政治的な提言の一つのモデル・ケースとして，諸外国の経験がとらえられることが多い。

　しかし，上述した政治学上の課題から言えば，左翼政党の転換は，日本に対するモデル・ケースとして以上の，重要な意義を持っていると言える。つまり，福祉国家的プロジェクトの有効性が疑問視されている現在，いかにして新たな政治的プロジェクトが可能かという課題に対してそれが持つ意義である。そして，その意義を正確に検討するためには，日本との違いを視角とし，単にその良さを紹介・賞賛するにとどまるのではなく，先進諸国に共通する福祉国家の危機以後の政治転換の構図を押さえつつ，それがどのように福祉国家を克服し，なおかつ新保守主義に対してオルタナティヴを提起しているのか（あるいはしていないのか）といった更に大きな枠組から，その意義（と限界）を検討することが必要であろう。

　また，これらの研究におけるもう一つの，そしてより重要な問題点は，もちろん何らかの理論枠組にはそれぞれの研究が依拠しているものの，政党の転換の背景にある，左翼政治理論の転換のインパクトを，その議論に十分に組み込めていないという点である。したがって，政党の戦略転換の背景にある，左翼的な思考形態そのもののパラダイム転換――特に，経済・階級中心性の相対化――が踏まえられておらず，現代政治に対してそれが持った意義とインパクトを，やはり正確にはとらえきれないという問題点を持つ。

　現代における「左翼の転換」を考える場合，その中に存在する重要なパラダイム転換を踏まえることが必要不可欠である。先に述べたように，経済規定性や階級規定性からの離脱が，左翼理論的転換の核心であったとす

るならば，政党戦略の中においても，それらの伝統的な中心性を解体する形で転換が行われた可能性があるからである。しかし，それを踏まえず，理論レベルで解体されつつある経済と階級の中心性を，依然として前提としたままで「左翼の転換」を分析するならば，それが現代政治上に持ったインパクトをとらえ切ることはできないであろう。

　これらの弱点は，現代の左翼政党の転換を，現状分析的に論じた業績の多くが抱えるものである。本論で詳細に述べることであるが，イギリスにおいて，97年の総選挙後に発表されたニュー・レイバーに関する研究・評論の多くもまた，このような問題点を抱えており，ニュー・レイバーの転換の新しさを，正当に評価しえているとはいいがたい（第7章参照）。このように，現在存在する「左翼政党の転換」についての諸研究の多くは，主に政治理論の領域で起こった左翼的パラダイムの転換と，それが政党戦略の転換に及ぼした影響をとらえ切れず，従来の左翼的前提からその転換を論じようとするために，その転換の政治学的意義と，それが現代政治空間に与えるインパクトを，十分には抽出できないという問題を抱えていると言えよう。

　以上のように，「左翼の変容」は現代政治を分析する上でポイントとなる政治学的課題であり，様々な研究が出されてはいるが，必ずしも十分にそのインパクトを導き出す研究が行われているわけではない。その原因の一つとして，一方における理論的検討と他方における現状分析とが，乖離したまま研究が進められてきたということが挙げられるだろう。そのため，理論的検討においては現代政治における現象である左翼政党の復権を視野に入れることができず，また現状分析の側では，理論的変容のダイナミズムが踏まえられていないために，左翼政党の転換が持つ意義とインパクトが十分には表現し尽されていないのである。

　したがって本書においては，この問題点を解決しつつ，筆者の課題に答えうる形で「左翼の変容」を論じるために，以下の方法を採る。つまり，理論レベルにおける「左翼の変容」と，現実レベルにおける「左翼の変容」の両者に目を向け，その両者の展開を追いつつ，それらがどのような関係を結んでいるのかを検討することを課題とする。より具体的には，ポスト・マルクス主義の理論などに見られる，左翼（マルクス主義）理論の転換を，

新しい社会運動の登場といった，現代政治上の「新しい政治」の状況と重ね合わせながら検討してその意義を抽出した上で，今度はその意義が，実際の左翼政党の変容の中でどのように具体化され，現代政治の揺らぎの状況に対してインパクトを与えているのかということを検討する。このように，一方では，理論レベルでの転換がどのように左翼政党の転換とリンクしているのかを分析することによって，理論レベルに閉塞することなく，現実政治に対して理論の転換が持ったインパクトを描き出し，他方では，政党の転換の背景として，理論レベルでのパラダイム転換を踏まえることによって，左翼政党の変容とその政治学的意義を，よりダイナミックに描くことが可能になると思われるのである。

そのことにより，単に「左翼」の変容の実態を描き出すのみならず，それが持つ新たな政治的統合原理としてのオルタナティヴ性や，またその提起に伴って生じた，90年代から21世紀にかけての政治的対抗関係の変容など，より広い政治学的課題の解明も，可能になると思われる。そのためにも，政治理論的論点の解明と現実分析の両者を見据えた検討が求められると言えよう。

このように本書は，理論分析と現実分析の両面から「左翼の変容」を分析していくが，その際，三つの層に分けて議論を進めていきたい。まず第一には，政治戦略における方法的転換についてである。つまり，従来とは異なったいかなる支持調達・政治統合メカニズムの様式を構築するのかという問題である。しかし，政治戦略の方法的転換を見るだけでは，この分析は完結しない。なぜなら，その戦略にどのような内容を込めるか，つまり，どのような理念や言説を掲げることによって，新たな政治統合の方法が具体的なものとして可能になるのかという問題が残るからである。したがって，本書の第二段階として，政治戦略の内容的転換に焦点を当てる。そして，第三には，理論的検討を踏まえた上での，具体的な政治状況の分析が必要となる。この三層のレベルそれぞれの「左翼の変容」を分析しつつ，その相互連関を解明することによって，本書は，理論レベルと現実レベルを貫通した「左翼の変容」の全体像を描き出したい。またそれを通じて，先進国に共通した戦後政治の特質——経済中心性・階級中心性・国家中心性——と，現在におけるその揺らぎの状況を把握しつつ，それに対応

した新たな政治統合原理の提起としての意義を,「左翼の変容」の中に見出すことを課題とする。

これらの課題を追求するため,本書は戦後体制としての福祉国家と,70年代以降の福祉国家の危機を経験した先進諸国に一般化される諸問題を視野に入れて検討を進めるが,その中でも個別的には特にイギリスの事例に焦点を定めていくことにしたい。なぜなら,イギリスこそが,戦後における福祉国家の形成→70年代の危機→新保守主義の登場と支配・敗北→左翼政党の復権という,先進諸国に程度の差はあれ共通する過程を,最も顕著な形でたどっている国であると思われるからである。また,理論研究と現状分析を結びつけるという本書の趣旨からしても,イギリスは有効な事例である。イギリスにおいては,労働党の転換を見れば明らかなように,左翼政党の転換は明確な形で生じたが,そのバック・アップとして,左翼理論家における転換も生じており,またブレーンのような形でかなり直接的に労働党の戦略形成に影響を及ぼしていたのである。その具体的な事例については本論で述べることとするが,この影響関係ゆえに,イギリスにおいては理論的変容と現実的変容がリンクしている度合いが強いと思われ,「左翼の変容」の全体像を描き出すことを目的とする本書のテーマに,最も適合的な事例が提供されると考えられる。

果たして,「左翼の変容」の本質とは何であったのか。その変容は従来型の福祉国家型戦略の問題点をどこに発見し,いかなる方法で克服しようとしているのだろうか。そして,その変容は現代の政治的な揺らぎの状況に対していかなるオルタナティヴを提起しているのか。それは,多くの研究者が指摘するように,単なる左翼政党の新保守主義化に過ぎないのか,あるいは,それをも克服しようとするオルタナティヴを提起しているのか。また,その提起を通じて,現代の政治空間はいかなる状況へと変容しつつあるのだろうか。新保守主義化による新しいコンセンサス化か,それとも新たな右‐左の対抗軸の構成か。これらの問いについて検討することによって,「新しい政治」における新たな政治統合原理の可能性を考えていく本書は,以下の構成をとる。

本書は,上記の三レベルの分析に対応した形で,3部構成とする。まず第1部においては,「左翼の変容」を見る際の前提的議論として,現代の政

治状況——「新しい政治」——を読み解き，どのような点で左翼勢力が危機に陥り，その危機を克服するためにはどのような転換を迫られたのかという点を，検討していきたい。それを踏まえ，従来の左翼政治戦略の問題性と突破の可能性を，ポスト・マルクス主義論における「左翼理論の転換」の試みを参照しつつ，その意義と限界を検討していくことにする。ここでは，左翼政治戦略における，その方法的転換が主なテーマとなる。

　第2部では，第1部での問題提起を受け，「新しい政治」において，どのような左翼言説戦略が構成されつつあるのかということを，理論レベルで整理し，それが持つ意義と問題点を考察していきたい。イギリスの左翼理論上に生じつつある転換を描き出し，その意義と問題点を析出することによって，理論上に生じた「左翼言説の転換」が，どのような内容を持ち，一方では従来型の左翼理論に対して，他方ではサッチャリズムに代表される新保守主義的思考に対していかなるオルタナティヴとしての可能性を持つのかという点を，検討することを目的としている。ここでは，左翼政治理論における，内容的転換が主なテーマとなる。

　第3部においては，それまで行ってきた理論的検討を踏まえつつ，イギリス労働党を事例として，左翼政党の転換を検討する。その中において，理論的変容と現実的変容との影響関係を探って行くわけだが，単に理論研究の事例としてその共通点を探るだけではなく，イギリスの政治空間の変容をとらえつつ，労働党の転換をその中に位置づけるという作業を行っていきたい。そのことにより，「左翼の変容」が持つ，その現代政治上の意義——ポスト福祉国家，ポスト・サッチャリズムとしての意義と，それによる現代政治空間の変容——を，第1部と第2部で行った理論的検討をバックとして描き出すとともに，理論の変容が，現代政治空間へ与えたインパクトをも明らかにすることを目的としている。したがってここでは，左翼政治戦略の現実的転換に対する実証的分析がテーマとなる。

　最後に，全体の結論において，ここで解明された結論を整理し，本書を閉じる。

　以上の構成により，一方では理論的検討を理論の議論の中に収束させるのではなく，その現代政治上の意義を測り，他方で，現実上の変容を追うだけではなく，その背景として理論の変容を踏まえることによって，左翼

の変容の政治学的意義を明らかにしていきたい。

(1) 現在,「左翼」の概念そのものが問い直されていると言えよう。本書も,左翼の政治戦略の転換を描くことにより,現代において「左翼」とは何を意味しているのかという左翼概念の問い直しを視野に入れており,「左翼」アイデンティティの変化,また筆者なりの左翼戦略の展望については本文中で明らかにしていくことになる。したがってここで「左翼」という場合には,さしあたりは厳密な定義を与えているわけではないが,左翼についての一応のイメージを示しておくならば次のようになる。つまり,不均等な権力従属関係・不平等を問題視し,平等や公正の理念の実現を目指す勢力である。従来においては,市場によって生じる不平等が特に強調され,社会民主主義など,マルクス主義の系譜を受け継ぎつつ,労働者の解放を目指す政治勢力が「左翼」の典型であった。現代において,平等や公正の理念を保ちつつも,市場関係や労働者の従属にとどまらない平等や公正を目指すという点で,「左翼」アイデンティティは変化しているのであるが,この点の解明こそが本書の主要テーマであり,本論で述べていくことになる。また,旧来型の「左翼」と区別するために,本論では変容後の左翼を「左派」として使い分けている場合もある。

(2) 代表的なものとして,以下を参照。加藤哲郎『国家論のルネサンス』,青木書店,1986年,同『東欧革命と社会主義』,花伝社,1990年,同『現代日本のリズムとストレス』,花伝社,1996年。以下では,それぞれ,加藤,1986,加藤,1990,加藤,1996と略記する。

(3) 加藤,1986,20〜41頁。

(4) 加藤,1990,305頁。

(5) A. Giddens, *Beyond Left and Right*, Polity Press, 1994.

(6) N.Bobbio, *Left and Right*, Polity Press, 1996(片桐薫・片桐圭子訳『右と左 政治的区別の理由と意味』,御茶の水書房,1998年).

(7) 最近のものとしては,例えば吉瀬征輔『英国労働党』,窓社,1997年,真柄秀子『体制移行の政治学』,早稲田大学出版部,1998年,山口二郎『イギリスの政治 日本の政治』,筑摩書房,1998年,舟場正富『ブレアのイギリス』,PHP研究所,1998年,黒岩徹『決断するイギリス』,文藝春秋,1999年。

第1部

「新しい政治」におけるヘゲモニーの政治

はじめに

　本書の最初の課題として、以下のことがまず必要となろう。第一に、現代の政治的揺らぎの状況を、その要因も含めて読み解くことであり、第二にはその分析を踏まえて、政治戦略の在り方はどのような変容を迫られているのかということを検討していくことである。その課題を解明するため、第1部では、新しい社会運動の登場などに伴う政治の変容を、E．ラクラウとC．ムフを中心として提起されているポスト・マルクス主義の政治理論の検討を通じて分析していきたい。その中から、「新しい政治」への政治構造の転換に伴い、政治戦略のありかたがどのように変容していくのかということを引き出したいと考えている。ここでは、本論に入る前に、その状況の概略と、ポスト・マルクス主義理論への注目の文脈について述べておくことにしたい。

（1）　左翼政党と左翼政治言説の機能不全

　1980年代から90年代初頭にかけて、西欧諸国のいわゆる左翼政党、特に社会民主主義政党が低迷を強いられたことについては既に見た。この事実は、各国の左翼政党が前提としてきた戦略の機能不全を語るものであると思われる。H．キッチェルトは、この社会民主主義政党の衰退の原因として、「（政治的）ゲームの性格の変化」[1]を挙げる。つまり、従来社会民主主義政党が前提としてきたゲームのルールが、近年の社会的・政治的変化によって、適合性を失いつつあるというのである。従来の社会民主主義政党が保持してきた前提として、キッチェルトが挙げているのは以下の四点である。

①政治を所得の取り分の分配ゲームとして理解すること。
②集合行為者を階級分割に制限すること。
③社会民主主義はブルーカラー労働者の代表者であること。
④社会民主主義の選挙での相対的な強さや政策作成能力が，労働者階級の中心化された組織やその他の賃金生活者との同盟を育成する能力に依存していること。(2)

　しかし，上記のような社会民主主義の前提は通用しなくなってきている，と彼は言う。その背景の一つは，近年イシューの拡散化が起こっており，所得の再分配だけを中心的イシューとすることができなくなっていることである。自律への要求や環境保護といったイシューへの関心が近年高まりつつあり，社会民主主義政党はそれに対応できなくなっている。第二には，有権者の政治意識が階級分割のみでは規定されなくなっていることである。例えば，消費者としてのアイデンティティや，教育やジェンダーといったテーマに基づいた分割線もまた，重要になってきている。(3)

　以上の不適合性を，直接的・間接的に左翼政党の基盤となってきた左翼政治言説も抱えつつある。戦後の左派知識人に圧倒的な影響を与えたマルクス主義が，80年代後半の冷戦終結，90年代初頭のソ連崩壊に至ってその影響力を失いつつあることについても既に述べたが，その言説の何が問題とされているのであろうか。イギリスの左派政治理論家であるD．ヘルドは，（古典的）マルクス主義に内在する問題点として，政治と経済の領域の直接的結びつきという点を挙げる。それは，例えば女性，人種，民族，エコロジーといった，階級に関する問題に還元されえないイシューの全てを政治から排除したり，周辺化したりする傾向を作り出してしまうのである。(4)この評価は，上記のキッチェルトと同様に，旧来型の左翼言説の時代的不適合性を，多様性の開花と，経済・階級規定性を持った言説によるそのような状況への対応の限界という面から，指摘するものである。

　このように，左翼政党に対しても左翼政治言説に対しても，現代政治への不適合性とその結果としての機能不全という批判が提出されているのであるが，上記の議論を見る限りその批判の内容は，経済への傾斜と階級還元性に対して向けられているという点で共通している。それらの還元性は，

イシューの多元化といった現代的状況の下で適合的ではなくなっているのである。また，彼らが挙げる「現代的状況」においては，エコロジーや女性といった「イシューの拡散化」が強調されている。これはいわゆる「新しい社会運動」の登場や「新しい政治」といった状況である。つまり，キッチェルトにしてもヘルドにしても，「新しい政治」という現代的状況の下で起こっている，左翼政治の行き詰まりを指摘していると言えよう。この問題の背景にある政治の変容をどのようにとらえるか，そしてこれらの問題が存在するならば，いかに解くかということが，本書の第１部で考えられるべき課題ということになる。

(2) ポスト・マルクス主義論への注目

　これらの問題意識の下，本書ではラクラウ／ムフによって提起されているポスト・マルクス主義政治理論にまず注目することになる。彼らの政治理論の基本的な課題は，マルクス主義の系譜を受け継ぎながらもマルクス主義を乗り越えることにある。その課題の中で彼らもまた，マルクス主義の流れを汲む潮流に内在した経済規定性と階級還元性に対して批判の矛先を向けているのである。その議論は主に，労働者階級の内部にも分断状況が存在し，それはマルクス主義の想定した所与の統一体ではないという主張から始まるものであり，特に現代的な状況のみを意識したものではない。しかし，ラクラウ／ムフのマルクス主義批判は，正統派マルクス主義だけでなく，社会民主主義に至るまでのすべての左翼的潮流の中に，経済規定性と階級還元性が内在しているということを批判するものであり，広く「左翼」言説を対象にとったものと言える。その意味では，現代的な状況においても説得力を持ちうると考えられる。[5]

　ポスト・マルクス主義の政治理論についての具体的な議論は本論の方で行うこととし，ここではその一端を示すものとして，彼らの社会民主主義批判をとりあげておきたい。彼らの社会民主主義批判は，戦後社会民主主義全般に対する批判であるが，上で見たような左翼政党の不適合性の現状に対しても，示唆的なものとして映し出されるからである。

　ラクラウ／ムフの社会民主主義批判は，「ヘゲモニック・プロジェクトの不在」という点に収斂している。ここで強調されるのは，社会民主主義が

「民主主義的な諸要求の広い戦線を接合する試みを断念し，その替わりに労働者階級の利害だけを代表」[6]しているということである。その結果，社会民主主義政党は労働組合の議会装置と化し，「改良主義であろうと革命的であろうといずれにかかわらず，新しい大衆的なヘゲモニー・ブロックの内部にあるさまざまな民主主義的要求や敵対性を接合するような，集団的意思を構築する道を閉ざしてしまった」[7]のである。一口で言えば，社会民主主義における階級中心性がここで批判されている。そしてその政策内容は，資本主義の展開に内在する不均衡の矯正を，所得の再分配や企業の国営化という形で進めるものとなり，経済規定性とテクノクラート化を保持することになったのである。彼らはこのことをまとめて，「社会民主主義はみずからを，一方では労働組合との特権化されたプラグマティックな諸関係と，他方では多少ともテクノクラート的な政策に還元してしまった」[8]としている。

 この社会民主主義批判は，社会民主主義政党と労働組合・労働者との関係を静的かつ固定的にとらえすぎており，ヘゲモニック・プロジェクトが不在であったとする点に問題はあるものの（詳細な検討は本論で行う），社会民主主義政党のヘゲモニック・プロジェクトの硬直化と機能不全の原因の一面をとらえていると言えよう。上述したキッチェルトによる分析も，ほぼ同一の結論となっている。

 したがって，ラクラウ／ムフの行っているマルクス主義的潮流に対する論理内在的な批判は，上記の現代的状況の下における左翼言説に対しても適用が可能となろう。というよりむしろ，彼らの行ったマルクス主義的潮流に対する論理的批判の妥当性が，現実政治の上に顕在化して示された状況が，1980年代から90年代にかけての西欧諸国における左翼政党の危機の状態であると考えることもできる。彼らの理論における，その現代的な説得性と問題点を引き出しつつ，（1）で挙げた，「新しい政治」における左翼政治の行き詰まりという問題の原因を解明し，その中においていかなる転換が必要とされているのかということを導き出すことが，第1部のねらいである。

 しかし，これから行おうとする考察は，左翼政治・戦略のみを射程に入れたものではない。その行き詰まりの背景には，戦後に形づくられてきた

政治構造の転換が存在するのであり，その転換が及ぼすインパクトは，左翼のみならず全ての政治勢力・政治理論にわたっているからである。本書は，左翼政治理論・戦略の機能不全と展望の分析，またヘゲモニーの概念への注目を通じて，その背景にある政治構造の変容と，それに伴う政党の戦略の転換がどのようなものであるのか，という問題を政治学的・政治理論的に解明することを目的としている。このことは，「ポスト福祉国家」や「新しい政治」といった状況をめぐって，その政治変容の意味を理論的にとらえようとする試みの一つとなろう。

第1部では，次の順序で検討を進める。まず第1章では，本書の議論の前提として，どのような政治・社会構造の変動が，問題の背景として起こっているのかという点に注目する。ポスト・マルクス主義の理論とも絡めつつ，それを福祉国家という戦後ヘゲモニー構造の転位と再活性化という形で提示していきたい。

第2章では，第1章での分析を踏まえ，「新しい政治」における「ヘゲモニー」の概念の重要性[9]について検討していく。その中で，その他の政治理論家のヘゲモニー論との比較から，ポスト・マルクス主義論から引き出された「ヘゲモニーの政治」が「新しい政治」において持つ意味を検討していくとともに，「新しい政治」において政治勢力が迫られている，政治戦略の転換を導き出すことになる。

そして「結び」では，それまでの議論のまとめを行い，第1部で行った議論がどのような考察へとつながっていくのかということについて触れておきたい。

(1)　H. Kitschelt, *The Transformation of European Social Democracy*, Cambridge University Press,1994, p. 6.
(2)　*Ibid.*, p. 6.
(3)　*Ibid.*
(4)　D. Held, "Liberalism, Marxism and Democracy", in S. Hall et al. (eds.), *Modernity and its Futures*, Polity Press, 1992, pp. 29f.
(5)　ここで，ラクラウ／ムフのポスト・マルクス主義論についての手短かな紹介をしておこう。ポスト・マルクス主義論が持つ特に重要な理論的インパクトとしては次の二つが挙げられる。まず第一に，階級還元主義から

の脱皮，換言すれば，労働者階級の社会勢力としてのア・プリオリな中心性の否定である。それは，「労働者内の分断状況をどう捉えるか」という問題提起から始められる。そこから，①労働者の統一性は所与ではなく，政治的統合行為（ヘゲモニック・プロジェクト）がなければ達成されない，②資本家と労働者の対立以外の対立軸も存在する，という二つの結論が導き出されるのである。

　第二に挙げられるのは，経済による政治への規定性からの脱皮であり，その結果としての「政治の優位性」の強調である。これに関しては，ラクラウ／ムフ自身の次の記述を見ていただきたい。

　「私たちが証明しようと思うのは，経済という空間そのものが，政治空間として構造化されており，そこにおいても，ほかの『社会』レベル全てにおけると同様に，私たちがヘゲモニー的と特徴づけた諸実践が，完璧に作用していることである。」

　すなわち，いかなる経済活動もいわゆる「法則」によって支配されているのではなく，そこには偶発的・条件依存的な政治的諸闘争が浸透していると論じているのである。その結果，マルクス主義においては経済という「下部構造」に規定されていた「政治」の役割を，自律的なものとして前面に打ち出す点に，ラクラウ／ムフの議論の特徴がある。引用は，E. Laclau and C. Mouffe, *Hegemony and Socialist Strategy*, Verso, 1985, pp. 76f.（山崎カヲル・石崎武訳『ポスト・マルクス主義と政治』，大村書店，1992年，125頁）からとった。ただし本書から引用する場合，必ずしも翻訳に従ってはいない。なお以下ではこの著作を，Laclau and Mouffe, 1985と略記する。

　また，日本において，ラクラウ／ムフのポスト・マルクス主義論について論じた論文は決して多くはないが，その特徴が概観できる紹介を含む論文として，特に以下のものを参照のこと。後房雄「左翼は『民主主義ゲーム』に入りうるか」『政権交代のある民主主義』，窓社，1994年，向山恭一「ポスト・マルクス主義における『根源的民主主義』の可能性」『慶応大学法学研究』第67巻5号，1994年，加藤哲郎「ポスト・マルクス主義とリベラリズム」『現代日本のリズムとストレス』，花伝社，1996年，斉藤日出治「市民社会とヘゲモニー」『国家を越える市民社会』，現代企画室，1998年，田中宏『社会と環境の理論』，新曜社，1998年。

（6）　Laclau and Mouffe, 1985, p. 73.（邦訳118頁）。
（7）　*Ibid.*, p. 72.（邦訳118頁）。
（8）　*Ibid.*, p. 75.（邦訳122頁）。
（9）　ヘゲモニー概念の検討自体が本書の目的でもあるので，その概念の詳細については本論で検討していくが，さしあたり次のことを注記しておき

たい。本書で扱う「ヘゲモニー」という概念は，A．グラムシによって発案されたものであり，様々なアイデンティティを持つ諸主体の統一化を通じた，政治的な多数派獲得・支持調達・統合を果たすための戦略のことを指している。また，そのヘゲモニーが，何らかの勢力によって政治戦略としての内容をもって具体化された試みを「ヘゲモニック・プロジェクト」と表現する。したがってその概念は，国際政治学でよく用いられる，覇権という意味での「ヘゲモニー」とは区別され，より動的な意味を持っている。

第1章　戦後ヘゲモニー構造の構成と転位

　ここまで述べてきた問題の背景として，本書では，戦後に安定性を保ってきたヘゲモニー構造が変容しつつあり，その安定性が揺らいでいる点にまず注目したい。この構造変容は，左翼政治のみならず，従来の政治戦略・政治理論にも転換を迫っているものと言えよう。本章では，この変容がいかなるものであるか，ということを中心に議論を行い，ポスト・マルクス主義論に注目する際の前提的な視角を示すとともに，「左翼の変容」の背景的文脈をおさえておきたい。

第1節　戦後ヘゲモニー構造の構成

　戦後のヘゲモニー構造の変容を分析する前に，まず，戦後のヘゲモニー構造がどのようなものとして構成され，どのような戦略によって維持されてきたかについて述べておく必要がある。本節では，戦後のヘゲモニー構造について理論的に整理した上で，イギリスの事例に沿ってその妥当性を示しておきたい。

（1）経済的政治体制としての福祉国家

　第二次世界大戦後の先進国政治は，経済主導の形で進められてきたと言うことができる。例えばS．ウォーリンは，後期資本主義国家の政治を「経済的政治体制 Economic Polity」と呼ぶ。「経済的政治体制」においては，経済的なものを中心としたリソースを科学的な知識に基づく計画に従って再分配していくことが，政治の中心的役割とされる。その結果，「社会は

『経済』に吸収され(3)」ることになる。そして，そういった社会は，権力の集中化，国家官僚制の強化，エリート支配の増大などを招き，民主主義を掘り崩すことになる，というのが，ウォーリンの「経済的政治体制」の議論である(4)。

ウォーリンは戦後の「経済的政治体制」として，福祉国家を念頭に置いている(5)。はたして福祉国家は，「経済的政治体制」と呼びうるような，経済主導の政治運営なのだろうか。そのことをまず福祉国家論に即して検証しておこう。例えば田端は「福祉国家論の現在」という論文の中で，福祉国家の発展の要因について次のように述べる。

「長期の福祉国家の発展そのものが『社会経済的平等』と『社会経済的保障』の社会的要求に対する対応としてもたらされたものであり，これらの要求を正統化する諸原則こそが福祉国家の核心をなすものにほかならない。(6)」

彼は，福祉国家の発展を支えた価値理念として，「社会経済的平等」を挙げる(7)。つまり，富の不平等や欠乏といった経済問題は，個人の努力によっては解決されえず，それらは政府の市場介入を必要とする問題である。その緩和のために，国家による社会保障や社会福祉といった再分配政策が求められるようになったのである。特に，第二次世界大戦直後の，国民の生活が全般的に貧困状態にあったという社会状況は，この「社会経済的平等」の価値理念の説得性を高めていたと言える。

したがって福祉国家は，貧困や欠乏といった経済的不平等を国家介入によって緩和することを第一の目的として形成され，そのことを通じて大衆を統合し支持を調達するメカニズムとして安定性を保ってきた。その意味で，福祉国家はまず経済を軸として構成され，経済主導で進められているものと考えられるであろう。

また，その「社会経済的平等」の達成を阻害する富の不平等や欠乏を作り出すものは，資本家と労働者の不平等な関係であると考えられた。貧困層＝労働者という図式によって，その緩和のためには労働者に対する所得再分配が必要であるとされたのである。その結果，労働組合の承認および

第1章　戦後ヘゲモニー構造の構成と転位　31

労働組合との和解は，平等の達成のために，また支持調達のためにも重要な要素とされた。また，主に労働者の代表として認知されている左翼政党にとっては，「社会経済的平等」の理念に従った戦略を組むことが，労働者の統合という面でも有効であったのである。その結果，福祉国家においては，社会民主主義的な色合いの濃い政治的コンセンサスが必要とされ，それは「戦後和解」やネオ・コーポラティズムといった形で発展していくことになった。その意味で，福祉国家は階級中心的に構成された政治システムでもあったと言える。

更に，福祉国家における政党システムも，これらの中心性に基づいていたと言えよう。諸政党が，基本的には「社会経済的平等」の価値理念に合意することで，福祉国家の安定性を保っていたということができる。例えばC．ピアソンは，「戦後になされた合意は，階級間の合意と政党間の合意という，二つの側面から考えることができよう」と述べている。このように，直接的な階級間合意だけでなく，階級を反映した政党が合意することによって安定性を保っていたという点にも，福祉国家の階級中心的性格が表れている。

以上のことを田端は次のようにまとめている。

　「戦後福祉国家体制は，政治的な，コンセンサス・ポリティックスと，経済的な，ケインズ主義的"混合経済"を二つの柱とする体制として成立したのだということができる。」

つまり，福祉国家は，社会保障や社会福祉といった形での所得再分配や国家介入によって社会経済的な不平等を緩和しつつ，資本家と労働者との間の和解を政治的に調整することを通じて，大衆統合や支持調達を達成していこうとするシステムとして構成されたものであった。また，戦後の絶え間ない経済成長は，このシステムを下から支えてきたのである。戦後の先進国の政治体制は，「社会経済的平等」の達成が社会状況から見て最も必要な目標であると幅広く承認を受け，かつ，そのためのパイを生み出す経済成長が可能である限りにおいては，その安定性を保ちえた。その意味で福祉国家は，「社会経済的平等」の中心的理念の下に，経済と階級を中心に

据えるヘゲモニーによって構成され、また維持されてきたヘゲモニー構造であったと言えるだろう。

（2） コンセンサス政治の形成と安定——イギリスの戦後体制

　福祉国家システム＝経済的政治体制という形で構成されたヘゲモニー構造として代表的なものは、イギリスの戦後体制である。ここでは、（1）で行った理論的整理の妥当性を、イギリスの戦後体制の分析に即して検証しておきたい。

　D．カバナーは、戦後のイギリスの体制を「コンセンサス政治」としてとらえ、そのコンセンサスの生んだ政策パッケージとして以下の五点を挙げる。

　①経済政策の目標としての完全雇用
　②労働組合の受容および、組合員の増加と完全雇用によるその状態の強化
　③基本的で独占的な公共的サービスや産業の公的所有
　④社会福祉の国家的供給
　⑤大規模な公的セクターと市場の調整を通じた、政府の積極的な役割[14]

　イギリスの戦後政治は、上記の政策パッケージに対して、階級間及び政党間のコンセンサスをとりつけることによって、その安定性を保ちえたのである。また、そのコンセンサスの内容は、公的セクターの拡大や福祉、所得再分配という形で、福祉国家としての内実を伴うものであった。
　ここで注目したいのは、以上の政策パッケージが、やはり基本的には経済的イシューを中心としており、また合意のアクターとしても階級を中心に据える形で形成されているということである。①と②はもちろん、③と④もその所得再分配的機能を考えれば、そのようにとらえることが可能であろう。戦後のイギリスの政治過程においては、経済的イシューだけではなく、外交や軍備、地域問題などもイシューとして存在していたが、上記の経済・階級的合意が存在する限りでは、それらが構造を破壊するようなことにはならず、安定性が保たれえたのである。[15]その意味で、イギリスの

コンセンサス政治は、イシューとしては経済的諸問題を、またアクターとしては階級関係を中心に構成されたものであり、その他のイシューは基本的にはマージナルな位置を占めていたと言える。

カバナーは、ここに見られる、中心性の設定とそれに伴う周辺化の側面を「バイアス」と表現し、コンセンサスがバイアスを含む形で構成されていることについて次のように著述している。

　「政治的コンセンサス、そして、そこから連想されるヘゲモニーや習俗、政治文化、ゲームのルール等々の諸概念は、バイアスの動員を意味している。それは、ある一定の諸利害に賛成し、あるイシューや手続きに直接の注意を向けている一方で、その他のものを無視しているのだ。」[16]

戦後において安定性を保ちえたコンセンサス政治そのものが、あるバイアスに基づいて構成されたヘゲモニー構造であった。ここで、彼が言う「バイアス」に注目することは次のことを示している。つまり、イギリスの戦後ヘゲモニー構造としてのコンセンサス政治は、経済的・階級的諸問題を中心としたものであり、その他のイシューやアクターは、存在はするものの周辺的領域に追いやられていたということ、更に、ここには、戦後イギリスのコンセンサス政治が選択的・構成的側面を持ち、ある中心性を持つ戦略によって構成・維持されていたことが示されているのである。

したがって、コンセンサス政治はそれらのバイアスをはらんだ形で構成されていたからこそ、何らかの価値理念に結びつく形で支持を得なければ、安定性を保つことができないということになる。イギリスでは、経済・階級中心性を説得的なものにする「社会経済的平等」の理念を具現するものとして、ベヴァリッジ・プランがあった。ベヴァリッジ・プランは、貧困や窮乏を最大の社会問題とし、それを緩和することが国家の役割であるという「社会経済的平等」の理念を、戦後のイギリスにおいて中心的なものにしていたのである。[17]東京大学社会科学研究所が編集した『福祉国家Ⅰ　福祉国家の形成』において、このベヴァリッジ・プランのインパクトが次のように描かれている。

> 「[ベヴァリッジ・プランは] 1930年代の経済不況, さらに第二次世界大戦下の耐乏生活と空襲の不安に苦しんできた国民大衆に戦後への希望を与えるものとして熱烈に歓迎され, ほぼその線にそって戦後まもなく労働党政権の下で実現されることになったのである。」[18]

このようにベヴァリッジ・プランは, 戦後のイギリスのヘゲモニー構造であるコンセンサス政治を支える, 価値理念を具体化するプランとしての役割を果たした。また労働党は, ヘゲモニック・プロジェクトの担い手として, ベヴァリッジ・プランの下にコンセンサス政治の形成に活躍したのである[19]。

以上のようにイギリスのコンセンサス政治は, 経済・階級を中心として構成され,「社会経済的平等」の価値理念の下で安定性を保つ構造であった。その安定性の中で, 労働党を含めた政党の戦略もこの枠内で行われることになった。つまり, 政党のヘゲモニック・プロジェクトは, 経済と階級の中心性を構成し, コンセンサスを維持することを主眼として進められていったのである。毛利は, 戦後の安定期を「福祉国家が置かれた政治的無風状態」と表現し, その中では,「高度経済成長と完全雇用の持続が幾多のトレード・オフを溶融するとともに国家財政公共部門の肥大化を随伴し, 政治（内政）は利益誘導・分配機構に転化したかの感を呈し, それについて社会政策の領域も理念的衝突の場であることをやめる」と述べている[20]。

しかし,「コンセンサス政治」の形で戦後のイギリスを福祉国家として安定させたヘゲモニー構造も, 幾多のバイアスをはらんだ形で構成されたものであったため, その構造を支えた理念が正統性を失った場合, あるいはその構造を構成・維持してきたヘゲモニック・プロジェクトの有効性が失われた場合には, その安定性は掘り崩されることになる。したがって, 社会状況の変容, マージナル化されていたイシューの再興や新しいイシューの登場, そして新しいヘゲモニック・プロジェクトの登場などによって, そのヘゲモニー構造が分解される可能性もはらまれており, その可能性は現実のものとなった。戦後ヘゲモニー構造の動揺と, 新たなヘゲモニー構造の構成の試みについては, 節をあらためて論じていくことにしたい。

第2節　ヘゲモニー構造の転位

本節では，前節で議論したヘゲモニー構造が，その安定性を掘り崩されていったという点を見ていく。このヘゲモニー構造の危機によって，経済と階級の中心性が問われることになり，新たなヘゲモニック・プロジェクトの必要性へと議論は移っていくのである。前節とは順序が逆になるが，まずイギリス政治における「コンセンサス政治」の分解の過程を見たあとで，理論的な整理・検討を行っていきたい。その中で，ラクラウ／ムフのポスト・マルクス主義論を参照し，その現代的説得性を浮かび上がらせていくことも意図している。

（1）　コンセンサス政治の終焉

戦後のイギリスにおいて，「コンセンサス政治」という形でのヘゲモニー構造を支えた戦略は，1970年頃からその有効性を疑問視されるようになった。具体的には，次の状況が挙げられる。一つは，そのヘゲモニー構造を理論的に支えてきたケインズ理論の限界が，スタグフレーションの登場によってあらわになったことである[21]。上記のように，戦後のイギリス政治においては，経済成長に伴う物価高を，完全雇用政策の追求と低失業率の実現とによって補完する形でコンセンサスが保たれてきた。政党戦略は，ケインズ主義理論に基づいた経済的政治戦略によってその補完・両立を達成し，戦後のヘゲモニー構造を安定化させてきたのである。しかし，経済成長の鈍化によって完全雇用が保てなくなる中で，その補完関係は崩れ，ケインズ主義的な戦略の有効性は疑問視されつつあった。その結果，戦後ヘゲモニー構造の経済中心性を成り立たせてきたヘゲモニック・プロジェクトは有効性を喪失し，行き詰まりを迎えるのである。

その結果，コンセンサス政治を支えた五つの政策パッケージも破綻を迎えたが，その中でも，労働組合の承認という前提が崩れたことは，特に労働党に対して，階級中心的なヘゲモニック・プロジェクトの有効性を失わせることとなった。カバナーによれば，戦後の労働党（政府）にとっては，労働組合との関係を保つために，賃金抑制を目的とする所得政策はタブーとされていた。しかし上で述べた状況の下，完全雇用政策が破綻した上に，

政府はインフレ抑制のために，賃金抑制を目的とする所得政策に踏み切らざるをえず，その結果，労働組合の側の不満が高まり，労働党が達成してきた労働者の統合は崩れることになったのである。[22]

　このことは，労働党の階級中心的ヘゲモニック・プロジェクトの破綻を示していた。更に，労働組合の側の不満が高まって起きた「不満の冬」と呼ばれる一連の動きの中で，労働組合はイギリス国民の信頼を失った。[23]その結果，戦後ヘゲモニー構造を支えてきた階級中心的なヘゲモニック・プロジェクトは，プロジェクトとしての有効性ばかりか，その正統性自体を失いつつあった。すなわち，労働者中心的に統合を行うことが，大衆の支持を得ること——多数派の支持獲得——へと結びつかなくなったのである。

　「社会経済的平等」の価値理念に支えられたヘゲモニー構造として，戦後のコンセンサス政治をとらえるならば，その理念を支えてきたベヴァリッジ・プランもまた説得性を失いつつあったことが特に重視されるべきであろう。戦後の社会状況の変化の中で，ベヴァリッジ・プランの内容は適合性を失ったという批判がなされるようになり，その批判が大衆的支持を獲得していった。その批判の内容は，ベヴァリッジ・プランに基づく福祉政策が，失業率の増加，高齢者の増加，家族の崩壊といった状況に伴って，コストがかかりすぎたり，貧窮者に対してリソースを集中することに失敗しているというものであった。これらの批判が，福祉リソースの削減や，福祉リソースの再分配における選択性の強化といった主張につながることによって，「社会経済的平等」の理念的正統性は揺らいでいった。[24]その結果，戦後の「福祉国家体制」は，その安定性を理念的に掘り崩されたのである。[25]

　したがって，経済成長によるリソース分配をその政策とし，階級を中心的アクターとして設定した上でそれらの間の合意を調達することによって支えられてきた，イギリスのヘゲモニー構造は分解されていくことになった。経済について言えば，経済成長が鈍化する中で，リソース分配を以前のように行うことは不可能となり，経済成長の理念そのものが問題視されるようになった。更に，労働者階級内の階層分化や失業者の増加などによって，労働者としての一体性が保ちきれなくなった上，スコットランドや北アイルランドの地域主義運動の激化など，労働者利害を中心に据える政策では解決しきれない問題が再燃してきたのである。

また，保守党がとったサッチャリズムという形のヘゲモニック・プロジェクトは，「権威主義的ポピュリズム」としての性格を持ち，階級関係を横断した形で多数派を拡大しようとした。その戦略は，労働者の分断をいっそう進めることにもなり，労働党のヘゲモニーが有効性を持つことによって存在していたかに見えた，階級中心性の前提を解体する効果を持っていたのであった。

以上のように，戦後のイギリスを支えてきたヘゲモニー構造は，その中心性を解体されることによって安定性を失っていった。それは，社会状況の変容，マージナル化されていたイシューの再燃や新しいイシューの登場，そして新しいヘゲモニック・プロジェクトの登場などが重なり合って起きたのである。この中において労働党は，80年代初頭にはあくまで階級中心的な戦略を貫いた。その戦略は階級中心的であるため，新しい状況に適合的ではなく，結局失敗に終わった。83年の総選挙における27％という低得票率が，そのことを示していると言えよう。

(2) 戦後ヘゲモニー構造の転位——中心性の揺らぎ

イギリスに見られた戦後ヘゲモニー構造（福祉国家システム＝経済的政治体制）の危機と分解は，程度の差はあれ，先進諸国にほぼ共通に見られた現象であると言える。

戦略によって構成・維持されてきた構造が，その戦略の機能不全に伴って分解されていくという側面に注目すれば，その危機と分解のダイナミズムは，ヘゲモニー構造の転位という形で理論化することが可能である。まずここで，ラクラウ／ムフの「構造の転位」論を参照しておこう。

彼らにとって構造とは，所与の存在ではなく構築されるものである。したがって，いかなる構造もヘゲモニーによって構築された「ヘゲモニー構造」であるということができる。この構造は，ある言説的ヘゲモニック・プロジェクトの成功によって，相対的にうまく成立した場合には「沈澱 sedimentation」した状態となる。「構造」が客観的な存在であり所与のものと感じられる状態である。しかしそこにある種の社会的変容が起こることによって，その「沈澱」した構造は「再活性化 reactivication」へと向かう。この状態では，構造は様々な敵対勢力によってその安定性を浸食されるこ

とになり，不可視化されていた「服従」も，可視的な「抑圧」に転化し，敵対性として発生する。このダイナミズムこそが「構造の転位」なのである。[30][31]

彼らの議論は次のようにまとめられる（図1）。一方で相対的に安定化された構造がある（彼らはそれを「社会」と呼び，完全な安定化は不可能であることから「社会の不可能性[32]」の議論を導き出す）。それらが対抗勢力によって転位されていく（①再活性化）と，敵対性が増殖し不安定な構造（「政治」）となる。その「政治」の状況の下では様々なヘゲモニック・プロジェクトが，多様な敵対性をめぐってせめぎ合う不安定な状況が続くが，あるヘゲモニック・プロジェクトが有力となり安定化に向かうと，構造は沈澱されていく（②）。その結果として再び相対的に安定化されたヘゲモニー構造が生まれる，とされるのである[33]（図2）。

イギリスを例に見た現在の先進諸国の状況は，彼らの言うヘゲモニー構

図1 「構造の転位」

「抑圧」の表出・敵対性の増殖
‖
不安定な構造（＝「政治」）

① 沈澱　　　　　　　　　　　② 再活性化
（制度化）　　　　　　　　　　（政治化）

相対的に安定化された構造
（＝「社会」）
‖
不可視化された「服従」

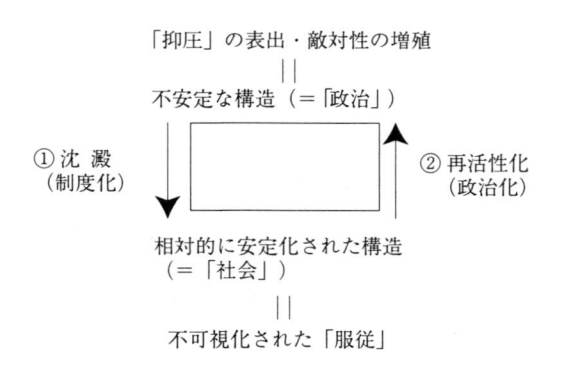

図2 「構造の転位」：通時的

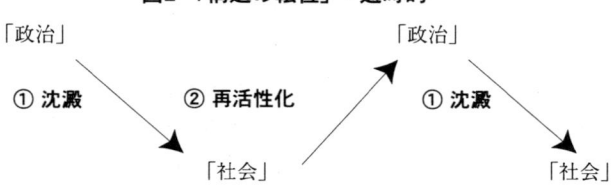

「政治」　　　　　　　　　　「政治」
　　①沈澱　　②再活性化　　　①沈澱
　　　　「社会」　　　　　　　　　　「社会」

出所：図1，2ともラクラウ／ムフの議論をもとに，筆者作成。

造の転位と再活性化の過程にあると言えよう。戦後のヘゲモニー構造は，上記の通り経済・階級関係を中心に構成されており，それを前提としたコンセンサスを得る戦略によって，その安定性が保持されてきた。その安定性は，所与のものとして保証されていたのではなく，「社会経済的平等」の価値理念の下での所得再分配的な福祉政策によって，労働者層を統合することができるという点を前提としていたのである。しかし，戦後の社会変容の中で，それを可能としてきた労働者階級の統一性は崩れつつあり，従来の福祉国家プログラムを中心とするヘゲモニック・プロジェクトのままでは労働者の統合が果たされえなくなった。その点に，70年代後半からの社会民主主義政党の低迷の原因の一端がある。

　C．オッフェは，福祉国家の危機を招来した構造変化を「脱組織資本主義」への変化ととらえ，その中では労働者の内部での利害の分裂が進んでいると論じている。例えば，就業者と失業者との間の分裂，製造業従事者とサービス業従事者との分裂，中間階級の登場などによって，労働者階級の内部では利害の面でも手段の面でも分裂が進んでいったとされる。その結果，社会民主主義政党が根本的に想定していた，労働者としての共通利害という想定は崩れ，対立は階級関係を横断する形で生じている，とするのである。

　その中でも特に重要な点は，「新中間層」と呼ばれる，比較的裕福な階層が高度成長に伴って増加したことであろう。彼らは，貧困という状況を相対的には抜け出しているために，福祉国家形成期を支えた理念である「社会経済的平等」はすでに達成されたと感じており，その規範を中心的には支持しなくなったのである。ピアソンは，この事態を「中間階層の福祉国家からの離反」と表現している。

　このような「労働戦線の分裂」は，階級中心性に支えられ，労働者の統一性を達成してきた戦後の福祉国家的なヘゲモニック・プロジェクトが，もはや有効性を失いつつあるということを示している。また，もう一つの柱であった経済中心性を保持する戦略もまた，ヘゲモニー的有効性を失う状況になった。その原因の一つは，ケインズ主義的政策の有効性が揺らぎ，経済成長が果たされえなくなったことだが，それに加えて，貧困を脱却した新中間層を中心として，経済的諸問題が重要な位置を占めなくなってき

ているということも原因であった。ピアソンは，その福祉国家研究の中で次のように述べている。

> 「中間階級のアクターたちは，階級や再分配とは無関係なイシュー（新しい社会運動が提起する諸問題）により多くの政治的関心を向けている一方で，社会保障や分配的正義，分配といった問題をめぐる伝統的な闘争を顧みなくなってきている。[39]」

　上でも述べたように，新中間階級は，貧困や欠乏といった経済的不平等を相対的には解決しているため，福祉国家がその中心的価値としていた「社会経済的平等」を第一義的な価値として認識しない。その結果彼らは，福祉国家に対して異議申し立てを行っているのであり，経済中心的なヘゲモニック・プロジェクトの有効性を問題化させている。

　以上見たように，戦後に構成されたヘゲモニー構造は，経済中心性と階級中心性とを支えた前提及び戦略が有効性を失い始めたために，動揺を始めたということが言えるであろう。戦後ヘゲモニー構造を構成した，「社会経済的平等」を理念とする福祉国家的ヘゲモニーは，そのままの状態ではすでに有効性を失いつつあり，経済中心性と階級中心性とを構成できないところまで来ているのである。

　したがって，ヘゲモニー構造の再活性化においては，新たな有効性を持ったヘゲモニック・プロジェクトが要請されることになる。ここで，二つの対応が考えられよう。一つは，経済・階級中心性を保持したヘゲモニック・プロジェクトによって，新たな形で経済・階級的統合を果たそうとするものであり，もう一つは，それらの中心性を相対化し，新たな統合・対立軸形成を目指すヘゲモニック・プロジェクトである。以下では，それぞれについて順に見ていくことにしよう。

（3）　福祉国家を超えて――「再構築論」の意義と限界

　これまで見てきたように，福祉国家の危機は，ヘゲモニー構造の転位としてとらえられる。戦後に構成され，福祉国家システム＝経済的政治体制として沈殿したヘゲモニー構造は，労働者階級内部の分裂や新中間階級の

第1章　戦後ヘゲモニー構造の構成と転位　41

台頭といった新しい敵対性の登場もあり，従来型の戦略では保たれえなくなっている。そこでは，福祉国家が前提としてきた経済中心性や階級中心性を，もはや所与に存在するものとしては想定できない。例えば福祉国家システムを守るにしても，労働者の統合や新中間層の取り込みを果たしうる，新たなヘゲモニック・プロジェクトが要求されることになる。

　現在，福祉国家論の論者の間で広く試みられている,「福祉国家の再構築」[40]を目指す理論もこの文脈の上に位置づけられる。例えばピアソンは,「問われるべき『真の』問題は，……予測可能な近い将来において，われわれが福祉国家を維持しているのか（あるいは，それがどのくらい費用を要するのか）という問題ではなく，むしろ，どのような種類の福祉国家体制を実現していくべきかという問題であろう[41]」と述べている。ここに見られる視点は，福祉国家維持戦略は単に受動的なものではありえず，それ自体が再構築を目指す戦略を伴ったものでなければならないというものである。そして，彼の福祉国家の再構築戦略は，労働者階級の分断を阻止し統合を回復すること，特に「ホワイトカラー中間層との提携に基礎をおく戦略へと転換[42]」することに主眼がおかれるのである[43]。

　ピアソンの議論は，(2)で見たような構造の転位を視野に入れており，いまや福祉国家の再構築が戦略的に行われなければならないという主張を含んでいる。しかし，戦後ヘゲモニー構造における福祉国家の維持自体が，ヘゲモニック・プロジェクトによって可能とされてきたということを考えれば，その主張は，従来型の戦略を新たな形で「再」提起したにすぎないものととらえることができよう。つまり，前章で見たように，安定したヘゲモニー構造内で行われてきた福祉国家の維持・安定自体も，経済・階級中心的な戦略の産物・成功の帰結として生じたものであり，その中心性を保持する限り，彼の主張する再構築戦略は従来型のヘゲモニーを文字どおり「再」提起したものにとどまるのである[44]。

　ここに見られる論理構成は，R．ミシュラの議論にも顕著に表れているので，彼の議論を参照しつつ,「再構築論」に存在する問題点を更に明確化していこう。ミシュラは，福祉国家を戦略的構築物としてとらえる。例えばそれは，福祉国家を「民主主義的階級闘争の産物」としてとらえる点に表れていよう[45]。その結果，福祉国家は不可逆的に存在するものではなく，

その維持自体にも政治的介在が必要であるという視点に，彼は立っているのである。その点を前提とした上で彼は，現在のようなヘゲモニー構造の転位状況を，福祉国家の「危機以後」としてとらえ，そこでは福祉国家の縮小の戦略と維持の戦略が二つの方向として生じているとする。前者は新保守主義であり，後者は社会的コーポラティズムの戦略である。

　ミシュラの議論は，ピアソンと同様，福祉国家を戦略的構成物としてとらえ，福祉国家の危機以後における縮小／再構築もまた，戦略によってしか行いえないという視点を共有している。しかし，その縮小／再構築戦略は，それぞれ福祉国家の経済・階級中心性を依然として保持したものとしてとらえられているところに問題がある。ミシュラは，「資本主義経済において，もっとも重要な経済分配は階級に沿って行われる」ゆえに，基本的対立は依然として階級対立にあるとし，福祉国家の縮小／再構築戦略について次のように述べている。

　　「ケインズ主義による福祉国家の危機,すなわち福祉国家という中央主義的パラダイムが弱体化したことによって，右派（資本家的利益より）と左派（広く労働側の利益より）の両方が，自らの見通しで危機を明らかにし，新しい解決策を提案するようになった。」

　ここに見られるのは，福祉国家の危機以後における縮小／再構築戦略が，依然として階級的利益を前提として設定されるという論理である。戦後ヘゲモニーを構成していた経済・階級中心性は，依然として保持されている。
　この中心性の保持にある問題点を，ここまでの議論を整理しつつ明確にしておきたい。まず，ピアソンやミシュラが提起する福祉国家の再構築論は，福祉国家が持つ経済・階級中心性をア・プリオリに想定するのではなく，それらが戦略によってのみ構成されてきたものであるとする点で，単純な経済・階級還元性を免れており，更に（2）で示した状況も視野におさめた上で議論を構成しえている。
　しかし，これらの再構築論は，従来型の福祉国家的戦略が持っていた経済・階級中心性を依然として保持し，相対化できていないために，戦後ヘゲモニー構造の転位が持つ意味を十分にはとらえきれていない。福祉国

家が持っていた経済・階級中心性が，戦略によってしか構成されないことは明確にされているが，危機以後においてもそれが経済・階級を中心として構成されなければならないという点が，ア・プリオリに前提とされているのである。その問題性が顕在化するのは，ヘゲモニー構造の転位が，「新しい政治」という状況を招いていることを視野に入れた場合である。

戦後に構成されてきたヘゲモニー構造は現在，再活性化の状況にある。その中では，福祉国家の擁護さえもが新しいヘゲモニック・プロジェクトを伴うものとして提起されなければならない。しかし，再構築論に見られる経済・階級中心性の再設定は，現在起こっているヘゲモニー構造の転位を全面的に把握したものとは言えず，その状況に対応できていない。なぜなら，この再活性化された状況には，まさに，経済と階級の中心性そのものを問う，ラディカルな動きが含まれているからである。それに伴い，経済成長や労働者の統合の回復，つまり経済と階級の中心性の再設定という問題を超えた戦略がいまや要求されていると言える。次に，この点について見ていきたい。

（4） 新しい社会運動の登場と「政治空間の複数性」

ヘゲモニー構造の再活性化の中では，労働者階級の利害の分裂による統合の分解のみが敵対性や対立軸を増殖させているのではない。それらと並んで重要視されるべきことは，環境運動や女性運動，地域運動などの「新しい社会運動」と呼ばれる諸運動が，新たな対立軸を生む形で登場していることである。それらの存在は，戦後のヘゲモニー構造に見られた経済・階級中心的な構造の再構築をも揺るがすような問題提起を含んでいる。

新しい社会運動は，福祉国家の経済中心性と階級中心性そのものへの問題提起を含んだ形で登場したと言える。例えば環境運動は，ネオ・コーポラティズムのような労資協調の枠組によっては無視されてきた争点を提起し，経済的再分配だけでは解決しない政策を要求している。更に，それらの運動はフォーディズムの生産力第一主義を批判することによって，成長主義を基盤としていた福祉国家そのものに対して転換を迫っているのである。[49] 環境運動は，労資間の対立・妥協という従来の枠組ではとらえられない争点を提起しているだけではなく，その枠組が前提としてきた基盤，つ

まり経済成長をも規範的に問題化しようとしているのである。また、ドイツなどの西欧諸国において、これらの環境運動等が緑の党といった形で政党化し、一定の得票及び議会での議席を獲得し始めたことは、これらのイシューがマージナルな位置を脱しつつあり、戦後ヘゲモニー構造が持っていた中心性を揺るがしていることを示している。

特に環境運動の登場に顕著に示されている点は、経済的アイデンティティを中心に据えることによって大衆統合を行い、戦後のヘゲモニー構造を支えてきたヘゲモニック・プロジェクトの限界である。R．イングルハートが分析した、「物質主義」から「脱物質主義」への価値観の移行に顕著に示されているように、新しい社会運動の担い手たちは、物質的・経済的な再分配によっては解決されえないようなアイデンティティを選択的に強化することにより、「社会経済的」不平等の枠には入りきらない争点を問題化し始めたのである。

アイデンティティの多元化の諸相は、他にも例えば女性運動や地域主義運動の登場の中にも見られる。これらの多元的なアイデンティティを持った新しい社会運動を、経済的アイデンティティ・階級アイデンティティを中心にしてヘゲモニー構造を構成してきた、福祉国家＝経済的政治体制のヘゲモニーは、容易に統合することができない。つまり、新しい社会運動の登場は、政治戦略がもはや、経済・階級にそった統合をア・プリオリに前提としえなくなっていることを顕在化させているのである。

そこに見られるのは、戦後のヘゲモニー構造において構成されていた経済・階級を中心とする「政治空間の単一性」が、アイデンティティの多元化状況の下にあって再び分解し始めている、というものである。ヘゲモニー構造の再活性化の過程で、その単一性そのものが相対化され、「政治空間の複数性」の状況が生じている。この状況の下にあっては、いかなる政治戦略も、それらの複数的な諸争点、諸アイデンティティを前にして、新たな対立軸の構成へと向かう必要性に迫られており、そのためには、新しい社会運動の複数性と共通性との接点を探り、接合していく必要がある。新しい社会運動の多元性を視野に入れた場合、「福祉国家の再構築」論に見られる、「どのような形で経済・階級中心性を再び構築するか」という問題は困難なものになり、その意味で、経済・階級中心性の更にもう一歩進んだ

相対化が迫られているのである。

　ここで，あえて「もう一歩進んだ」相対化とした意図を付言しておこう。繰り返し述べているとおり，福祉国家は経済中心性の下に構築されており，階級関係に基づく統合を中心的な前提としていた。したがって福祉国家は「政治空間の単一性」を保つヘゲモニー構造であった。しかし，福祉国家においてその単一性は，完全に所与のものとして想定されているというよりもむしろ，政治的に，つまりヘゲモニック・プロジェクトによって保たれているものであった。その意味ではその単一性は，政治的介在がなければ達成されないものとして，「相対化」されるべきものだったのである。上述した福祉国家の再構築論は，戦略的視点を持つという意味で単一性を相対化しえていた。しかし，新しい社会運動の登場などによって，経済・階級中心性という政治空間の単一性が，政治的戦略の唯一の達成目標としての有効性を失ったとき，それは福祉国家の再構築論が行っているものを超え，単一性の「もう一歩進んだ」相対化が必要になるのである。

　ラクラウ／ムフは，その社会主義理論批判の中で，レーニンやグラムシに内在する，経済・階級中心性という「政治空間の単一性」を批判し[53]，それに対置する形で「政治空間の複数性」を提起しており，次の三点を強調している。つまり，①対立軸が複数にまたがり，②それらの対立軸のどれが中心的となるかはア・プリオリには決められておらず，③ヘゲモニー的結節点（それらを結びつける軸）がいくつもありうる，という三点である[54]。そして，「社会的葛藤の急速な拡散」が起きている現代政治においては「政治空間の単一性」を保持する社会主義的潮流の不適合性が特に浮き彫りになっており，政治理論は「政治空間の複数性」を前提に再構成されなければならないとしている。

　これまでの文脈に当てはめて，政治戦略について考えてみても，彼らの議論は説得力を持つと思われる。ヘゲモニー構造の再活性化の中で，福祉国家＝経済的政治体制が前提としていた経済・階級中心性の説得力は薄れつつあり，その結果その中で行動する政治諸勢力も，ア・プリオリにその中心性を前提として行動することはできなくなっている。したがって，前提とすべき中心的対立軸は有効性を失いつつあり，政治勢力は新たに政治的対立軸を構成するところから始めなければならない。その際，新しい社

会運動のような形で登場している「政治空間の複数性」をまず認識する必要があると言える。

第3節　小括——新たなヘゲモニーの構成に向けて

　現在起こっているヘゲモニー構造の転位と再活性化の状況を，上記のようにとらえることによって，我々は，その中にあってなぜ社会民主主義を中心とする左翼政党が支持率・影響力を低下させていったのかという問題を考えることができる。「はじめに」において，ラクラウ／ムフの社会民主主義批判を紹介したが，その「ヘゲモニック・プロジェクトの不在」という批判は，この文脈において，問題点をはらんでいるものの示唆的である。

　戦後のヘゲモニー構造において社会民主主義政党は，自らが中心となって構成した経済・階級中心性を前提として行動し，その中に安住してきた。なぜなら，その中心性を前提としたヘゲモニック・プロジェクトによって，労働者層を中心とした統合が可能となり，多数派を獲得することもできたからである。社会民主主義政党は，ヘゲモニック・プロジェクト自体は維持しているが，それが持つ中心性を所与のものとして行動していたと言える。したがってその意味では，そこに見られるのは「ヘゲモニック・プロジェクトの不在」というよりも，むしろ「ヘゲモニック・プロジェクトの硬直化」と言った方が妥当であろう。

　しかし，ヘゲモニー構造の転位と再活性化の中にあって，それまでの福祉国家的なヘゲモニー構造を構成してきた，経済中心性と階級中心性はもはやア・プリオリな前提とは考えられなくなった。社会民主主義を中心とする左翼政党の戦略も，経済と階級をア・プリオリに前提とし，労働者階級（の一部）の利害だけを代表するだけでは，多数派の支持を得ることはできない。硬直化したヘゲモニック・プロジェクトは，有効性を失い始めたのである。したがって，労働者階級内部の分断，及び新しい社会運動といった「政治空間の複数性」の状況の下で，いかにそれらを統合し，新たな対立軸を構成するか，ということが問われていることになる。その対立軸の構成は，経済や階級の中心性をいったん相対化した上で進められる必要がある。

　その問題構成は，ラクラウ／ムフのベルンシュタイン評価と批判の中か

第1章　戦後ヘゲモニー構造の構成と転位　47

ら引き出すことができる。ここで，彼らのベルンシュタイン評価を参照し，そこから現代の社会民主主義政党の問題性を考えていこう。まず，彼らは，社会民主主義の生みの親であるベルンシュタインを次のように評価する。

> 「［ベルンシュタインの議論においてそれまでのマルクス主義の議論と異なる点は］，資本主義の新たな段階での断片化・分断という特徴を，下部構造の変革によって克服できるだろうと［マルクス主義］正統派が考えたのに対して，修正主義は自律的な政治的介在によってのみ，それが可能になると主張したところにある。経済的土台からの政治的なものの自律性こそが，ベルンシュタインの議論の真の新しさであった(55)。」

　ベルンシュタインは，労働者の統合，そして階級中心的な対立軸はア・プリオリに存在するものでも，自動的な到達点でもない，と主張した。そのような統合と対立軸は，党によって政治的に構成されるものであるとされ，その中にベルンシュタインのヘゲモニー的観点が見出せる。この「政治」の自律性と役割を見抜いた点において，ベルンシュタインは評価されるのである。
　しかしながら，彼らのベルンシュタイン評価は次の点において批判へと変わる。

> 「しかしながら，政治的媒介を階級的統一の構想要素と見なすベルンシュタインの分析には，彼の理論的構築全体を無効にするような，ほとんど目だたない曖昧さが忍び込んでいた。その曖昧さとは，以下のようなものである。労働者階級が経済領域では，しだいしだいに分裂していくのであれば，そして，その統一が政治レヴェルで自律的に構築されるのであれば，この政治的統一は，いかなる意味で階級的統一なのであろうか(56)。」

　つまり，ベルンシュタインは階級的統合が政治的なヘゲモニーによってしか果たされないことを見抜いていたものの，それが階級的統合でなけれ

ばならないという点については，ア・プリオリに前提したままであった。対立軸は政治的にしか構成されないが，しかし，その対立軸が階級的対立であることは，自明として想定されていたのである。

　ラクラウ／ムフのベルンシュタイン評価と批判は，従来の社会民主主義を中心とする左翼政党が抱えた問題性を考える際に，大きな示唆を与える。なぜなら，ここに見られる論理構成こそ，本書でここまで行ってきたヘゲモニー構造の構成と転位の論理に対応したものであるからである。つまり左翼政党は，福祉国家＝経済的政治体制というヘゲモニー構造を形成する過程で，経済・階級中心的統合に成功してきた。左翼政党はヘゲモニーによってその中心性を構成してきたのである。しかし，戦後のヘゲモニー構造の中で，それらの中心性の中に安住してきた左翼政党は，次第にヘゲモニック・プロジェクトの硬直化に陥り，その有効性を喪失していった。なぜなら，現在の「新しい政治」あるいは「ポスト福祉国家」という形での，ヘゲモニー構造の転位と再活性化においては，従来の経済中心性と階級中心性の構成を可能としてきた前提は揺らいでいるからである。左翼政党は，その前提の分解の前に動揺していたと言えよう。

　したがって，前提としていた階級対立の構図は崩れつつあり，また，新しい社会運動に代表される形で現れたアイデンティティの多元化は，経済的アイデンティティと階級アイデンティティを中心とした統合を困難なものとしているのである。この「政治空間の複数性」を前にして，左翼政党は新たな対立軸の構成を目指したヘゲモニック・プロジェクトを組む必要があるが，それはア・プリオリに経済・階級中心性を想定したものではもはや有効性を持たない。むしろ，それらを全て相対化した上で，「新しい政治」における多元的なアイデンティティを認識し，それらを接合しうる新たなヘゲモニック・プロジェクトを形成することが必要とされていると言えよう。

　本書は，以上の問題意識の下で，「新しい政治」の状況において求められる政治戦略のあり方，特に左翼政党の新たなヘゲモニック・プロジェクトの可能性を探ることを目的としている。本章で整理した問題状況を踏まえて，ラクラウ／ムフのポスト・マルクス主義的ヘゲモニー論が，新しい政治に求められる「左翼の変容」の第一歩として，どのような点で有効であ

るのか，という論点に次章では入っていきたい。

(1) 本書は，いかなる政治構造・政治システムも，ある政治勢力のヘゲモニーによって構成・維持されるものであるという立場をとる。そのため，ある時期において政治システムとして安定性を保つ形で構成された構造を，「ヘゲモニー構造」と表現する。その詳細については，ラクラウ／ムフの提起したヘゲモニー構造の沈澱と転位という理論を紹介しつつ，本論で触れる。
(2) S. S. Wolin, "Democracy and the Welfare State", *Political Theory*, vol. 15, no. 4, 1987, p. 471. 以下ではこの論文を，Wolin, 1987 と略記する。
(3) S. S. Wolin, "Contract and Birthright", *Political Theory*, vol. 14, no. 2, 1986, p. 189（木部尚志訳「イサクの二人の息子　契約と生得権」『現代思想』第17巻12号，1989年，84頁）。
(4) ウォーリンの議論に関しては，千葉眞『ラディカル・デモクラシーの地平』，新評論，1995年を参考にした。
(5) Wolin, 1987, pp. 471 - 483.
(6) 田端博邦「福祉国家論の現在」『転換期の福祉国家（上）』，東京大学出版会，1988年，30頁。
(7) 同上，29～30頁。
(8) 同上，22頁。
(9) ネオ・コーポラティズムに関しては，以下の文献を参照のこと。シュミッター／レームブルッフ編，山口定監訳『現代コーポラティズムⅠ・Ⅱ』，木鐸社，1984・86年。
　　　山口によれば，ネオ・コーポラティズムは，「経済政策の領域を中心として，労・使の団体を中心とした巨大利益団体もしくは頂上団体の指導部と政府並びに国家官僚制との協調機関が，国家政策の決定において実質的に決定的な役割を果たす仕組み」と定義される。したがって，ネオ・コーポラティズムは労働組合，資本家団体，そして国家という三者の協議・妥協によって政策決定や調整が進められるという枠組みであるということになり，それはやはり経済中心性と階級中心性が保持されたシステムと言えるであろう。また，ネオ・コーポラティズムの定義は論者によって様々であり，上記の山口のように，それを国家レベルの政策決定にのみ適用する者もあれば，大嶽のように，企業内での労資協調といったミクロ・レベルでの決定過程も含めて，「ネオ・コーポラティズム」と呼ぶ者もある。しかし，そのアクターとして労働者と資本家という階級関係が想定されている点では，大きな違いはないと言えよう。山口の定義については，山口定

『政治体制』，東京大学出版会，1989年，239頁から引いた。また，大嶽によるネオ・コーポラティズム理解については，大嶽秀夫『自由主義的改革の時代』，中央公論社，1994年を参照のこと。
(10)「20世紀型政治体制」論を打ち出す佐々木もまた，階級中心性を戦後システムが持った一側面として認めている。彼は，戦後のシステムにおける議論の核心が「階級を中心にした社会対立の構図と民主政治の浸透との結合にある」と述べている。佐々木毅「20世紀型体制についての一試論」『思想』856号，1995年，13頁。
(11) C. Pierson, *Beyond the Welfare State*, Pennsylvania State University Press, 1991, p. 129（田中浩・神谷直樹訳『曲がり角にきた福祉国家』，未来社，1996年，245頁）．
(12) 田端，前掲論文，24頁。
(13) Pierson, *op. cit*., pp. 130f.（邦訳248〜249頁）。
(14) D. Kavanagh, *The Reordering of British Politics*, Oxford University Press, 1997, p. 29. 以下では本書を，Kavanagh, 1997と略記する。
(15) D. Kavanagh, *Thatcherism and British Politics*, Oxford University Press, 1987, p. 6. 以下では本書を，Kavanagh, 1987と略記する。
(16) *Ibid*., p. 7.
(17) ベヴァリッジ・プランの内容およびその形成の政治過程については，毛利健三『イギリス福祉国家の研究』，東京大学出版会，1990年の第3章として収録されている論文「現代イギリス福祉国家の原像」を参照のこと。
(18) 東京大学社会科学研究所編『福祉国家Ⅰ　福祉国家の形成』，東京大学出版会，1984年，4頁。なお，[ ]内は引用者による補足である。
(19) 毛利，前掲書，第3章を参照。
(20) 毛利，前掲書，80頁。
(21) Kavanagh, 1997, p. 53.
(22) *Ibid*., p. 56.
(23) *Ibid*., p. 57.
(24) *Ibid*., p. 58.
(25) より根源的な形で「社会経済的平等」理念を攻撃したものが，ハイエクやフリードマンの議論であった。この両者の議論については，田端，前掲論文を参照のこと。
(26) サッチャリズムを階級横断的な「権威主義的ポピュリズム」と定義したものとしては，S. Hall, *The Hard Road to Renewal*, Verso, 1988を参照のこと。この議論も含め，サッチャリズムの性質については第2部で詳細に述べる。

表3　労働者層における政党別得票率（％）

	1974／2		1974／10		1979		1983	
	非単純	単純	非単純	単純	非単純	単純	非単純	単純
保守党	53	24	51	24	60	35	58	33
自由党その他	25	19	24	20	17	15	26	29
労働党	22	57	25	57	23	50	17	38

出所：Kavanagh, 1997, p.176.

(27)　このことのメルクマールとしては，労働者層における労働党の総選挙での得票率が，サッチャー登場以後激しく落ち込んだということが挙げられる。カバナーによれば，64年から79年の間に，労働者層における労働党の得票率は64％から50％へと落ち込み，保守党の得票率との差も36％から15％へと縮んだ。また，表3に示されているように，74年2月から83年の間に，労働党の労働者層における得票率は，非単純 Non-Manual 労働者では22％から17％へ，単純 Manual 労働者でも57％から38％へと落ち込んでいる。それに対して，保守党の労働者層における得票率は，それぞれ53％から58％，24％から33％へと増加している。この事実は，サッチャリズムの戦略が，労働者層を取り込んでゆくことによって，労働者層の統一性を切り崩していったことを示していると言えよう。Kavanagh, 1997, pp. 175f.

(28)　また，保守党と労働党の二大政党の合意と対立という，階級による分裂を前提としそれに沿って形成された政党システム自体も問題化されつつあった。例えば，自由党の支持率の上昇や，社会民主党の労働党からの分裂，またスコットランド国民党などの地域政党や緑の党などの環境政党の登場によって，二大政党制は脅かされていたのである。

(29)　この時期の労働党の戦略については，吉瀬征輔『英国労働党』，窓社，1997年の55〜64頁を参照のこと。また，労働党の戦略的変遷やサッチャリズムのインパクトなどに焦点を定めた，戦後イギリス政治の文脈については，第3部で再びより詳しく述べる。

(30)　ラクラウ／ムフの「服従」の定義はかなり独特であるので，「抑圧」「敵対性」とともにここで説明を加えておきたい。「服従」とは彼らによれば「一方の行為者が他方の決定に左右されている関係」であり，「抑圧」とは「敵対性の場へと変換された服従関係」である。例えば，女性が男性によって支配されていることが当然であり，そのことに対して女性の方もなんら違和感を感じていないという状態が「服従」である。この場合，男性による女性支配という関係は現実には存在しているが，それが不可視化されているため敵対関係とはならず，抵抗運動も成立しない。しかし，何

らかの要因によってそれが「抑圧」となった場合には，女性は男性支配を自らのアイデンティティに対する否定と感じ始めるため（敵対性の発生），その支配関係は可視化され，場合によっては抵抗運動にまで発展する。ここで示されていることは，ある不当なる支配関係があったとしても，それが「服従」にとどまっていれば，そのような関係は「敵対性」としては認識されず，潜在的なものにとどまる，ということである。その「服従」関係が何らかの要因によって表面化した時にはじめて，それは「抑圧」として認識されるのであって，「服従」関係が存在するからといってそれがストレートに社会運動へと結びつくわけではない。この議論が有効であるのは，新しい社会運動のイシューの中にはそれ自体としては過去から存在したものもあり，なぜそれらが現在においてかつてない規模で噴出しているのかという問題について，説得的な回答を与えることができる点においてである。Laclau and Mouffe, 1985, pp. 153f.（邦訳246頁）。

(31) E. Laclau, *New Reflections on the Revolution of our Time*, Verso, 1989, pp. 33 - 36. 以下では，Laclau, 1989と略記する。

(32) *Ibid*., pp. 89 - 92.

(33) 図表の作成にあたっては，R. B. Bertramsen et al., *State, Economy and Society*, Unwin Hyman, 1991, p. 30のFigure 3 - 1を参考にした。

(34) C. Offe, *Disorganised Capitalism*, Polity Press, 1985. pp. 1 - 3.

(35) 例えば利害の面では，賃金の増加・雇用の安定・労働条件の改善といったものの間での分裂が高まり，手段の面では，賃金システム内で闘争するか，賃金システム自体に向けて闘争するかなどで分かれる。*Ibid*., p. 136.

(36) C. Offe, "Democracy against the Welfare State? ", *Political Theory*, vol. 15, no. 4, 1987, p. 527.

(37) Pierson, *op. cit*., p. 64.（邦訳126頁）。

(38) *Ibid*., p. 64.（邦訳125頁）。

(39) *Ibid*., p. 65.（邦訳126頁，一部改訳）。

(40) 福祉国家の「再構築」というタームの設定については山口，前掲書の議論を参考とした。彼はその中で，現在の「福祉国家」をめぐる対抗は，その「選択的縮小」と「選択的再構築」との対峙という様相を呈しているとしており，ここで扱った「再構築」論の，日本における代表的論者であると言える。

(41) Pierson, *op. cit*., p. 216.（邦訳402頁）。

(42) *Ibid*., p. 209.（邦訳390頁）。

(43) ピアソンの他にも，このような「福祉国家の再構築」を目指す論者は存在する。例えば，この後に検討するR．ミシュラは，「民主主義的階級

闘争」の産物として福祉国家をとらえ，社会的コーポラティズムを福祉国家維持の例として肯定的に示している。また，福祉国家の危機を「凍り付いた福祉国家」ととらえ，労働者基金制度などで再構築を図ろうとするG.エスピング゠アンデルセン，また，上述した「脱組織資本主義」において基礎所得制度に展望を見いだすC. オッフェらも，広い意味では「福祉国家の再構築」を目指す試みを行っていると言えよう。R. Mishra, *Welfare State in Capitalist Society*, Harvester WheatSheaf, 1990（丸山冷史他訳『福祉国家と資本主義——福祉国家再生への視点——』，晃洋書房，1995年），G. Esping - Andersen, *Politics Against Markets*, Princeton University Press, 1985; do. "After the Golden Age? Welfare State Dilemmas in a Grobal Economy" in do. (ed.), *Welfare States in Transition*, Sage Publications, 1996, C. Offe, *Beyond Employment*, Polity Press, 1992.

(44) ピアソンの福祉国家論は，本書で主張しているヘゲモニー的構成の視点を十分に含んだものであり，その意味では評価できる。例えばそれは，彼が福祉国家の単線的発展モデルを批判している点や，「福祉国家は産業的・政治的動員の産物である」としている点などにも表れている。それぞれ，Pierson, *op. cit*., p. 36, 28.（邦訳74，60頁）。

(45) Mishra, *op. cit*., p. 114.（邦訳134頁）。

(46) ミシュラの不可逆性論批判については，*ibid*., pp. 103 - 105.（邦訳121〜123頁）を参照のこと。

(47) *Ibid*., p. 13.（邦訳14頁）。

(48) *Ibid*., p. 14.（邦訳15頁）。

(49) このような，フォーディズムとエコロジー運動の議論に関しては，レギュラシオン学派の経済学者であるA. リピエッツの諸著作，特に日本語訳のあるものとして，若森章孝訳『勇気ある選択』，藤原書店，1990年（原著1989年），若森章孝他訳『ベルリン‐バグダッド‐リオ』，大村書店，1992年（原著1992年），井上泰夫・若森章孝編訳『レギュラシオン理論の新展開』，大村書店，1993年，若森章孝・若森文子訳『緑の希望』，社会評論社，1994年（原著1993年）などを参照のこと。

(50) R. Inglehart, *The Silent Revolution*, Princeton University Press, 1977.（三宅一郎他訳『静かなる革命』，東洋経済新報社，1978年）。

(51) 佐々木は，20世紀体制の危機として三つの要因を挙げているが，福祉国家の危機，冷戦の崩壊と並ぶ三つ目の要因について，次のように記述している。「環境やフェミニズム，民族などの問題の浮上は，政治と経済を中心に構築されてきた体制の限界を試すとともに，その限界がはっきりすることによってますます深刻な問題となった。」佐々木，前掲論文，22頁。

(52) 「新しい政治」において錯綜する複数の対立軸の例として，R．J．ダルトンらは，①新中間層対旧中間層，②裕福で熟練したブルーカラー対貧しく非熟練の，大部分は失業している社会的底辺，③公的セクター対私的セクター，④若者対高齢者，⑤伝統的価値対新しい道徳性，⑥テクノクラート対直接参加への欲求，の六つを挙げている。これらの対立軸群は，階級関係中心的にはとらえきれないものである。R. J. Dalton et al., "Electoral Change in Advanced Industrial Democracies" in do.(eds.), *Electoral Change in Advanced Industrial Democracies*, Princeton University Press, 1984, p. 21.

(53) ここで「政治空間の単一性」とは，政治における対立軸が必然的に一つの軸に収束するという想定であり，その単一の軸がア・プリオリに決定されているという主張である。ラクラウ／ムフによれば，レーニンにおいてもグラムシにおいても，この単一の軸は階級関係に設定されることになる。Laclau and Mouffe, 1985. 特に第2章。

(54) *Ibid.*, pp. 138 - 145.（邦訳219〜229頁）。

(55) *Ibid.*, p. 30.（邦訳49頁）。なお [ ] 内は引用者による補足である。

(56) *Ibid.*, p. 32.（邦訳52〜53頁）。

第2章 「新しい政治」における政治戦略

　前章で見たヘゲモニー構造の転位と再活性化の中にあって，政治戦略の方法はどのような変容を迫られているのか。本章では，「ヘゲモニー論」を理論的に検討することによって，その問いについて考えていきたい。その際，ヘゲモニー構造の転位を象徴する「アイデンティティの多元化」に注目し，いくつかのヘゲモニー論の中でも，ポスト・マルクス主義のヘゲモニー理論がいかなる点において有効であり，また問題点を持つのかを検討する。したがって，前章で行った問題整理を踏まえて，本章ではラクラウ／ムフのヘゲモニー論を中心とした検討に入ることになる。また，その検討を通じて，この「新しい政治」と呼ばれる状況への政治変容の中で求められる政治戦略がいかなるものであるのかについて考え，「はじめに」や前章での問題提起に答える手がかりを得たい。

　本章では以下の順序で分析を行う。まず，ラクラウ／ムフの議論を参照しつつ，「新しい政治」においてヘゲモニーが持つ意味を，アイデンティティの多元化と言説理論の観点から検討する。ここでは，前章の議論とのつながりの中で，なぜポスト・マルクス主義理論の検討が論点として引き出されるのかということを述べることになる（第1節）。その上で，その他のヘゲモニー論との比較を中心として，ラクラウ／ムフのヘゲモニー論の有効性（第2節）と問題点（第3節）について考察する。最後に，それまでの考察を踏まえ，「新しい政治」におけるヘゲモニーのあり方をまとめ，政治戦略の転換について結論を述べたい（第4節）。

第1節　アイデンティティの多元化と接合——言説とヘゲモニー

　前章で見た，新しい社会運動の登場などに見られるイシューの分散化や，それに伴う中心性の解体といった状況は，いわゆる「新しい政治」の議論と重なり合うものである。本書は，この「新しい政治」の中において，有効な政治戦略のあり方はいかに変容しているか，という問題を解明することを目的としており，前章の議論は，その「新しい政治」の状況を「ヘゲモニー構造の転位」という視座から読み解くという，準備作業でもあったのである。したがって以下では，「新しい政治」を，福祉国家を中心とする「沈澱した構造」が転位され，政治的関係が再活性化された状況であると定義した上で，議論を進めていきたい[(1)]。

　前章の後半で述べたように，「新しい政治」の最も大きなインパクト要因は，アイデンティティの多元化に求められる。脱物質主義，女性，民族といったアイデンティティが前面に出るようになり，敵対性も脱物質主義対物質主義，女性対男性，民族対民族といった形で複数化される。それらのアイデンティティは，戦後のヘゲモニー構造において構成・維持されていた経済的アイデンティティ中心的な思考によっては把握されえない。新しい社会運動はこのような形で，ヘゲモニー構造を再活性化させているのである。「新しい政治」の状況にあって，政治理論はこれらの多元性・複数性を踏まえた理論化を進める必要があると言えよう。

　そのような理論化を進めたものとして，本書はポスト・マルクス主義論に注目するわけであるが，アイデンティティの多元性こそ，ラクラウ／ムフがそのヘゲモニー論の基礎としているものである。彼らはアイデンティティの多元性を，主体の複数的なアイデンティティにおける選択の多元性という形でとらえる。例えば，労働者は労働者としての利害しか持たない，というのではなく，労働者であっても女性であれば女性としてのアイデンティティも有しており，原発の近くに住んでいれば反原発運動へと向かうアイデンティティが前面に出る可能性も存在している。ラクラウ／ムフにとっては，個人のアイデンティティは元来複数的なものであり，ア・プリオリに単一的に固定されているわけではない。

　このラクラウ／ムフのアイデンティティ論において重要である点は，あ

る主体にはらまれるアイデンティティが、単に複数的・多元的であるのみならず、それらが流動性を持つ形で「浮遊」している、とされる点にある。このことは、主体のアイデンティティがあらかじめ内部的に決定されているわけではない、ということを示しており、その選択的・相対的固定化に際しての、外部的・言説的構成の重要性を示している。「浮遊」するアイデンティティの相対的な固定化、つまりアイデンティティ構成を行うものが、言説的なヘゲモニーであり、そのことはヘゲモニーの重要性へとつながっていくのである。このラクラウ／ムフのアイデンティティ構成＝ヘゲモニーの論理の中にこそ、「新しい政治」における政治戦略のあり方を探る鍵が含まれていると考えられるので、以下ではこの議論を詳細に見た上で、「新しい政治」との適合性を検討していきたい。

　ラクラウ／ムフのアイデンティティ論は、アイデンティティの重層的決定という考え方に基づいており、新しい社会運動を明確に意識したものである。この議論については、まずムフによる次の記述を参照しておきたい。

　　「新しい社会運動の闘争が性格づけるものは、単一の行為者に宿る主体位置の複数性であり、この複数性が敵対性の場となりそこで政治化される可能性である。」

　つまり、ある主体の中には様々なアイデンティティが複合的・重層的にはらまれており（主体位置の複数性）、そのうちのいずれかが本質であるということは言えない。また、そのことは集合的アイデンティティの場合にも同様であり、そのアイデンティティは固定化されていない。ある主体あるいは集団のアイデンティティは、ア・プリオリに固定化されているのではなく「欠如」した状態にとどまっており、外部からのアイデンティフィケーション行為に対して開かれた存在になっているのである。

　このことは、新しい社会運動のアイデンティティを考える場合に重要であると言える。各々の新しい社会運動のアイデンティティも完全に固定化されているわけではなく、そのため完結した自律性は持ちえない。したがって、いかなる新しい社会運動も単一的なアイデンティティを持ちえず、それ自体としては流動性を伴ったものであり、外部的なアイデンティティ

構成＝ヘゲモニーによってはじめて固定化されうる。つまりラクラウ／ムフの記述を借りれば,「フェミニストやエコロジストといった政治的主体は, ある点までは, 他のすべての社会的アイデンティティと同様に, 浮遊する記号表現なのであり, これらの主体をすでに保証されてしまっているものと考えたり, それらの言説的な出現条件を構成している領野が転覆できないとみなしたりするのは, 危険である」(6)ということになる。

　以上のラクラウ／ムフのアイデンティティ論は, どのような点で本書の目的――「新しい政治」に適合的な政治理論・戦略の探求――にとって有効なのであろうか。それは, ラクラウ／ムフが, アイデンティティの重層的決定とその構成的性格という論理を持ち込むことによって, 本質的なアイデンティティという問題設定を捨て去っている点に由来している(7)。このことは, 従来の左翼理論への批判から生まれたものであり, 彼らによる経済・階級中心性への批判から「政治の優位性」へと進む過程において鍵となる考え方でもある。ここでは, 前章で提起した枠組である戦後ヘゲモニー構造の構成と転位という観点との適合性という点において, この議論が持つ意義に注目したい。

　いかなるアイデンティティも本質とはなりえず, いずれが強調されるかはヘゲモニー次第である。しかしこの理論は, 前章での議論を踏まえるならば,「新しい政治」だけでなく, 福祉国家にも当てはまったことであろう。ヘゲモニーの持つアイデンティティ構築的・対立軸構成的な性格（＝「政治の優位性」）こそが, 福祉国家の経済・階級中心性を可能とした。つまり, 福祉国家においてア・プリオリに存在したかに見えた経済・階級中心性は, ヘゲモニーによって構成されたものであるため, 本質的なものではなく選択されたものだったのである。戦後のヘゲモニー構造において, 特に左翼政党の戦略は, 労働者アイデンティティを中心的なものとして前提にすることによって, 労働者としての統合を目指してきた。そのような経済・階級中心的戦略の成功によって,「社会経済的平等」の価値が中心を占める福祉国家的なヘゲモニー構造は維持されてきたのである。

　しかし, 福祉国家はそのように構成されたものであるからこそ, その経済・階級中心性もまたア・プリオリな本質ではありえない。したがってその中心性は元来相対化可能なものであり, その相対化の可能性を顕在化さ

せる勢力として登場したものが，新しい社会運動なのである。例えば，新しい社会運動が労働者的なアイデンティティを中心的に持つものではなく，また経済的分配によって満たされるものでもないという形で登場したことにより，経済・階級中心的な戦略を通じては統合できない部分が増大する。そればかりか，「新しい社会運動」としてくくられているものの中には，女性運動や環境運動等々の複数の諸運動が含まれており，何が中心的であるかという問題設定自体が揺らいでいるのである。つまり，「新しい政治」におけるアイデンティティの多元化は，従来型の階級的なアイデンティティ選択を中心としたヘゲモニーの有効性を失わせている。その結果，今まで存在した経済・階級中心性をいったん相対化し，多元的なアイデンティティを接合しつつ新たな対立軸の構成を行いうる，新たなヘゲモニーが求められているのである。

この「新たなヘゲモニー」の追求という文脈の中に，ラクラウ／ムフのヘゲモニー論の有効性が存在する。新しい社会運動の特徴は，それが多元的なアイデンティティを持つ点にあるが，しかしこれは単にアイデンティティが複数存在するということにとどまらない。個人・集団のアイデンティティは「浮遊した意味」を持つのみであり，そのアイデンティティは外部からの構築によって相対的に固定化される(8)。この「浮遊した意味」として新しい社会運動をとらえる点に，いかなる中心性をも相対化する視点が見られるのである。

したがって，政治の対立軸そのものもア・プリオリに存在するのではなく，構築されることになる。つまり，「新しい政治」においては，アイデンティティや対立軸の複数性のみならず，その構成的性格こそが問題となるのである。したがって，「浮遊した意味」や「重層的な主体」に相対的な意味付与を行うべく形成される「言説」と，その「言説」を目指した構築と接合の試みである，「ヘゲモニー」の重要性が「新しい政治」の中で新たに表出しているのである。

ここで，様々な新しい社会運動の接合という課題に伴って，新たなヘゲモニー的戦略の場として「新しい政治」をとらえることが可能となる。各々の社会運動のアイデンティティは不確定で浮遊した記号表現であり，言説的なヘゲモニック・プロジェクトは，複数の社会運動を接合するために，

それらのアイデンティティに統一的な基盤を与える意味付与(9)を行うことによって，新たな統合を目指す。「新しい政治」においては，それらの浮遊した敵対性に対する意味付与をめぐって，様々なヘゲモニーのせめぎ合いが起こっているととらえることができる。

そのアイデンティティや対立軸の構成が，いかなる軸を中心としたものになるかは，ヘゲモニー闘争の結果に委ねられ，いかなる中心性も相対化されている。したがって，ヘゲモニーによる意味付与は，戦後のヘゲモニー構造を成立させてきた階級・経済中心性をもいったんは相対化した上で行われる必要がある。この視角こそが，再活性化したヘゲモニー構造としてとらえられる「新しい政治」と，ポスト・マルクス主義のヘゲモニー論との交錯点となるのである。

ポスト・マルクス主義理論は，アイデンティティにおけるいかなる中心性をも解体し，政治的関係をヘゲモニー的構成の全面的な闘争から導き出す点に，ヘゲモニー構造の転位としての「新しい政治」を考える際の有効性を持っていると思われる。以上のポスト・マルクス主義のヘゲモニー論の基本的視角の検討と「新しい政治」への適合性の議論を踏まえ，次節では，ヘゲモニー論を唱える他の論者との比較による考察を通じて，その独自性と，その独自性が持つ「新しい政治」における有効性を明確にする。

第2節　「新しい政治」のヘゲモニー
　　　　――ヘゲモニー論の現代的到達点

ネオ・マルクス主義であれポスト・マルクス主義であれ，近年多くのマルクス主義・左翼理論家によって，ヘゲモニーの概念は高く評価され，その理論的摂取も行われている。例えば，B．ジェソップは「戦略‐理論アプローチ」という形で，ヘゲモニーの概念を利用した独自の国家論を構築している(10)。またJ．ヒルシュも，レギュラシオン理論とヘゲモニー論を融合した形での政治分析へと向かっている(11)。しかし，彼らが「ヘゲモニー」という概念にこめる意味はそれぞれ異なっており，それぞれに独自性が見られる。その中で，本書で採り上げているラクラウ／ムフの言説理論的ヘゲモニー論は，どのような独自性を持つのであろうか。また，その比較から発見された独自性は，「新しい政治」においてどのような理論的寄与を果

たし，またどのような問題点を抱えるのであろうか。以下ではこれらの視点から検討を行う。

　結論を先取りすれば，その他の論者に比べてラクラウ／ムフは，経済・階級中心性を全面的に相対化した，という点で評価でき，そのことが「新しい政治」への適合性を生み出している。しかし彼らの理論には，その有効性を掘り崩しかねない問題点も存在しており，その問題点を解決しない限りその有効性が活かされない。以下，各々の点について，本節および第3節において分析していきたい。

(1)　ヘゲモニー論における経済・階級中心性の相対化

　もともとグラムシによって生み出された「ヘゲモニー」の概念が，現在の左翼政治理論家によって様々に組み直され，独自の意味付与が行われていることは上でも述べた。その中で，ラクラウ／ムフのポスト・マルクス主義的ヘゲモニー概念は，その手段を決定的に「言説」という政治的意味付与に負っている点で独自性を持っており，その独自性が「政治の優位性」というさらなる独自性へとつながっている。これまで筆者が示してきた「新しい政治」において，その独自性はいかなる意味を持つのかということを，ヒルシュやジェソップのヘゲモニー論との比較の中で明らかにしていこう。

　ヒルシュは，「歴史的・資本主義的構成体のまとまりは，ヘゲモニーにもとづいている[12]」とし，政治におけるヘゲモニーの重要性を共有している。そして，「ヘゲモニーとは，……矛盾をはらんだ社会的主体の諸経験を相互に結びつけるとともに，それら諸階級を社会の秩序と発展に関する有力な観念に適合させ，そうすることによって，この秩序と発展に対する広汎な承認を保障してやることを意味する[13]」と規定する。

　しかし，ヒルシュにおいてそのヘゲモニー概念は，経済の中心性を前提とした形で描かれる。蓄積様式と調整様式という経済的様式が，「ヘゲモニーの形態と内容を因果的に規定するわけではないとしても，それらの物質的基礎をなしている[14]」ということになるのである。したがって，ヒルシュは，ヘゲモニー的な視点を持ちつつも，それは経済的・物質的戦略である蓄積戦略を基礎としている，という結論に達しているのである。

更に彼は，ヘゲモニック・プロジェクトに関して「言説」の重要性に同意する一方，その言説領域は，「物質的生活状態や階級的地位から独立しておらず，調整的諸制度の複合体において構造化されているのであり，これら諸制度は再びまた，そうした物質的な諸構造によって基礎づけられている」という形で，言説における経済規定性についても述べている。そして，各個人が埋め込まれている言説領域は経済に規定されているため，政治の場における基本的な対立軸は階級対立であるとア・プリオリに前提されてしまうのである。このことは，「もちろん，階級闘争が，『歴史の原動力』，すなわち転換と危機をともなう資本主義的発展の原動力であるというのは依然として正しい」という彼の著述にも表れている。

以上見てきたように，ヒルシュは，そのヘゲモニー論において経済・階級中心性をア・プリオリな前提としている。彼は，「原則的には，経済『法則』の単純な有効性とそれにもとづく資本主義的発展の一次元的『論理』など存在しない」という点で，ヘゲモニー的視点を導入しているが，政治の基本的な問題が経済から生じており，それがあくまで階級によって打破されるべきであるという点では，経済・階級の中心性がア・プリオリに前提とされているのである。

ヒルシュと同様に，ジェソップも「戦略－理論アプローチ」という形で，戦略的視点を打ち出す。ただし，ジェソップの場合はヒルシュに比べ，経済や階級の中心性をさらに相対化した形での，ヘゲモニーの理論化を試みている。以下では，ジェソップの「戦略－理論アプローチ」について見ていきたい。

ジェソップの「戦略－理論アプローチ」は，経済的ヘゲモニーと政治的ヘゲモニーを区別した形でとらえるところから始まる。経済的ヘゲモニーとして提示されるものが「蓄積戦略」である。ジェソップによれば蓄積戦略とは，「多様な経済外的前提条件に補完された特定の経済『成長モデル』を規定するものであり，また，このモデルの実現に適合的な一般的戦略を概括するもの」として規定される。ここでは，資本の統合や経済的支配，経済成長等が，経済自体の法則的論理によって自動的に達成されたりア・プリオリに存在したりするものではなく，多様な経済外的条件をも巻き込んだ「戦略」によってしか達成されないということが強調されている。その

意味では，経済・階級中心性は様々な経済外的「戦略」によってのみ構成されうるという視点が，ここに含まれていると言えよう。

他方，政治的ヘゲモニーとして提示されるものは「ヘゲモニック・プロジェクト」である。政治的ヘゲモニーは，それ自体としては経済とは分離されたものであり，それが目指す統合も階級関係にはとどまらない。しかし，政治的ヘゲモニーは完全に経済や階級から自立したものということにはならない。なぜなら，彼によれば，「ヘゲモニーは，蓄積過程によって制約，制限されていることになる」[20]からである。また，ヘゲモニック・プロジェクトが成功する場合には，経済的ヘゲモニーである「蓄積戦略」がその条件として働くのである。したがって，ジェソップのヘゲモニー論においては，「ヘゲモニック・プロジェクト」という形での政治的ヘゲモニーは，それ自体としては経済的なものである必要はないが，「蓄積戦略」という経済的ヘゲモニーによって制約されている[21]。

この経済的モメントは，以下の点において「制約」として働く。つまり，一つは，ヘゲモニーが達成すべき個別利害の一般化が，経済的な利害であるという点において[22]，もう一つは，蓄積戦略の成功がヘゲモニック・プロジェクトの成功の条件として働く点において[23]である。これらの論理を持ち込むことによって，ジェソップはその戦略論に，ヒルシュほどではないにしろ，経済的モメントによる規定性を持ち込んでいる。なぜこのような理論化をジェソップが行ったかと言えば，正統派マルクス主義などに見られる土台－上部関係としての「経済還元論に陥ることなく，なお経済規定性の余地をとめおこうとしている[24]」という彼自身の目的のためであるが，そのことは，国家理論の検討をあくまで資本主義体制の維持の観点から行おうとする姿勢や，主体のアイデンティティを経済的アイデンティティ中心に考える視点が，彼自身の中にあることをうかがわせる[25]。

以上で見たヒルシュやジェソップのヘゲモニー論と比較した場合，ラクラウ／ムフのヘゲモニー論の特徴は，経済や階級の中心性を全面的に相対化する点にある。前節で見たように，彼らにとって，経済的アイデンティティはその他の複数のアイデンティティに並ぶ，一つの可能性にすぎない。主体が，どのアイデンティティを中心的なものとして構成されるかは，言説的なヘゲモニー次第であり，経済的モメントはヘゲモニーにおいて単な

る一要素にすぎないのである。

　例えばジェソップの「戦略‐理論アプローチ」とラクラウ／ムフの言説的な戦略論とを比較してみても，論点となるのは経済的モメントのとらえ方である。ジェソップの場合は蓄積戦略とヘゲモニック・プロジェクトとを緊密に結びつけることにより，ヘゲモニック・プロジェクトの成功は経済的成功に依存しているとする。それに対しラクラウ／ムフの場合は，ヘゲモニック・プロジェクトの成功は言説的なものであり，経済的成功もまた言説，あるいは政治のヘゲモニーの内部に含まれることになる。つまり，「経済という空間そのものが，政治空間として構造化されて」おり，政治こそが優位性を持つということになるのである。

　ここで，三者のヘゲモニー論における，政治と経済との関係を整理しつつ，比較検討および問題点の指摘を行い，「新しい政治」との適合性について見ていきたい。その際，前章の枠組から言えば，経済・階級中心性を相対化しえているかどうかが，一つのメルクマールとなる。

　ヒルシュのヘゲモニー論においては，ヘゲモニーが経済によって規定されており，経済・階級中心性がア・プリオリな前提とされている。レギュラシオン理論に注目することで，経済的支配や資本の統合における戦略性には言及されてはいるものの，社会における基本的な対立が階級対立であること，また，現在のヘゲモニー構造の危機が経済的なものから発していることが所与とされているのである。したがって，ヘゲモニーに注目するとはいえ，その性格はア・プリオリに経済に規定されたものとなってしまうことになる。

　それに対して，ジェソップの場合は，ヘゲモニック・プロジェクトという形で，政治的ヘゲモニーは自律性を持ったものとして描かれている。したがって，それ自体としては経済的諸問題を中心とする必然性は存在しないし，経済・階級アイデンティティを中心として大衆統合を行う必然性も存在しない。しかしその一方で，政治的ヘゲモニーは，蓄積戦略という経済的ヘゲモニーを必然的に伴わなければならない。したがって，その二つのヘゲモニーを含みこむ，彼の「戦略‐理論アプローチ」全体においては，経済的ヘゲモニーが必然的に要求されるものとして描かれ，経済中心性が残されている。つまり，ジェソップの戦略論は，経済と階級の中心性が，政

治的ヘゲモニーなどの経済外的条件によって構成されるという側面を認めながらも、その構成が必ず経済と階級を中心とした対立・統合へと結びつくという論理になっているのである。そこでは、前章でベルンシュタイン批判等を引きつつ検討した、中心性の「相対化」は達成されているものの、「もう一歩進んだ相対化」は達成されていない、ということになる。

これらの議論に対して、前述したように、ラクラウ／ムフのヘゲモニー論は、経済・階級的中心性を全て解体したところに、その独自性を持つ。ヘゲモニーは、「言説」によって構成されるが、その言説は経済に規定されるものでもなく、また、経済的ヘゲモニーを必然的に伴うものでもない。その結果、ラクラウ／ムフのヘゲモニー論は「政治の優位性」をより根源的な形で持つことになる。

同時に、ラクラウ／ムフのヘゲモニー論においては、アイデンティティ構成を受ける主体の側の、階級中心性も相対化されている。つまり、主体は必ずしも経済的アイデンティティを中心にして構成されているわけではない。もちろん主体の重層的なアイデンティティの中には経済的アイデンティティも含まれることもあろうが、それが規定的に働いたり、最上位に置かれたりして、経済・階級を中心としてアイデンティティが構成される必然性については否定されるのである。

要するに、ラクラウ／ムフのヘゲモニー論においては、主体のアイデンティティや対立軸は構成されるものであり、アイデンティティ構成やヘゲモニー統合の到達点、その結果生まれる対立軸は、ヘゲモニー的な構成の結果に全面的に委ねられている。しかし、ヒルシュやジェソップにおいては、ヘゲモニー的構成の重要性は説かれているものの、主体のアイデンティティが経済・階級中心的に構成されること、対立軸が経済・階級的対立に向かうことが、ア・プリオリに前提とされているのである。

本書でラクラウ／ムフの言説論的ヘゲモニー論に注目するのは、以上の比較検討から導き出された彼らの独自性が、「新しい政治」を考える上で（問題点を抱えているものの――後述）有効性を持っているからである。前章で述べたように、「新しい政治」とは、経済・階級中心的に構成された福祉国家的なヘゲモニー構造が転位することによって現れた状況である。そこでは、新しい社会運動といった形で多元的なイシューやアイデンティティ

が生じており，それらは経済政策あるいは階級的な政策のみによって，例えば労働者への再分配政策などで満たされうるものではない。つまり，新しい社会運動のイシューやアイデンティティは経済的・階級的利害を中心にしたものではなく，その中心性は相対化されているのである[31]。そこに，ラクラウ／ムフとジェソップらとの戦略論の相違が存在しており，中心性が解体された「新しい政治」においてヘゲモニーをどのようにとらえるかという点において，有効性の差が生じていると言える（詳しくは後述）。

　ここまでは，特にヒルシュとジェソップを比較の対象として，そのヘゲモニー論の妥当性について検討してきた。彼らは，程度の差はあれヘゲモニー論の中に経済・階級中心性を残しており，そのことが「新しい政治」への適合性を失わせることになっているのである。以下では，彼らのヘゲモニーの危機やその展望についての具体的な議論をとりあげ，検討していきたい。そこから，彼らの議論が前章でとりあげたピアソンらと同様の隘路に陥っており，ヘゲモニー論としての有効性を失っていることが確認されるであろう。

（2）「ヘゲモニーの危機」をめぐって──具体的展望についての考察

　ここでは，上で見た形でヘゲモニー論を構築したヒルシュとジェソップが，本書が注目している「ヘゲモニー構造の転位」をどのようにとらえているかについて検討する。彼らのヘゲモニー論が，どのような具体的分析に結びついているかを見ることにより，その問題性を更に明らかにしていく。

　ヒルシュもジェソップも，現在の福祉国家の危機，あるいはヘゲモニー構造の危機を，経済的な危機から読み解こうとしている。すなわち，フォーディズムの危機からポスト・フォーディズムへの移行過程で，新たなヘゲモニー構造はいかなる像を描くのか，という視点である。その結果，ヒルシュにおいてはポスト・フォーディズム国家が[32]，ジェソップの場合にはシュンペータリアン・ワークフェア国家（レジーム）[33]がありうる可能性として描かれる。

　両者に共通することは，現在の危機・変容の土台に経済的変化（＝ポスト・フォーディズム化）を据え，その経済的変化に対して政治勢力はいか

に対応していくか，という問題設定である。したがって，彼らの問題設定においては，経済的変化に伴う蓄積戦略の変化が決定的な重要性を持っている。ここに，彼らのヘゲモニー論が持つ経済・階級中心性が，その具体的分析においても顔を出すのである。したがって，彼らの危機・変容論においては，本書が注目している新しい社会運動といった（特に経済・階級以外への）アイデンティティの多元化は，捨象されるかあるいは重要性の低い位置へと追いやられている。その結果，前章でとりあげた福祉国家の「再構築」論と同様の問題点を，その具体的分析においては抱えることになっているのである。

以下，個別に見ていこう。ヒルシュは，ヘゲモニー構造の危機を分析するにあたって，経済的なモメントを決定的に重要視する。例えば彼は，R．ロートとの共著である『資本主義の新たな相貌』(34)の中で，「今や新しい社会運動は労働運動の継承者の位置につく，またはつきうるような画期的な勢力なのだろうか」(35)という問いをたて，H．マルクーゼ，A．トゥレーヌ，J．ハーバーマスの理論について検討している。

それらの検討を通じて，ヒルシュが出した答えは否定的なものであった。彼によれば，マルクーゼらの理論は，70年代から80年代にかけての危機に対応できていない。なぜなら，彼らは危機による「経済の回帰」(36)をとらえていないからである。ヒルシュにとっては，現在起こっている危機はあくまで経済的なものなのであり，「関心は，再び資本主義社会の発展における危機的な非連続性や破損，それらに結びついている社会的政治的諸結果に向け」(37)られなければならないのである。

ヒルシュにおいて，現在のヘゲモニー構造の危機は，フォーディズムからポスト・フォーディズム(38)への経済的移行を中心として分析される。フォーディズムの時代においては，ケインズ主義的なヘゲモニック・プロジェクトによって階級妥協が保たれた。その結果，経済や階級についての問題は後景へと退き，その結果新しい社会運動などが脚光を浴びるようになった。しかし，ポスト・フォーディズムへの移行過程にあって，フォーディズムを土台としていたケインズ主義的福祉国家が危機に陥ったことにより，問題は経済へと回帰する。その結果，ヒルシュの関心は，ポスト・フォーディズムにおいては階級関係はいかにして制度化されるのか，ということ

へと向けられるのである。⁽³⁹⁾

　確かに，彼の議論においてはフォーディズムもポスト・フォーディズムもヘゲモニー的に構成された（される）ものとされており，単純な構造的危機論や法則的危機論を免れている。その意味で，経済的な構造変化をヘゲモニー的・戦略的に分析するという視点を持っていると言えよう。しかし，危機・変容の基底が経済的諸問題にあること，また，変容後の政治構造も経済・階級中心的に構成されることが，ア・プリオリに想定されており，その意味で中心性の全面的な相対化へとは至っていない。構造の転位を伴うアイデンティティの多元化は，結局経済的アイデンティティへと収束させられてしまうのである。

　ジェソップの議論においても，ヒルシュと同様な問題点が認められる。彼もまた，フォーディズムからポスト・フォーディズムへの移行期にあるという現状認識を示した上で，⁽⁴⁰⁾ポスト・フォーディズムにおける蓄積体制に適合的な国家体制の探索に入る。そこで彼がまず提起する国家形態が，ネオ・リベラル的な「シュンペタリアン・ワークフェア国家（以下SWS）」である。

　ジェソップのSWSの議論について，ここで詳しく紹介することはできないが，⁽⁴¹⁾一口で言えばそれは，サプライ・サイド的介入と社会福祉の削減を中心として，市場中心的に蓄積体制を再構築する戦略であり，フォーディズム期のケインズ主義的福祉国家（以下KWS）に対する代替戦略である。彼は，SWSをKWSの代替物として提示するが，それは戦略的に選択されるものとされる。したがって，ジェソップはKWSの危機から，自然的・必然的にSWSに至るという論理をとっておらず，その議論は彼の「戦略‐理論アプローチ」を応用した，戦略的・ヘゲモニー的視点を含んだものと言えよう。しかし，彼のSWS論は，あくまでフォーディズムの危機からポスト・フォーディズムへの移行に適した蓄積体制を伴う形で議論がなされており，その意味で経済的な視点へと偏っている。例えば，宮本はジェソップのSWS論を次のように批判する。

　　「ジェソップの議論は，福祉国家の変容をあまりに経済還元的に説明してその背後にある市民の成熟した福祉ニーズの問題を看過し，福祉

国家類型モデルの弊をうけついで公的福祉以外への目配りを欠いたため，こうした［福祉多元化の］可能性を十分評価することができなかった。」
(42)

 この批判にも表れているように，ジェソップに欠けているものは多元性への配慮である。彼は，KWSからSWSへの移行を，フォーディズムからポスト・フォーディズムへの移行と（還元的ではないにしろ）重ねすぎて議論しているために，そこに生じる問題を蓄積に適合的な労働編成や経済的調整のあり方に偏る形で把握することになった。その結果，福祉国家の危機におけるアイデンティティの多元化という状況を，的確に見抜けず，
(43)
結局経済・階級中心的にSWS論を組み立てることになってしまったのである。

 ただしジェソップは，KWSの代替物としてSWSのみを提起しているわけではない。そこにはいくつかの選択肢がありうる。彼が，可能な選択肢として提起しているものは，他にネオ・コーポラティスト的解決とネオ・ステイテスト的解決である。両者とも，福祉ミックスや中間組織等に配慮しており，その意味では多元性を意識したものにはなっている。しかし，前者においては，根本的な目的が，私的な経済的エージェントも巻き込んだ，「マクロ的な経済的調和化からミクロ的なそれへの移行」であり，後者においては，「基礎所得保障や労働力の脱商品化」が目的とされ，基盤が「組織労働を中心とする統一化された連帯的市民」に求められる点などに，経済・階級中心性の保持が認められる。
(44)

 その結果，ネオ・リベラル的なSWSも含めた，ジェソップの諸戦略の分析においては，あくまで「労働組合あるいは福祉国家の完全な捨象というよりもむしろ再構成」が問題となり，更にその問題が「福祉国家の廃絶で
(45)
はなく，それがポスト・フォーディズムへの移行過程でどのように再構築
(46)
されるか」であることを本人も明言している。ここで，ジェソップもまた，第1章で検討したピアソンやミシュラの議論と同様の限界を抱えているということが明らかになる。この限界は，彼らがそのヘゲモニー論そのものに対して経済中心性を残した結果，生じているものである。ヒルシュにしろジェソップにしろ，ヘゲモニーは蓄積戦略という形での経済的ヘゲモニー

を土台的に／並立的に伴わなければならないという論理をとっている。したがって，具体的分析においても，ポスト・フォーディズムへの移行にあたっての経済的ヘゲモニーのあり方に議論が偏る結果となり，アイデンティティの多元化といった政治的論理がそれに規定されてしまう。その結果として，彼らは経済・階級中心性を保持することになり，経済を超えたアイデンティティの多元化＝「新しい政治」の問題状況を的確にとらえることができなくなるのである。

(3) 小括

　以上見てきたように，ヒルシュやジェソップはヘゲモニー的視点に着目し，戦略的視点を彼らの理論に盛り込むことによって，経済や階級の中心性を構築物として相対化することに成功した。しかし，彼らはそのヘゲモニー論の中に経済と階級の規定性を残してしまっているため，経済・階級中心性の「もう一歩進んだ相対化」へと至ることができない。つまり彼らは，政治的対立軸や大衆統合，主体のアイデンティティは，ア・プリオリに経済・階級中心的なものとして規定されているのではなく，戦略・ヘゲモニーによって構成されなければならないという点で，中心性を相対化しえていたものの，それらが経済・階級中心的に構成されなければならないという点を前提としたままである。その結果，「新しい政治」の状況を的確にとらえることができず，経済・階級中心性を前提として，現在の「ヘゲモニー構造の転位」を把握することになってしまった。彼らの議論においては，前章で触れたような，ピアソンやミシュラ，あるいはベルンシュタインと同様の問題点が内在されているのである。

　以上の分析は同時に，前節でとりあげたラクラウ／ムフのポスト・マルクス主義論の，ヘゲモニー論としての独自性と有効性をも，照らし出しているということができよう。ラクラウ／ムフにとって，ヘゲモニー構造の転位後の政治構造が，経済・階級中心的に再形成される必然性は全く存在しない。中心性を解体され，多元的なアイデンティティが「浮遊」している状況こそ，現在の「新しい政治」の状況であり，それらの浮遊するアイデンティティをつなぎ止める軸は，ヘゲモニー勢力が担う言説によって変わりうるのである。したがって，ヘゲモニーによる構成作業が，全ての鍵

を握ることになる。

　しかし，ヘゲモニー的構築にいかなる中心性もあらかじめ存在しないことは認められるとして，果たして，その構築によって全てが外部的に構成されるのであろうか。「中心性の相対化」が，「新しい政治」における政治理論・政治戦略において果たされるべき課題であり，ラクラウ／ムフの議論がその相対化を達成していることを，ここまで見てきたが，そこには「行き過ぎた相対化・解体」の側面も見られ，それが逆に戦略論としての有効性を失わせる結果となっている。ここまで見てきたラクラウ／ムフの理論の有効性を前提とした上で，以下では，彼らの理論の問題点についての考察に入り，「新しい政治」に求められるヘゲモニー戦略の方法についての検討を深めていきたい。

第3節　ポスト・マルクス主義ヘゲモニー論についての批判的考察
　　　　――ヘゲモニーと客観的アイデンティティ

　以上のように，ラクラウ／ムフの言説論・ヘゲモニー論の特徴は，経済的なものも含め，主体の客観的アイデンティティを全て相対化し，ヘゲモニーによる外部的なアイデンティティ構成を決定的に重視する点にあると言えよう。しかし，この「客観的アイデンティティ」をめぐる点に，彼らの問題が含まれていることも事実である。この問題点を検討することによって，「新しい政治」に適合的なヘゲモニーや政治戦略のあり方について更に考えていきたい。

　まず，次の問いから始めたい。つまり，主体のアイデンティティが経済的アイデンティティを中心として持つことは必然でも本質でもなく，その意味でそれは偶発的な存在であるとしても，主体のアイデンティティはいかなる客観性をも持たず，完全に外部から構成されると言い切れるのであろうか。例えばフェミニズム運動の例に引きつけるならば，男性あるいは女性というアイデンティティにいかなる客観性も存在しないのか，あるいは「女性である」という生来的な属性（かなりの程度客観的なアイデンティティ）は，フェミニズム運動への共鳴・同意の程度という点で規定性を持ちえないのか，という問題である。

　これらの問題に関して，T．イーグルトンは『イデオロギーとは何か』

という著作の中で，ラクラウ／ムフを次のように批判する。

> 「もし女性とフェミニズムのあいだに，いかなる『必然的な』利害もないなら，あるいは労働者階級と社会主義のあいだに，いかなる『必然的な』利害もないのなら，その結果生まれるのは，破滅的なほど折衷的で，ご都合主義的な政治であり，それはみずからの計画に賛同してくれそうな社会集団を，手当たり次第にその計画へと引きずりこむことになるだろう。」(47)

ここでイーグルトンが問題にしていることを政治理論的に敷衍すれば，ヘゲモニーと主体との間の関係が論点となる。つまり，ヘゲモニーが社会行為者のアイデンティティそのものを構築するという側面が確かにあるとしても，あるヘゲモニーが言説を用いて主体や集団を接合しようとする場合には，それらのヘゲモニー化される主体や集団におけるある程度の所与のアイデンティティや利害，つまり共鳴の程度についての考慮が必要とされるのではないかという問題である。もしそうでなければ，ヘゲモニー勢力はいかなる主体・集団も同程度に接合可能ということになり，その政治は「手当たり次第」なものになってしまうであろう。

この点について，ラクラウ／ムフは一貫した議論を展開しえていない。イーグルトンも指摘するように(49)，彼らのアイデンティティ構成についての議論は，極端な観点と穏健な観点の間を動揺している。つまり，政治的ヘゲモニーは社会的行為主体のアイデンティティを構築するといった，外部的ヘゲモニーによる完全な構成という観点と，政治・イデオロギー的な表象手段は，社会利害に効果をおよぼすといった，ヘゲモニーによる部分的な変更という観点である。もし前者であれば，イーグルトンの批判はそのまま当てはまってしまうが，後者の観点で統一された論理構成を彼らがとっているとも言い難い。

ラクラウ／ムフはなぜこのような問題点を抱えることになったのだろうか。ジェソップは，この点が彼らの言説的ヘゲモニー論の根本的な難点であるとして，「［ラクラウ／ムフの言説理論においては］言説の生産の言説的メカニズムが重視されるあまり，言説が受容される諸条件が無視される

ところになっている」と述べた上で，その問題点の原因にも言及している。彼は，この難点の原因が，ラクラウ／ムフが主体のアイデンティティに対する構造的規定性の観点を無視していることにある，とする。つまり，彼らがポスト構造主義の傾向を持ち，構造や社会，制度といったものの不可能性を説くあまりに，行為者に対する構造的制約という論点を無視してしまっているという批判である。ジェソップは，ラクラウ／ムフが抱えるアイデンティティ構成についての問題点が，彼らの構造概念に関わる論理構成から生まれている，とする。なぜなら，彼らは構造による制約という視点を全て取り払ってしまったために，主体にはあらかじめいかなるアイデンティティも欠如しているかのような論理構成をとることになってしまったからである。筆者もまた，彼らの問題点がその構造論と関わっていることに同意する一方で，彼らがこの問題から脱する鍵もまたこの論点に隠されていると考えるので，以下ではこの論点――主体における構造的規定性――についてやや詳細に検討していきたい。

　上記の，構造論に関わる批判は，ラクラウ／ムフに対して多くの論者が言及しているものであり，ジェソップの他にもイーグルトンやN．ムーゼリスといった論者も同様の批判を行っている。例えば，ムーゼリスは次のようにラクラウ／ムフを批判する。

　　「［ラクラウ／ムフの理論においては］このような実践［ヘゲモニー実践］の存在諸条件，つまり，そのような実践がより恒常的な資本主義の制度的構造によって維持され制限されているあり方については，説明されていない。」

　つまり，社会分析をする場合，一方に構造，もう一方に行為者をおいて，その両者の制限しあう関係から見ていくべきであるのに，ラクラウ／ムフは「脱構築」の名の下で一方的に行為者の視点のみを重視しているために，行為者の実践を制度的真空の中で分析してしまっている，という批判である。そのため，行為者のアイデンティティもまたいかなる構造的制約や客観的な利害を持たないことになり，その構成においても完全な外部的構築が可能とされてしまうのである。このように，ラクラウ／ムフが抱える客

観的アイデンティティをめぐる問題点は，その構造論とリンクしている。

　ヒルシュやジェソップにも共通することであるが，一般にマルクス主義やネオ・マルクス主義においては，構造と行為者との関係をどうとらえるかが大きなテーマである。例えば，ヒルシュは，一方では前節で見たように，行為者の言説領域は，物質的生活状態や階級的地位から独立しておらず，諸制度によって構造化されているという立場をとりながらも，他方では「一般的で客観的な社会構造条件だけからは，社会的な行為主体の具体的な形状について，いかなる一義的な結論も出すことはできない」と，行為者の主体性にも触れ，両者の関係をどのように位置づけるかという議論を行っている。

　ただし，ムーゼリスの引用やヒルシュの例からもわかるように，彼らが構造的規定性を主張する場合の多くは「資本主義的構造」の規定性（例えば，生産様式）であり，そのことが経済規定性や階級還元性へとつながっている。ラクラウ／ムフにとっては，これらの経済規定性や階級還元性を完全に解体するためには，資本主義的構造による規定性を全て排除し，「政治の優位性」や「社会の不可能性」の議論に至ることが必要だったのである。

　このことが持つ有効性は前節でも述べた。しかし，経済・階級中心性を解体することを目的として組み立てられた，彼らの「政治の優位性」や「社会の不可能性」の理論は，経済的規定性とともに，その他のいかなる客観的アイデンティティの残滓をも認めないという方向へと行ってしまう傾向を持っていた。その結果，本節の冒頭部に見られる批判を招くことになったのである。

　「新しい政治」において，主体のアイデンティティは経済的アイデンティティに限らず重層的なアイデンティティを持っており，したがってヘゲモニーもまた経済と階級の中心性を完全に相対化したものとならなければならないことは，正しい。しかし，主体のアイデンティティにいかなる規定性も残らないとすることは，行き過ぎであろう。なぜなら，多くの主体にとって，ヘゲモニーに対する共鳴に程度の差があることは明らかだと思われるからである。ヘゲモニー論を用いた分析は，一方での理念（ヘゲモニー的言説）と他方での利害状況（主体のアイデンティティ）の相関と緊張

の関係の中に打ち立てられなければならない。それゆえ，ラクラウ／ムフはその行き過ぎた相対化のために，かえって戦略論としての説得性を失っていると思われるのである。

　ただし，このような批判を乗り越えた理論化を可能とする議論が，ラクラウ／ムフの理論の中に見出されつつあることも確かである。最近になって彼らは，これらの批判を意識してか，構造的規定性に対するスタンスを変化させている。そこで，彼らの構造的規定性の議論の変化を参照した上で，それを応用する形で客観的アイデンティティ論をめぐる論点へと戻ることにする。まず，ラクラウの以下の記述から出発して考えてみたい。

　　「一方において構造の存在，もう一方においては実践の存在の，この両者の存在の肯定に直面して，私たちは社会的行為者が部分的には制度の内部におり，したがって『行為者』と『制度』の観念の両方が脱構築されるということを主張しているのである。」

　つまり，彼らの視点の中には「構造」あるいは「制度」も含まれることになる。しかし，行為者は完全に構造によって支配されているわけではない，とされるのである。なぜならここまで述べてきたように，構造とはヘゲモニーによって構築されるものであり，相対的にしか固定化されえない。そのため，完全に構造によって制約されえない行為者も存在しており，部分的には構造の内部に存在しながらも，それを崩す行為を起こしていくこともありうる，とされるのである。

　この議論を見る中で鍵となるものは，構造的決定不可能性 structural undecidability という概念である。つまり，構造が存在しないがために行為者が完全に自由に行為しうるということではなく，構造によって決定・規定されない余地が常に残るために，行為者やヘゲモニーの自由な行為の領域も残る，ということがここでは強調されている。しかも，構造の転位の状況にあっては，このような構造的決定不可能性の領域が拡大しており，それゆえヘゲモニーによる決定，つまり決定不可能な領域において起こる偶発的介入としてのヘゲモニー的介入が重要になってくるわけである。

　この議論は，構造の沈澱と再活性化がヘゲモニーによって行われるとい

う,「構造の転位」論(第1章参照)に関わるものであり,それは「構造と行為者」あるいは「構造と主体」の関係についての議論であるが,ここから,客観的アイデンティティや構造的制約といった,アイデンティティ論に関わる視点を引き出すことが可能である。ラクラウ／ムフはそこまでの明確な理論化を行っていないが,この「構造の転位」論をアイデンティティ論にまで応用することによって,ラクラウ／ムフのアイデンティティ論をめぐる問題点を解決することができると思われる。構造の沈澱と再活性化と同様に,アイデンティティにおいても沈澱と再活性化の問題が,つまり,構造論の視点から言えば,構造による決定・規定の範囲の違いの問題が存在すると考えられるのである。

　主体のアイデンティティにもまた,相対的にではあるが固定化された「沈澱」した状態と,その固定性が崩され,複数のアイデンティティが重層的な形で登場している「再活性化」した状態がありうる。それは,戦略の成功によって沈澱している構造によって,規定される範囲が大きくなっている状態と,構造の転位によって「決定不可能性」の領域が拡大し,またアイデンティティについても規定される範囲がせばまっている状態に,それぞれ対応している。沈澱したアイデンティティは,かなりの程度「客観的」に見えるものであり,その意味で構造的制約を受けている。そしてその「沈澱」の種類や程度によって,ある言説やヘゲモニーに対する共鳴の程度の差が生み出されるのである。[60]

　ただし,沈澱したアイデンティティといってもそれはあくまで相対的な固定化であり,主体に対して規定的に働くわけではない。問題は,ある言説に対する共鳴の可能性の程度の差を,アイデンティティの沈澱が生み出しているということである。

　現代的なヘゲモニー転位の状況の下で,まさにこの構造的決定不可能性の領域が拡大し,その結果,新しい社会運動をはじめとして,再活性化され,規定されない部分を抱えたアイデンティティが多く存在することとなっている状況こそ,「新しい政治」の本質としてとらえられる。これまでの議論を踏まえれば,福祉国家という戦後ヘゲモニー構造においては,主体の中でも経済的・階級的アイデンティティの沈澱が生じ,その結果それらは経済・階級中心性を前提としたヘゲモニック・プロジェクトに対する安

定的な共鳴盤として機能していたと思われる。しかし，ヘゲモニー構造の転位の中で，それらのアイデンティティも再活性化され，非決定的な部分を増殖させることとなっている。したがって，「新しい政治」におけるヘゲモニー闘争は，これらのアイデンティティの「決定されていない部分」をめぐる意味付与の闘争ということになり，それゆえ，「新しい政治」においては，ヘゲモニー的戦略が，アイデンティティ構成による統合戦略として，以前にもまして大きな重要性を持つのである。(61)

このように，前章でとりあげた「構造の転位論」をアイデンティティ論にも応用することによって，ラクラウ／ムフが抱えるアイデンティティ論についての問題点を解くことができると思われる。それにより，彼らが持つ「アイデンティティの構成」という論理を保持しつつ，一方でアイデンティティの客観的配置や共鳴の程度という論点も付与することが可能になり，彼らの理論をより政治戦略論として洗練させることができる。その結果，更に「新しい政治」の状況を明快に読み解くことができるとともに，それに適合的な言説論・ヘゲモニー論の構築へと近づくことができるのである。

以上見てきたように，ラクラウ／ムフのヘゲモニー論・言説論には「行き過ぎ」の結果生まれた問題点も存在しており，そのことが彼らの戦略論の有効性を失わせることにもなっていた。そこで筆者は，その問題点を打開すべく，彼らの構造論に注目し，そこからアイデンティティ論への応用を行った。では，ラクラウ／ムフのヘゲモニー論の長所をベースとして検討されてきた理論は，「新しい政治」を考えるにあたって，どのようなインパクトを持つのであろうか。次節では，これまでの議論を整理し，第1部の結論を提示していきたい。

第4節　まとめと結論──「新しい政治」におけるヘゲモニー

以上の議論を受け，まず，ラクラウ／ムフのヘゲモニー論の独自性と問題点について整理し，筆者の考えをまとめておこう。彼らの言説的ヘゲモニー論が持つ最大の特徴は，経済・階級中心性を完全に相対化し，「政治の優位性」の議論に到達したことにある。そのことが新しい政治や新しい社

会運動を考える際に彼らの理論がより適合的であるとされる最大の理由であり，その結果，彼らは「新しい政治」という現状に対して最も有効なヘゲモニー論を理論化しえている。

　しかし彼らは，経済規定性・階級還元性批判からアイデンティティの偶発性・構成性へと進む際に，客観的アイデンティティは全く存在せず，全てが浮遊しているという極端な議論へと進んだのである。それは，従来マルクス主義において，主体の客観的アイデンティティは労働者としてのそれであり，したがって経済的なアイデンティティこそ本質的であるとされてきたことへの批判である。しかし，そこから客観的アイデンティティを全て否定する議論に進むのは，行き過ぎであろう。

　ここで，筆者は「アイデンティティの構成」という論点と，「客観的アイデンティティ」の存在との間の緊張関係を解くために，ラクラウ／ムフの「構造の転位」論をアイデンティティ論へと応用した。そこから得られたものも含め，アイデンティティ把握，アイデンティティの構成と言説の役割についての見方を二つの点からまとめておきたい。

　第一は，言説によってアイデンティティが構築されるとはいえ，そのアイデンティティ構築自体も部分的なものであるということである。主体のアイデンティティは，その完全な「欠如」のために，全て外部から構築されるのではない。アイデンティティ構築とは，ある程度の沈澱したアイデンティティを持ちつつも完全には決定されていない主体を，外部からの意味付与によって一定の方向へ導くということである。このことは，諸アイデンティティの「統一性と自律性」，「等価性と差異[62]」の両立の達成へと向けられている。特に，「新しい政治」がアイデンティティの多元化によって生み出されているとするならば，多元性＝差異とそれらの間のつながりをどう両立させるかは大きな問題になる。

　このことをもう少し詳細に見ておこう。ある諸主体間の統一が必要であるときに，たとえば労働者利害が本質であるとして，全ての主体のアイデンティティを「労働者」に変更しようとした場合，そこに統一性（等価性）は成立するが，たとえば女性や環境運動の参加者としてのアイデンティティは抹消され，各主体の自律性や差異は成立しなくなってしまう。そうではなく，各主体が重層的にはらむアイデンティティを全て尊重する形での

統一化を目指し，その限りで各主体のアイデンティティ変更を求めることが，アイデンティティの多元化の中にあっては必要なのである(63)。その上で，基本的アイデンティティの保持と部分的変更という論理のみが，その両立への可能性を開きうる。

　二点目は，そのようなアイデンティティ構築を受けてもなお，アイデンティティは部分的な固定化にとどまり，完全な固定化は不可能だということである。主体のアイデンティティは，外部からの言説的意味付与を受けたからといって，それで安定することはない。なぜなら，主体の抱えるアイデンティティは重層的なものであるゆえ，その中の一つが強調されたとしても，その他のものは消え去ることなく潜在的な形で残っているからである。このアイデンティティの根源的不安定性のために，言説的意味付与としてのヘゲモニック・プロジェクトは，ある規定性を受けながらも不安定性を残しているアイデンティティを，相対的に固定化しながら結びつけていく，言説のゲーム・解釈の闘争となるのである。

　ヘゲモニーと主体のアイデンティティとの関係をこのようにとらえることによって，我々は，「新しい政治」において求められている政治戦略のあり方を提示することが可能となる。上記のように考えることは，「新しい政治」における多元的なアイデンティティを考える際に，重要な意味を持つであろう。なぜなら，様々な新しい社会運動それぞれもまた，基本的なアイデンティティを保持しつつも，重層的で不安定なアイデンティティを抱えているからである。このことこそが，「新しい政治」の特徴であるヘゲモニー構造の転位と，それに伴うアイデンティティの多元化が持つ内容である。それらがどのような意味を持つかという点において，外部的な言説的意味付与，つまりヘゲモニック・プロジェクトに依拠する余地が存在するのである。「新しい政治」においてはその余地は増大しており，その意味で，「新しい政治」は「ヘゲモニーの政治」の舞台となる。

　ラクラウ／ムフは，これを「新しい社会運動の多義性」と呼び，その具体例としてフェミニズム運動の例を挙げている。フェミニズム運動は一つのものとしてくくられているとはいえ，その内部には様々なものが含まれている。例えばラディカル・フェミニズムや差異派フェミニズム，マルクス主義フェミニズムなどである(64)。このように，フェミニズムと一口に言っ

てもそのアイデンティティは多義的であり，マルクス主義や差異を積極的に容認する学派などと接合されてはじめて，その意味が相対的に固定されるのである。つまりフェミニズム運動も「フェミニズム」というだけであれば依然として「浮遊する記号表現」としての側面を持つのみであり，外部的言説と接合されることによって，より明確な位置を獲得する。例えば，フェミニズムがマルクス主義と接合された場合には，家庭内労働の無報酬化などを生み出す資本主義システムが第一の打倒目標となるし，ポスト・モダニズムの潮流と接合されたならば，基本的な男女平等に基づいて，さらに女性としての差異を活かすシステムの構築が重要となる。ラクラウ／ムフはこのことを，「おのおのの闘争の意味が当初から与えられていないのであれば，それは闘争が自らの外部へと赴き，他の諸闘争と構造的に結びつく限りでのみ，闘争の意味が（部分的に）固定されることを意味している」とまとめている。[65]

このように，アイデンティティの重層的決定を裏付けとした「浮遊した記号表現」として，新しい社会運動をはじめとした多元化をとらえる視点は，そのまま直接にヘゲモニー的接合の重要性へとつながる。フェミニズム運動であれ環境運動であれ，それら個別の運動自体の持つ意味はまだ不安定であり，それらが何らかの言説により意味を加えられることにより，相対的に固定されたアイデンティティが与えられ，立場を明確にした政治勢力となりうるのである。

このことは，逆に言えば，様々な多元性を統合しうる言説も多岐にわたるということを示しており，更には，政治勢力の言説的なヘゲモニック・プロジェクト次第で，それらの多元性の接合はいかようにも変わりうるということもまた含意している。例えば，新しい社会運動は，いわゆる保守的言説にも左翼的言説にも結びつきうるのであり，どちらの言説と結びつくかは所与ではなく，政治的なヘゲモニック・プロジェクト次第である。[66] このことが，「新しい政治」において，ヘゲモニー的戦略が鍵的な役割を担うということを，最もストレートに示していると言えよう。

この点に関して，興味深い視点を提供している議論を，二つ見ておきたい。一つは，キッチェルトの「左翼‐リバータリアン」という枠組である。キッチェルトは，「先進資本主義民主主義諸国における現代の社会運動が，

すべての社会生活環境に対する市場と国家の介入の増大と，その運動の要求を政治過程へと伝達するような利益表出への既存の媒介の不能力に反応して，動員されているということには，一般的な同意がある」として，新しい社会運動や新しい政治の政党である緑の党などに共通するものとして，リバータリアン的性格を挙げる。しかしこの私的・公的な意味での官僚主義への拒否という志向は同時に，市場・私的投資・達成倫理といったものへの不信や平等な再配分へのコミットといった「左翼的」な志向と結びついているところに特徴があると言う。

また，Z.シャンカイも同様な議論を展開する。シャンカイは現在の緑の党にあって重要な言説は二つあるという。一つは環境保護などのエコロジーの言説であり，もう一つは直接参加や草の根民主主義を主張する言説である。ところが，既存のヘゲモニー的シンタクスの中では，前者は「自然に帰れ」などプレ・モダン的主張を含んだ保守の側に位置づけられるのに対し，後者は左翼的な志向を持つという点で，本来は対立する立場にある。したがって，それらが共存に至るためには，その異質な二つの極を結びつけるヘゲモニー的接合が必要不可欠であり，もしそれがなかったならば，エコロジー中心的な保守的グリーンと，直接参加を志向する左翼的グリーンとに分断され，ともに周辺化されていったであろうとするのである。

これらの見方においては，リバータリアンやエコロジーといった様々な新しい社会運動のイシューが，保守的言説にも左翼的言説にも接合される可能性が見出されており，外部的な言説論的ヘゲモニック・プロジェクトの重要性をそこから読みとることができる。新しい社会運動に対しては，政治的意味の付与の余地が残されており，言説的なヘゲモニック・プロジェクトという戦略は，その政治的意味付与行為として重要である。したがって，新しい社会運動というかたちで様々な敵対性が浮遊している「新しい政治」は，言説的なヘゲモニーによる政治が鍵を握る状況なのである。「新しい政治」は，ヘゲモニーの政治の舞台としての性格を持つ。

このことは，「新しい政治」が持つ，従来の政治構造とは異なる性格を示しているとともに，それに伴う政治戦略あるいは政党戦略の転換の必要性をも意味している。福祉国家を中心とする戦後ヘゲモニー構造においては，政党と政治集団・社会集団との結びつきが経済・階級中心性の下に構築さ

れ，また硬直化していた。例えば，社会民主主義政党と労働組合の結びつきはその一つの大きな要素を示している。しかし，「新しい政治」においては，新しい社会運動などの浮遊した諸集団・諸主体が多く発生しており，これらの硬直化した中心性では統合されえない層が増大している。政党戦略は，硬直化した経済と階級の中心性を相対化したヘゲモニーを組み，それらの浮遊した集団の支持の獲得を目指す必要がある。したがって，「新しい政治」における政治・政党戦略は，浮遊する諸集団を前にして，それらの沈澱し客観化されたアイデンティティも考慮しつつ，言説的ヘゲモニーによって接合を目指すことが必要となるのである。

　このように，福祉国家から「新しい政治」への移行に見られるヘゲモニー構造の転位と再活性化は，中心性を相対化した「ヘゲモニーの政治」への転換を迫っている。「新しい政治」においては，中心性を解体され，新たな対立軸構成，アイデンティティ構成に伴う政治統合を果たしうるヘゲモニー戦略が求められているのである。ポスト・マルクス主義の理論は，そのヘゲモニーを構成する理論として，「新しい政治」において最も有効性を持っていると考えられるのである。

(1)　「新しい政治」は，"New Politics"の訳語であり，欧米における新しい社会運動の登場や，特に（西）ドイツにおける緑の党の登場などによって，政治的イシューや政党システムに起きつつある変化を総称したものである。しかし，「新しい政治」という概念は，ある明確な規定を共有されたものではなく，その意味で「不明確で暫定的なもの」にとどまっていることも確かである。したがって本書も，「新しい政治」をそれ自体説明不要なタームとして採用するのではなく，第1章での議論に基づいて，アイデンティティの多元化に伴うヘゲモニー構造の転位という形で，概念規定した上で用いていく。「新しい政治」という概念を「不明確で暫定的なもの」としつつも，そこに見られる政治変容の状況を解明しようとする試みとして，小野耕二『転換期の政治変容』，日本評論社，2000年を参照のこと。また，「新しい政治」における政治学を構成しようとする試みとして，賀来健輔・丸山仁編著『ニュー・ポリティクスの政治学』，ミネルヴァ書房，2000年も参照。

(2)　「浮遊」とは，ラクラウ／ムフのタームであり，原語は"floating"である。ラクラウ／ムフ自身はそれに対して明確な定義を示しているわけで

はないが,「浮遊」あるいは「浮遊する」という場合には, 筆者なりに次の意義づけをする。そこで強調されていることは, ある主体のアイデンティティがあくまで流動的・相対的なものであって, それがいかなる規定性も受けておらず, 完全な固定化もされない形で存在しているという状況である。つまり, 主体のアイデンティティには複数のものが共存しており, そのいずれが強調されるかはあらかじめ固定されていないという点で, アイデンティティは流動的である。また, アイデンティティは他者との同一性／差異によって測られるものであるから, 他者との関連において流動化することもありうる。例えば, 自分が保守的であるか, 革新的であるかというアイデンティティは, 他者との比較の上で成立するものであり, その意味で差異は関係的・相対的で, あらかじめ固定化されていない。このように, 主体のアイデンティティが単に複数的であるのみならず, それが流動的かつ関係的であり, その相対的固定化には他者の存在・環境・言説といった外部的諸条件が関わるということを強調する際に, アイデンティティの「浮遊」という言葉は, 重要性を持つタームである。また, この「浮遊」するアイデンティティという論理には,「虚偽意識」の議論などに顕著に見られるような, 労働者アイデンティティという形で本質的アイデンティティをア・プリオリに規定するマルクス主義的議論に対する批判が含まれており, 経済・階級中心性の解体という本書の視角にも, ある程度適合性を持つものと考えられる。ただしここで,「ある程度」という限定を付したのは, アイデンティティの完全な浮遊という点については, 筆者自身批判も持っているからである。その詳細は第3節で扱うが, さし当たりこの時点では, 有益性の方が大きいという視角から, 以上の意義付けの上で,「浮遊」という言葉を利用していく。「浮遊 floating」というタームは, Laclau, 1989, p. 28などに登場している。また, 上記のラクラウ／ムフのアイデンティティ論については, 以下の著作も参照した。E. Laclau, "Introduction", E. Laclau and L. Zac, "Minding the Gap: The Subject of Politics", in E. Laclau (ed.), *The Making of Political Identities*, Verso, 1994.

(3) C. Mouffe, *The Return of the Political*, Verso, 1993, p. 12(千葉眞他訳『政治的なるものの再興』, 日本経済評論社, 1998年, 25頁, ただし訳は変えてある).

(4) C. Mouffe, "Democratic Politics Today", in do. (ed.), *Dimentions of Radical Democracy*, Verso, 1992 (岡崎晴輝訳「民主政治の現在」『思想』第867号, 1996年). 以下ではこの著作を, Mouffe, 1992と略記する。

(5) このことは, これらの諸運動の政治的意味や立場を考えた場合, とりわけ説得力を持つ。例えば, 環境運動の中に, 保守的な政治的立場をとる

者と，左翼的な立場をとる者が混在していることは，そのことを示している。
（6） Ibid., p. 141.（邦訳223頁）。
（7） ラクラウ／ムフの次の記述に，そのことが端的に示されている。「社会や社会的行為者には，なんの本質もなく，それらの規則性は，ある種の秩序の設立に付随する，相対的で不安定な諸形態から構成されているだけである。」Ibid., p. 98.（邦訳159頁）。
（8） ただし，筆者はこのことが「新しい政治」に適合的であることを基本的に評価しているが，アイデンティティが完全に浮遊しており，全てが外部的構成によって決定されるといった議論には，批判的な視点も持っている。この議論に対する批判は，本章第3節において展開する。
（9） ここで，接合とアイデンティティの関連について付言しておきたい。主体のアイデンティティが流動的・関係的なものであり，浮遊する存在であるため，その相対的な固定化のためには外部的な働きかけが必要であることは前にも述べた。この働きかけこそが言説的なヘゲモニーということになるのであるが，ヘゲモニーは単にアイデンティティを構築するだけでなく，それを通じて，政治的な多数派獲得・支持調達・統合をも果たさなければならない。したがって，ヘゲモニーは，浮遊するアイデンティティを前にして，それらの意味をある方向へと固定化させつつ，統合させていくということになる。このヘゲモニーの働きこそ，「接合 articulation」である。接合によって初めて，浮遊したアイデンティティは相対的にであれ固定化されることになる。また，この統一的な意味付与の具体的なイメージについても当然問われるべきことである。ラクラウ／ムフはこの統一的意味付与のポイントとして，「否定性 negativity」の契機を挙げている。つまり，外的な脅威などにより構築される「〜ではない」という否定性のアイデンティティが，差異的な諸アイデンティティの統一基盤になりうるのである。したがって，この統一性を探る際には，諸アイデンティティがいかなる敵対性を持っているかについての分析が必要になる。E. Laclau, *Emancipation(s),* Verso, 1996, p. 57. または，Laclau and Mouffe, 1985, p. 144.（邦訳228頁）。前者については以下では，Laclau, 1996と略記する。しかし，この問題を更に踏み込んで考えるためには，そのようなヘゲモニーを可能とする「言説」の内容に踏み込んだ議論を伴わざるをえない。筆者は，この統一化を果たしうる言説は「民主主義的言説」であるとの展望を持っており，この問題こそが第2部の主要課題となる。
（10） B. Jessop, *State Theory,* Basil Blackwell, 1990（中谷義和訳『国家理論』，御茶の水書房，1994年）．以下ではこの著作を，Jessop, 1990 と略記する。

(11) 例えば，J. Hirsch, Kapitalismus ohne Alternative?, VSA, 1990（木原滋哉・中村健吾共訳『資本主義にオルタナティブはないのか？』，ミネルヴァ書房，1997年）を参照のこと。本書を以下では，Hirsch, 1990 と略記する。
(12) Hirsch, 1990, S. 74.（邦訳78頁）。
(13) *Ebenda*.
(14) *Ebenda*.
(15) *Ebenda*, S. 70.（邦訳72頁）。
(16) *Ebenda*, S. 133.（邦訳146頁）。
(17) *Ebenda*, S. 179.（邦訳200頁）。
(18) ここで，ヒルシュが持つ経済・階級中心性をはっきりと示す著述を引用しておこう。「たとえ今日では，生産関係，経済，資本主義について語ることがどことなく古くなっているように見えるとしても，またたとえ現在の政治的『言説』が好んで私たちのポストモダンな『危険社会』の『文化的』部分に向けられているとしても，社会状況に関わる主要な点は，今でもなおまさしく前者の領域にある。社会構造と社会編成化形態，政治制度と政治勢力，消費モデルと流行，社会の発展と危機を本質的に規定しているのは，経済的諸関係である。そして，資本主義が，搾取，抑圧，破壊から切り離しえないならば，解放的社会変革の構想はすべて，資本主義の克服について現実主義的イメージを発展させることができるかどうかにかかっている。」*Ebenda*, S. 176 - 177.（邦訳196～197頁）。
(19) Jessop, 1990, p. 198.（邦訳286頁，ただし，今後本書から引用する場合，改訳している場合がある）。
(20) *Ibid*., p. 208.（邦訳300頁）。
(21) この論理を如実に示す記述として，次の引用を参照されたい。「ヘゲモニック・プロジェクトが直ちに経済的性格を帯びているとか，あるいは経済的目的を重視するはずのものであると想定すべき強力な理由など存在していない……。だが，ヘゲモニック・プロジェクトの追求が成功するかどうかは，従属的な社会諸勢力への物質的譲歩の流れに，したがって，経済の生産性に依存しているという認識が重要なものとなる。だから，こうしたヘゲモニック・プロジェクトの成功の可能性が高いのは，……このプロジェクトが妥当な蓄積戦略と……緊密に結びつけられている場合であることになる。」*Ibid*., p. 210.（邦訳303～304頁）。
(22) *Ibid*., pp. 207 - 209.（邦訳300～301頁）。
(23) ジェソップは，このような政治と経済の間の制約関係を，ルーマン的な発想に基づいた「構造的カップリング」の視点から理論化しようとしている。*Ibid*., 特に11章。

(24) *Ibid.*, p. 215.（邦訳312頁）。
(25) 後にも述べるように、もちろん政治的ヘゲモニーに対して何らかの制約が働くこと自体は当然（例えば、制度的、文化的、等々）であり、その論理までを否定する必要はない。ここで問題となっていることは、「経済的」制約が必然的に伴うという、その経済規定性に発する論理なのである。
(26) ラクラウ／ムフにとっては、政治と経済の分離さえも言説的なヘゲモニー的実践の結果として生まれるものであって、あらかじめ切り離されているものではない。したがって、経済という自立した領域をア・プリオリに設定し、それとの影響関係から政治を語るという論理すら、彼らにあっては批判の対象となる。アイデンティティ論に即して言うなら、「社会的行為者達の政治的アイデンティティと経済的アイデンティティとの分離という形態を、必然的に取らなければならない理由はない」ことになる。経済的アイデンティティが構成されるかどうか、あるいは経済的モメントが重要性を持つか否かは、全くヘゲモニーの結果に委ねられており、それだけを区別して扱う理由は存在しないのである。 Laclau and Mouffe, 1985, pp. 120f.（邦訳192～193頁）。
(27) *Ibid.*, pp. 76f.（邦訳124～125頁）。
(28) しかし、相互の制約関係と言っても、ジェソップの議論は、経済による政治に対する制約の方に、その逆よりも重点を置いている。例えば、「構造的カップリング」に関わるジェソップの次の記述を参照。「『構造的カップリング』の概念を受け入れつつも、これは、脱シンメトリーなものであり、また異なったシステムのカップリングの様式が規定されるにあたって、経済が鍵的な役割にあると論ずることもできよう。」*Ibid.*, p. 334.（邦訳497頁）。
(29) この点について、ジェソップの以下の著述を参照のこと。「ヘゲモニー勢力自身は、長期的に、従属的階級ないし非階級的勢力というよりも、経済的に支配的階級ないし階級分派にほかならない」*Ibid.*, p. 211.（邦訳305頁）。
(30) この「相対化」は、ジェソップが目的としたものである。彼は、経済・階級中心性の構成すらも認めない潮流として、「資本‐理論」的アプローチと「階級‐理論」的アプローチを批判した上で、自らの「戦略‐理論アプローチ」を組み立てており、「『戦略‐理論的』諸概念をもって、資本論理学派が構築した、資本の抽象的で単一的な本質的運動法則とその要請を、もっと具体的で競合的・偶発的な資本の論理に解消する」ことを目標としているのである。*Ibid.*, p. 254.（邦訳371頁）。
(31) しかし、このことは、「新しい政治」において新しい社会運動が中心

的敵対性として想定されなければならない，ということではない。もちろん，「新しい政治」においても労働運動は存在しており，また経済・階級的アイデンティティを中心として持つ主体も存在している。それらも含め，「新しい政治」においてはアイデンティティの多元化が起こっているのであり，それらを統合するためには，経済・階級的な中心性をア・プリオリに想定するヘゲモニーではもはや限界がある。ここで批判されているのは，あくまで経済・階級的アイデンティティの「ア・プリオリな中心性」であり，そのような中心性がもはや想定されえないにもかかわらず，ヒルシュやジェソップが依然としてその中心性を完全には相対化せずに保持している，ということが問題となっているのである。このことは次のような本書の立場もまた含意している。つまり，「新しい政治」において労働運動が不適合であるとして，ア・プリオリにその敵対性としての可能性を排除するものではないこと，また逆に，もし「新しい政治」において，新しい社会運動のみを所与に中心的敵対性として前提するならば，「ア・プリオリな中心性」は形を変えて存続することになり，「新しい政治」における中心性の解体といった特徴を的確に捉えられなくなるということである。

(32) ヒルシュのポスト・フォーディズム国家論については，Hirsch, 1990, 特に第八章，および，J. Hirsch, "From the Fordist to the Post-Fordist State", in B. Jessop et al. (eds.), *The Politics of Flexibility*, Edward Elgar, 1991を参照のこと。後者については，以下 Hirsch, 1991 と略記する。

(33) ジェソップのシュンペータリアン・ワークフェア国家（レジーム）については，以下のものを参照のこと。B. Jessop, "The Welfare State in the Transition from Fordism to Post-Fordism", in do. et al. (eds.), *op. cit.*; do, "The Transition to Post-Fordism and the Schumpeterian Workfare State", in R. Burrows and B. Loader (eds.), *Towards a Post-Fordist Welfare State?*, Routledge, 1994. なお，以下ではそれぞれ Jessop, 1991; Jessop, 1994 と略記する。

(34) J. Hirsch / R. Roth, Das Gesicht des Kapitalismus, VSA, 1986.

(35) *Ebenda*, S. 13.

(36) *Ebenda*, S. 31.

(37) *Ebenda*.

(38) ヒルシュのフォーディズム及びポスト・フォーディズム理解については，Hirsch, 1991, pp. 68, 71 - 73 を参照のこと。

(39) Hirsch, 1991, pp. 17 - 19.

(40) Jessop, 1994, pp. 17 - 19.

(41) ジェソップのＳＷＳ論について論じたものとして，以下の論文を参照

のこと。宮本太郎「ポスト福祉国家の政治経済学」生田勝義・大河純夫編『法の構造変化と人間の権利』，法律文化社，1996年，田口富久治「B．ジェソップ」田口富久治・中谷義和編『現代の政治理論家たち』，法律文化社，1997年。
(42) 宮本，前掲論文，140～141頁。[ ]内は引用者による補足で，以下でも同様。
(43) このことは，次の点において，具体的な問題点として表出することになる。一つは，経済的問題だけにとどまらない新しい社会運動の要求を的確に取り込めないことであり，この点については前章でも述べた。さらには，それとも関連して，福祉国家の危機における，福祉多元性への要求のインパクトを軽視してしまうという問題点も持つ。ポスト福祉国家においては，市民の側の多様化・多元化した福祉ニーズにどう応えていくかも大きな論点となるのであり，そこに多元性への配慮が必要となる。後者については，宮本，前掲論文を参照のこと。
(44) Jessop, 1991, pp. 97‐99.
(45) *Ibid.*, p. 99.
(46) *Ibid.*, p. 104.
(47) T. Eagleton, *Ideology*, Verso, 1991, p. 218.（大橋洋一訳『イデオロギーとは何か』，平凡社，1996年，377頁，一部改訳）。
(48) 「共鳴」というタームについては，筆者なりに次の含意を持たせている。つまり，ある理念・言説に対して賛同するか否か，どの程度賛同するのか，といった場合，受け手の側がそのような理念・言説に対する何らかの共感や同意の基盤を持っているかどうかが重要である。逆に言えば，いかなる理念・言説も，受け手の側にこの基盤がなければ響かせることはできず，したがって統合することもできない。この論理を踏まえ，以下では言説による「ヘゲモニー・戦略」と，それによる「共鳴」という論理を，政治的論理を語る際のセットとなった道具として用いていく。この「共鳴」の論理については，後述するとおり，大塚久雄とM．ヴェーバーの議論に示唆を受けている。
(49) Eagleton, *op. cit.*, p. 216.（邦訳374頁）。
(50) 例えば，ムフは「いかなるアイデンティティも，アイデンティフィケーション行為を通じてのみ，構成される」と述べている。Mouffe, 1992, p. 11.（邦訳70頁，一部改訳）。
(51) ラクラウ／ムフは次のようにも記述している。「接合される諸要素のアイデンティティは，その接合によって少なくとも部分的に変更されなければならない……。」Laclau and Mouffe, 1985, p. 107.（邦訳173頁）。

(52) Jessop, 1990, p. 298.（邦訳439頁）。
(53) ラクラウ／ムフの言説・外部的構成についての説明と，それに対するジェソップによる批判が，この対抗を顕著に示している。ラクラウ／ムフは「石」の例からその言説・外部的構成の論理を説明している。石はその存在そのものとしては意味を与えられていない。その石を扱う者が，それを投射物として，あるいは美的な観想の対象として用いることによって，はじめてその石は「投射物」や「鑑賞物」としての意味を与えられる。ここには，ラクラウ／ムフを通じてこれまで見てきた，主体の浮遊するアイデンティティとその構成の論理が説明されている。しかし，ジェソップはこの例に対し，「ある目的にとって，綿織物にまして石がよりすぐれた投射物となりうるのは，固有の内在的属性（ないし，自然な必然性）によるものである」と批判する。つまり，「石」はそれ自体としては，意味を与えられてはいないことは確かだが，より投射物に向くという点においては，その意味は規定されており，綿織物はより投射物に向かないという点で制約されているという批判である。このやりとりには，アイデンティティの全面的な外部的構成を説くラクラウ／ムフと，構造的規定性を重視するジェソップとの対抗関係が如実に表れていると言えよう。Laclau, 1989, p. 101. および，Jessop, 1990, p. 295.（邦訳435頁）。
(54) N. Mouzelis, "Marxism or Post-Marxism?", *New Left Review*, no. 167, 1988, pp. 114f.
(55) Hirsch, 1990, S. 81 - 82.（邦訳86頁）。
(56) このような視座からヘゲモニー論をとらえるにあたっては，「理念と利害状況の緊張関係」から歴史をとらえようとする，大塚久雄の議論から示唆を受けている。ただし，本書では，「利害状況」と言ったとしても，それは経済的・階級的なものには限られない。「理念と利害状況の緊張関係」については，大塚久雄『社会科学の方法』，岩波書店，1966年，特に第一論文を参照のこと。また，この考え方は，もともとヴェーバーに由来するものである。M. Weber, "Einleitung", in ders., Die Wirtschaftsethik der Weltreligionen, 1920 - 1921.（M. ヴェーバー「世界宗教の経済倫理　序論」，大塚久雄・生松敬三訳『宗教社会学論選』，みすず書房，1971年）。
(57) Laclau, 1989, p. 223.
(58) Laclau, 1996, p. 87. または，Laclau, 1989, pp. 29ff.
(59) Laclau, 1996, p. 89.
(60) ラクラウにおいて，この論理は次のように示されている。構造的規定を受けてはいるが，未だ決定されていない部分を多く残しているものを「主体位置」とし，外部からのアイデンティフィケーションによって固定され

たものを「主体」とする論理である。この論理には，筆者の目指している論理がかなりの程度達成されているが，やはりその構造論批判への応答としての意味合いが強い。E. Laclau, "Deconstruction, Pragmatism, Hegemony", in C. Mouffe (ed.), *Deconstruction and Pragmatism*, Routledge, 1996, p. 57.

(61) またこの発想は，最近のアメリカにおける社会運動研究において展開されつつある「フレーミング理論」の中にも共有されている。社会運動や集合行為の形成や発生を分析するにあたって，一方で構造における政治的機会の拡大や，他方での行為者の側でのリソース動員だけの分析の限界を指摘し，そのような機会と行為の間を媒介する解釈や社会的構築の過程（フレーミング過程）を重視する議論が，フレーミング理論である（D. McAdam, J. D. McCarthy, M. N. Zald, "Introduction: Opportunities, Mobilizing Structures, and Framing Process - Toward a Synthetic, Comparative Perspective on Social Movements", in do. (eds.), *Comparative Perspectives on Social Movements: Political Opportunities, Mobilizing Structures, and Cultural Framings*, Cambridge University Press, 1996, p. 2 ）。そのフレーミング過程においては，理念や文化，マス・メディアが重視されており（M. N. Zald, "Culture, Ideology, and Strategic Framing", in McAdam / McCarthy / Zald, *op. cit.*），筆者の立場からすればそれらの媒介による共鳴盤の獲得を重視する議論であると言える。この議論は，構造と行為者の関係の問題を，その媒介としてフレーミング過程を設定することによって解こうとする発想を含んでいる点（W. E. Gamson / D. S. Meyer, "Framing Political Opportunity", in McAdam / McCarthy / Zald, *op. cit.*, p. 276）においても，筆者が本書で検討しているような論点が，単にマルクス主義などの左翼理論上の変容の中で議論されているだけでなく，より広範な政治学方法論上の一つの大きな論点と重なり合っていることを示している。

(62) Laclau and Mouffe, 1985, pp. 127 - 134.（邦訳203～212頁）。

(63) 「等価性のみで差異を認めない接合」と，「等価性と差異を両立させる接合」との相違を，ラクラウ／ムフは，権威主義的実践と民主主義実践との相違として描いている。Laclau and Mouffe, 1985, pp. 58 - 60.（邦訳96～98頁）。

(64) Laclau and Mouffe, 1985, p. 168.（邦訳266頁）。

(65) *Ibid.*, p. 170.（邦訳269～270頁）。ただし，前節の文脈から言えば，「おのおのの闘争の意味が当初から与えられていない」というよりもむしろ，「部分的にしか与えられていない」と言うべきであろう。

(66) したがって，新しい社会運動の性格をあらかじめ右派的あるいは左派的と規定することについては，筆者は批判的である。例えば，一方で，新

しい社会運動が新中間層の自由主義的発想と結びついている点を指摘し，それらは左翼勢力たりえないとする議論（例えば，Hirsch and Roth, *op. cit.*, S. 140）も，また他方で，新しい社会運動をア・プリオリに新保守主義的プロジェクトに対抗するものとする議論も，いずれもヘゲモニー的視点を欠いているものとなる。

(67) H. Kitschelt, "New Social Movements and the Decline of Party Organisation", in R. J. Dalton and M. Kuechler (eds.), *Challenging the Political Order*, Polity Press, 1991, p. 179.

(68) 実際，ドイツ緑の党の初期の段階では，保守的な環境運動もその中に含まれていたし，オーストリア等では保守的な環境政党もみられる。E. G. Frankland, "Federal Republic of Germany: 'Die Grünen'", in F. Müller=Rommel (ed.), *New Politics in Western Europe*, Westview Press, 1989; T. Poguntke, "The 'New Politics Dimension' in European Green Politics", in *ibid*.

(69) Z. Szankay, "The Green Threshold", in Laclau (ed.), *The Making of Political Identities*, Verso, 1994.

結び

　戦後ヘゲモニー構造の転位の中で，経済・階級を中心として構成・維持されてきた福祉国家の枠組の中には収まりきらない，多様な新しい敵対性が表出している。それらは，多元的なアイデンティティを抱えた「浮遊した存在」であるため，それらに対して言説を通じて意味付与を行い，接合を行うことを目指す様々なヘゲモニー勢力が，「新しい政治」の舞台の上では競合することになる。その意味で，「新しい政治」における政治は，「ヘゲモニーの政治」へと大きく傾いており，その「ヘゲモニーの政治」は，福祉国家において形成されていた経済・階級中心性をいったんは全面的に解体した上で進められる必要がある。したがって，「はじめに」で見た，80年代から90年代初頭にかけての左翼政党の機能不全は，それらが，以上に示したような「ヘゲモニーの政治」を構築しえていなかったことを原因としているということが言えよう。

　「はじめに」で示された左翼戦略の行き詰まりという問題については，主に理論レベルにおいて，上記のように解明された。いったん構成された上で，安定した政治運営が可能であった福祉国家的なヘゲモニー構造から，不安定な「新しい政治」への変容の中で，諸政党は既存の勢力配置にとどまらず接合を可能とするヘゲモニー戦略の再構築を迫られており，それは福祉国家を支えた経済・階級中心的言説への挑戦という形で表出しているのである。

　ここまでの議論において，現代政治における「左翼の変容」という課題を解明する最初の段階として，「新しい政治」においてどのような政治戦略の転換が求められているのかということを，ポスト・マルクス主義の理論を検討しながら見てきた。しかしこの検討はまさにスタートラインであっ

て，上記の課題の解明のためには更なる検討へと向かわねばならない。すなわち，実際左翼言説や左翼政党においてはどのような転換が試みられているのか，そしてその転換は，本書において検討された転換への要請を踏まえて，どのように評価できるのかという課題についての検討である。

本書において，ラクラウ／ムフのポスト・マルクス主義論をもとに主に理論レベルで考察した以上の変容は，今日の先進諸国において具体的な形を取ってさらに展開している。90年代前半の停滞の時期を経て，左翼政党は現在再び勢いを取り戻している。この状況を踏まえれば，この左翼政党・言説の「再生」は，本書で分析している「新しい政治」のヘゲモニー戦略としてとらえることができるのであろうか。第2部では，第1部での分析を踏まえて，現代に見られる政党戦略・ヘゲモニーの変容の，イギリスの左翼理論及び戦略に焦点を絞った分析，つまり「左翼言説の変容」というテーマへと進んでいくことになる。第1部で行われた議論は，その分析に向けての理論的枠組となるものであり，序論的な意味を持つものである。

また，第2部で行われる検討は，ここで採り上げられたポスト・マルクス主義の理論を踏まえつつも，それを乗り越えていくものとならなければならない。第1部で分析されたように，「新しい政治」における政治戦略は，理念と共鳴盤の相互作用によって統合を果たすものとなる必要がある。したがって，理論レベルであれ，社会的諸基盤がどのような性質を持ち，どのような理念で引きつけていくことが可能かということが，政治戦略の構成の検討としては必要となるが，ラクラウ／ムフの議論にはこの点が不足している。それゆえその理論は，政治戦略の方法的転換の提起にとどまり，どのような言説によって新たな政治統合原理は可能かという内容的転換は，別に分析すべき問題となるのである。

これらの点を克服し，我々の課題の解明へと近づくためにも，第2部において，イギリス左派におけるより具体的な言説的転換にスポットを当てて，検討を進めることにしよう。

第 2 部

現代イギリスにおける左派言説の変容

はじめに

　第1部で主たる素材となったラクラウ／ムフが，その主著『ポスト・マルクス主義と政治』をイギリスで出版し，言説的ヘゲモニー論の提示による「政治の優位性」の議論を世に問うたのは1985年であった。それは時まさに，一方では新保守主義勢力が新たなヘゲモニー支配を打ち立てようとし，他方では新しい社会運動が最も大きな注目を集めた時期であり，左翼の危機が最も深い時期でもあった。したがって，その危機の原因とその突破の可能性を探ることが，「左翼の変容」の論点の第一歩であり，本書の第1部もその点を主に検討してきたのである。

　しかしその後，その危機を踏まえて，左翼の中でも様々な自己転換が試みられ現代へと至っており，多くの国で政権を奪取するほどになっている。このような展開も背景として，「左翼の変容」をめぐる論点は次の段階へ入ろうとしている。つまり，その変容がどのようなものであるのか，そしてその変容は現代政治に対していかなるインパクトを与えているのかということが問われるようになってきているのである。

　この状況下，「左翼の変容」というテーマは，政治学上の一つの重要な課題になりつつある。それは，70年代後期から続いた左翼政党の選挙での苦戦と90年代後半における巻き返しという現実や，従来の社会主義的展望の現実性の喪失の中で，左翼はいかなるアイデンティティを確立すればよいのか，あるいは確立したのかという問題として語られてきた。イギリスのＡ．ギデンズやイタリアのＮ．ボッビオの著作[2]，第1部で触れた様々な福祉国家の再構築論の諸議論は，その問題への取り組みであったし，日本でも，特に日本社会党（社会民主党）の衰退との比較の視点などから，諸外国の「左翼の変容」について紹介・検討した文献が出始めている[3]。

筆者もまた，この論点の追求を本書で行っているわけであるが，この問題を考える場合，第1部の結論を承けて，その前提として次のパラダイム転換を踏まえる必要があると言えよう。つまり，経済・階級中心性自体が，福祉国家戦略として戦後期を支えた一つの理念から生まれたものであることを考えれば，その従来型戦略の有効性の揺らぎこそがパラダイム転換を引き起こしているのであり，その転換は経済そのものをも含めた理念的変容を左翼戦略に対して迫っている，という点である。この観点に立てば，「新しい政治」における政治戦略は，経済中心性の相対化を含めて設定される必要があることになる。しかし，多くの「左翼の変容」に関する議論はその点を認識しえていないために，既存の戦略の部分的な手直しとしての評価にとどまるものとなり，根本的なレベルでの変容の解明にまで到達しないという問題を抱えているということが言えるのである（例えば，第1部で採り上げた福祉国家の再構築論を想起）。

　このパラダイム転換が持つインパクトは，いかなるものであろうか。イギリスの政治理論家であるＪ．キーンは，ポスト・モダンの理論潮流を参照して，「相対主義 Relativism」の視点を打ち出す。彼によれば，一見普遍性を持つ真理であると考えられ，社会的統合を達成している理念も，決して本質的・客観的真理ではなく，相対化可能な一種のイデオロギーである。したがって，それらを客観的な真理としてではなく，言説戦略の成功の結果，普遍性を獲得している言説として見る必要があることになる。[4] キーンの観点から見れば，経済や階級の中心性やそれを支えた理念もまた，言説戦略の勝者として中心的位置を獲得していたものであり，それゆえ従来の戦略の有効性の喪失は，それらの理念の中心性の剥奪としてとらえられる。この中にあって経済や階級の中心性を前提とすることは，相対主義の言説戦略にいまなお乗りきれていないことを示している。

　この転換の視角こそ，筆者が第1部において，ラクラウ／ムフの議論を検討しつつ到達した枠組でもあった。福祉国家を戦略的に構成してきた経済・階級中心性が，相対化可能な一つの理念にすぎないことがいまや明らかになりつつあり，この「新しい政治」においては，政治勢力はいかなる中心性も相対化した上で，言説戦略としての政治に参加する必要がある。したがって，統合理念や対立軸も，この言説戦略の結果構築されるものと

して，とらえられるべきなのである。

　しかしキーンは他方で，この言説戦略の必要性という結論のみにとどまっていてはそのパラダイム転換を十分に政治学的に発展させているとは言えない，とする。なぜなら，相対主義においては，様々な言説戦略が「開放的にそして継続的に，それぞれの生活パタンを接合しうることを保証する制度的編成や手続きの必要性」が暗示されているからであり，政治学上のパラダイム転換は，そういった制度的編成や統合原理についての検討を通じた時にはじめて，具体的な展望を持って語られうるからである。

　彼はこの視点から，ラクラウ／ムフがそういった制度的メカニズムを具体化しえていない点を批判する。彼らにおいて，パラダイム転換の認識自体は「ヘゲモニーの政治」や「根源的で複数的な民主主義」といった形で強調されているものの，それらがどのような目的で，誰によって，いかなる手段で行われるのかといった問題についての，具体的な議論を欠いているとされるのである。それゆえ彼らの議論は，彼らの言う方法的転換を可能とさせる制度的構想や，あるいはその転換に現実性を持たせる言説的構想を欠き，その転換を政治学的に十分な内容を持った構想として提示するには至っていない。

　「左翼の変容」という課題に取り組む場合には，上記のことはとりわけ重要な問題となる。第1部において筆者は，ラクラウ／ムフの議論を利用しつつ，経済・階級中心性を相対化した，多元的なアイデンティティを抑圧することなく統合しうるヘゲモニック・プロジェクトの必要性について述べた。しかし，そのヘゲモニック・プロジェクトの具体像，つまりどのような言説において，経済・階級中心性を解体した統合や「等価性と差異」の両立が可能となるのかは，課題として残されている。なぜなら，上記の問題を抱える彼らの議論を見るだけでは，新しい左翼が目指す言説や制度的展望，つまり福祉国家戦略に代わる新たなヘゲモニック・プロジェクトの内容について議論することには限界があるからである。また，共鳴盤と理念の相互作用として，ヘゲモニック・プロジェクトをとらえなければならないという第1部の議論を踏まえれば，共鳴盤の分析を行いながら，新たな理念がどのように構築されうるかについての検討を，「左翼の変容」の次なる段階の論点として行っていく必要があることになろう。

ラクラウ／ムフの議論は，政治戦略が果たすべき方法的転換については明確であった。しかし，その方法的転換がどのような理念・言説によって可能となるのかということについて，彼らは言及していない。しかしキーンが言うように，「新しい政治」における左翼の変容という課題を更に具体的なものとして議論し，政治学的なインパクトと有効性を測るためには，まさにその具体的な理念や言説・制度的構想のレベルにまで検討を広げる必要がある。したがって新しい左翼が目指す理念・言説・制度的構想は，ラクラウ／ムフを超えて議論していかなければならない課題となるのである。第2部の課題は，「左翼の変容」の基軸となる言説的転換という課題について，その内容的側面や制度的視角から検討することである。

　経済・階級中心性の相対化を含めたパラダイム転換の必要性を方法的に踏まえた上で，新しい左翼ヘゲモニック・プロジェクトは果たしてどのような理念・言説の下に構築されるのであろうか。そしてその理念や言説は，いかなる制度的展望を持っており，その意味で現実的可能性を持つものなのであろうか。これらの課題に答えるために，ここでは，イギリス左派理論家の議論を採り上げて，その検討を進めることにする。彼らの議論においてこそ，多元性に対応しつつ統合を果たす新たなヘゲモニー言説や制度的構想の提起として，「左翼の変容」が展開されているのである。

　したがって第2部は，イギリス左派理論を素材にして，より個別的・具体的な理論潮流に焦点を定めていく。その理由は，上記の課題を考える上で重要な理論的素材を，イギリス左派の理論が提供していることであり，この点については本論の中で証明されていくであろう。しかし，この課題をイギリスに焦点を定めた形で解き明かすことは，その他の理由によっても根拠づけられているものであるので，それらの点について以下で簡単に述べておきたい。

　第一の理由は，筆者の思考を政治学の理論・方法のレベルで枠組づける，ラクラウ／ムフの理論との関連である。彼らは主にイギリスを中心として活動しているため[7]，その理論にもイギリス的な文脈が強く反映していると思われるのである。例えば，彼らが社会民主主義は労働組合の議会装置と化してしまっていると言うとき[8]，西欧の社民政党の中でも特に労働組合主義の傾向が強い労働党が想定され，またその対抗相手となる「反民主主義

的攻勢[9]」としても，サッチャリズムが想定されていると考えられる。その点と関連することでもあるが，第二には，右派ヘゲモニック・プロジェクトとしてのサッチャリズムが，特に強いインパクトを持ったことが挙げられる。そのことにより，政党のみならず，知識人層も含めて左翼潮流は強い打撃を受け，将来の左翼像をめぐって，活発に議論されることになった[10]。同時に労働党は，80年代初頭から現在に至るまでに最も顕著な形で勢力の衰退と復活とを経験しており，その背後に労働党の政党戦略のラディカルな転換も存在した。そのような現実政治と理論転換との関係から見ても，イギリスの状況は興味深い事例となろう[11]。最後に，筆者の思考に対して影響を与えている「新しい社会運動」との関連である。イギリスにおいても新しい社会運動は一定の影響力を持つ形で登場している[12]。しかし，小選挙区制などのために，それらの新しい社会運動を中心とする政党の勢力は，ドイツ緑の党ほど強くはない。したがって逆に言えば，労働党などの既存の左派政党が，これらの新しい社会運動をいかにして接合していくか，という問題がイギリスの政治空間では大きなテーマとなり，それゆえ左派ヘゲモニック・プロジェクトの転換も，新しい社会運動をより意識する形で進められることになったと思われるのである。

　これらの理由もあり，第２部では特にイギリスの理論潮流に焦点を定めた上で，議論を進める。一方ではサッチャリズムから学びつつ，しかし本質的にはそれと対抗する形で，左派戦略の転換・新しい左派理論の形成は行われつつあり，またその内容においては，「政治的領域の拡大」をめぐってその転換が進んでいることが，本論から明らかになるであろう。新しい左派戦略の形成は，上で示した課題にいかに答えるものなのか，またそれは新たな左派戦略のヘゲモニー言説となりうるのであろうか。更にそれは，戦略的言説としてのみならず，「新しい政治」における新たな政治的統合原理として，どのような可能性を持つのであろうか。第２部では，これらの問題をとりあげる。

　以下では次の順序で議論を進める。第３章では，新たな左派戦略はいかにして多元性に対応し，それらの統合を可能にする言説を構成しうるのかという課題について，新しい社会運動論や市民社会論を参照しつつ検討し，「政治的領域の拡大」などの枠組を設定する。第４章では，イギリス左派の

理論潮流に焦点を定め，それが言説的・方法的転換の必要性を認識した理論的背景を探り，いかなる過程でそれが「政治的領域の拡大」をその言説的転換の中心的論点とするに至ったのかについて検討したい。第5章では，転換を遂げたイギリス左派理論の内容を取り上げ，それが総体として「政治的領域の拡大」という点で一貫性を持ち，その結果「新しい政治」における新たな対立軸の形成を果たすものであったことが検討される。また，そこで構成された理念が，いかなる制度的展望へと繋がっているのかという点についても述べたい。第6章では，イギリス左派理論の持つ，有効性と問題点について考察する。ここでは，イギリス左派理論が持つ，「新しい政治」における政治的統合メカニズムとしての可能性についての検討を行うことになろう。そして最後には，本書の議論のまとめを行い，これが今後どのような考察へと繋がっていくのかについて触れておきたい。

（1） 現実面においても，ドイツで緑の党が結成され，議会進出を果たすなどそのインパクトを高めていたし，また学界においても，学術雑誌などにおいて新しい社会運動に関する特集が多く組まれた時期でもあった。例えば，*Social Research*, Winter, 1985 などはその試みであったし，日本においても『思想』が1985年の11月号で，「新しい社会運動」という特集を組むなどしている。

（2） A. Giddens, *Beyond Left and Right*, Polity Press, 1994; N. Bobbio, *Right and Left*, Donzelli Editore, 1994（片桐薫・片桐圭子訳『右と左　政治的区別の理由と意味』，御茶の水書房，1998年）．

（3） 例えば，山口二郎『イギリスの政治　日本の政治』，筑摩書房，1998年，真柄秀子『体制移行の政治学』，早稲田大学出版部，1998年。

（4） J. Keane, *Democracy and Civil Society*, Verso, 1988, chap. 7.

（5） *Ibid.*, p. 237.

（6） *Ibid.*, p. 239.

（7） 二人の経歴については，E. Laclau / C. Mouffe, *Hegemony and Socialist Strategy*, Verso, 1985 の邦訳である，『ポスト・マルクス主義と政治』（山崎カヲル・石澤武訳，大村書店，1992年）の，訳者解説を参照のこと。

（8） *Ibid.*, p. 72.（邦訳118頁）．

（9） *Ibid.*, pp. 171 - 175.（邦訳270〜277頁）．

（10） 例えば J. Curran (ed.), *The Future of Left*, Polity Press, 1984.

（11） ただし，第2部ではあくまで理論潮流を焦点とするので，労働党分析

については，第3部を参照されたい。また戦後労働党を包括的に分析したものとしては，吉瀬征輔『英国労働党』，窓社，1997年を参照のこと。
(12) 例えば，C. Rootes, "Britain - Green in a Cold Climate", in D. Richardson and C. Rootes (eds.), *The Green Challenge*, Routledge, 1995; P. Byrne, *Social Movements in Britain*, Routledge, 1997.

第3章 「新しい政治」における政治言説の再構成

　本章では,イギリス左派理論の検討に入る前に,次の問題を検討することによって全体の枠組を形成しておきたい。なぜ現在新たなヘゲモニック・プロジェクトの構成として,政治理念の再構成に焦点を当てることが求められているのか,そして,その新たな政治理念はどのように構成されうるのか,という問題である。第1部におけるヘゲモニー構成の議論を踏まえ,また,市民社会論や新しい社会運動論などの理論潮流を検討して,これらの問題を考える際の論点を整理すると同時に,基本的な概念規定を行っていくことが,本章の目的である。

第1節　政治理念の再構成

　本書の課題は,左翼ヘゲモニック・プロジェクトの転換を,その政治言説的な側面に焦点を当てて検討することであるが,現在なぜこのことが問題となるのであろうか。それは,戦後ヘゲモニー構造を構成し維持してきた政治戦略の有効性が掘り崩されつつあり,政治諸勢力は,新たなヘゲモニック・プロジェクトの構成の必要性に迫られているからである。このことは特に,新たな戦略の核となりうる理念を再構成することを必要とする。なぜなら,戦後の安定した福祉国家システムを構成・維持してきた戦略とそれを支えた理念が問題化されているために,「新しい政治」において従来型の戦略を見直し,新たな戦略の支柱となりうる政治理念を構成することが要請されているからである。

　筆者は第1部で,戦後のヘゲモニー構造である福祉国家システムを,

「『社会経済的平等』の中心的理念のもとに，経済と階級を中心に据えるヘゲモニーによって構成され，また維持されてきたヘゲモニー構造」として位置づけた。つまり，福祉国家システムを支えた政治戦略は経済・階級中心的ヘゲモニーであったのだが，この戦略が有効性のあるものとされてきた要因は，「社会経済的平等」の理念が正統性をもって受け入れられていたことにある。したがって，経済・階級中心性の問題化は，同時に，それを可能とした政治的理念の正統性の問題化でもある。つまり，福祉国家ヘゲモニーの有効性の喪失は，社会経済的平等・物質主義といった理念の正統性や，その達成へ向けての経済的リソース分配を中心的政策とすることの正統性が掘り崩され，それらが統合理念として機能しなくなっていることを意味する。ここに，新たな理念の再構成の必要性が生じているのである。

　S．ウォーリンは，福祉国家を「経済的政治体制」と規定し，そこではある既定の経済中心的な理念の下に，経済中心的な政治運営が行われ，その意味で政治が経済に吸収されてしまっていたとする。彼は，「政治的なるもの the political」と「政治 politics」を区別した上で，福祉国家は「政治」の体制であるとするのである。ここで「政治」とは，「有効なリソースに対するアクセスをめぐる，正統化された公的な競争」[(1)]であり，そこではリソース分配が主な課題となる。そこでは，近代科学の法則性に沿ったリソース分配による安定性の維持が第一の「政治」の目的である。彼によれば，テクノクラート化と国家権力の肥大化・集中化の原因はここにあり，福祉国家という「経済的政治体制」こそ，経済主導の形でリソースの分配を行う「政治」のシステムであるとされる。しかし，この「経済的政治体制」は，リソース分配的「政治」に正統性を与える社会経済的理念や官僚の合理性を所与のものとして前提しているため，多様性を抱えた市民の間で共同性を醸成しうる理念を，熟慮や討議によって形成していく過程を欠いている。この理念の形成過程こそが「政治的なるもの」[(2)]であり，何らかの理念を固定的に前提としている「政治」と区別されるのである。彼の「経済的政治体制」批判は，共同性を作り出す理念が，国家によって一方的に与えられることを問題化しており，「政治的なるもの」の欠如を問題としている[(3)]。

　ウォーリンの国家批判は，経済中心的な理念に正統性を与えたのもまた

市民であり（経済中心的ヘゲモニック・プロジェクトの成功がその背景にはある），その共同性が国家によって一方的に与えられたとは言えない点を考えれば，問題を含むものである。しかし，福祉国家が経済中心的な理念を前提とすることによって大衆統合を可能としたという本書の議論において，彼の議論から得るものは多い。福祉国家における政治戦略は，経済・階級中心的理念が正統性を持つことを前提としえたために，経済的リソース分配等の「政治」の運営による大衆統合を可能としてきたが，今やその前提としてきた理念の正統性こそが問われているのである。その結果，新たに大衆を統合し共同性を醸成しうる理念を，経済や階級の中心性を超えた形で再構成する必要に，政治勢力は迫られている。したがって，ウォーリンの定義に照らせば，「政治」から「政治的なるもの」への転換が，現在求められているということになろう。経済・階級中心性から解き放たれた理念の再構成の必要性とは，この文脈を意味しているのである。

　この新たな政治理念・言説の構成の必要性こそが，左翼勢力に対してヘゲモニー戦略の刷新を迫るものである。なぜなら，社会主義であれ社会民主主義であれ，左翼戦略をこれまで支えてきた政治言説は，経済的目的と特に強く結合しており，福祉国家の形成と維持に大きな役割を担ってきたからである。イギリスの政治学者であるD．マーカァンドは，「社会主義」という観念には五つの次元があるという。つまり，①倫理 Ethic，②経済理論，③社会の科学，④（労働者階級の）社会的利害の運搬（道具），⑤世俗的宗教，という五つの次元である。しかし，戦後の左翼政党，少なくともイギリス労働党においては，②以下の側面が強調され，①の倫理としての側面は後景に退いていた。そのことは，企業の国有化や労働者への経済的再分配が，労働党政策の第一義的な目的とされ，なぜそれが必要なのかという倫理的・理念的問題は問われてこなかったことからもわかる。しかし，福祉国家の危機や現存した社会主義の崩壊の中で，社会主義の②以下の次元の正当性が疑問視される中，社会主義概念の再生は，それが経済理論から切り離され，「倫理」的な理念として再活性化されるところから始まるのである。

　ここにおいてマーカァンドは，ウォーリンや筆者と同様の議論を，より左翼理論に引きつけた形で行っていると考えることができる。左翼理論に

おいても，福祉国家期を支えた理念の正統性（及び正当性）が掘り崩されていることを認識した上で，新たに正統性を勝ち取り，統合理念として機能しうる理念を形成する必要があることを，彼は示しているのである。それはとりわけ，「社会主義」のような，これまで左翼が依拠してきた言説を，経済や階級の中心性を相対化した形で再定義することを意味している。

以上のように，福祉国家からポスト福祉国家へという状況変化の中にあって，左翼戦略は，ヘゲモニー言説として統合を果たしうる理念を再構成する必要性に迫られている。その際，経済や階級の中心性が，福祉国家を構成した理念や戦略的言説そのものであったことを考えれば，それらを前提としたままの部分的な手直しではなく，一旦それらを相対化しそれらから切り離された形で，共同性を醸成しうる理念や言説を構成しなければならない。「新しい政治」における「左翼の変容」は，まさにこのパラダイム転換を踏まえる必要があるのである。

第2節　左翼言説の再構成へ向けて

前節では，「新しい政治」における左翼の変容が，新たな支持層を統合しうる政治言説・理念の再構成を伴わなければならないということを，明らかにした。しかし，第2部の課題は，これらの問題提起にとどまらず，その要請に応えうる政治言説や理念の内容についての解明にまで進むことにあるので，政治言説や理念の再構成の手がかりについての議論を行う必要がある。筆者は第1部において，ヘゲモニー構成の論理として共鳴盤の理論と否定性の契機を挙げておいたが，以下では，この二つのモメントを利用しつつ，ヘゲモニー言説や理念の再構成を検討する際の，理論的手がかりを得ていきたい。

（1）社会的変化への対応——共鳴盤の構成

ある政治勢力のヘゲモニー戦略は，自らが提示する理念と社会的な基盤との間で，共鳴関係を構築しえた場合に，政治的統合として成功する。社会的諸基盤から乖離した理念によっては共鳴を得ることはできないし，また諸基盤は多元的であるから，それらにストレートに規定された理念というものもありえない。したがって，ヘゲモニー戦略においては，諸基盤の

社会的アイデンティティを考慮しつつ、それらを自らの言説戦略によって、共鳴盤として構成し、統合するという過程が必要であり、そのためには社会的諸基盤との相互作用の中で、戦略の核となる言説・理念を構成することが必要である(9)。

それゆえ、まず社会的諸基盤の状況についての検討が、ヘゲモニー的言説や理念を構成する際には必要となる。社会的諸基盤の変化を認識することによって、それらの共鳴を獲得しつつ統合する、ヘゲモニー的言説や理念の再構築の手がかりも得られるのである。このようなルートを通じてヘゲモニー言説の再構築の必要性を認識したとき、「左翼の変容」は始まると言える。

「新しい政治」においては、顕著な形で社会的変化が起きているため、上記のことは重要である。その変化として注目されるべきものは、第1部でも述べたとおり多元性の開花であり、特に左翼にとっては、環境運動や女性運動といった新しい社会運動の登場など、経済や階級的問題のみに還元されえないアイデンティティの多元化が、社会的諸基盤の変容として重要性を持った。またそのことは、必ずしも社会運動という形態に至ることはなくても、脱物質主義的な価値観の進展や、消費者的な選択権や自己決定権への要求などといった形で、潜在的には社会的基盤の変容を起こし、従来の言説では共鳴を得られない状況を進展させていたのである。これらが多元的なアイデンティティを持つゆえ、それらの統合を目指す新しいヘゲモニー言説は、各アイデンティティの差異を守りつつ、それらの間の等価性を打ち立てること、すなわち「等価性と差異」を両立させることが可能となる理念を構成することによって、新たにそれらの共鳴を獲得しなければならない。つまり一方で、社会領域での多元化という状況に対応しつつ、他方ではそれらを統合する方向でアイデンティティを構成しうる理念を構成することが必要となる。

新しい社会運動をはじめとする多元的で差異を持った社会的諸基盤を、共鳴盤として構成し統合しうる理念は何であるのか。この問題こそ、本書が取り組む最も大きな論点の一つである。ここで、この問題について考えるために、まず新しい社会運動についての諸研究を簡単に見ておくことが必要であろう。共鳴盤を構成しうる理念の考察のためには、その共鳴盤と

なりうる諸基盤の性格を検討することが不可欠だからである。

　C．オッフェは，新しい社会運動について，イシューにおいてはそれぞれが単一の目的を持ち多様であるが，それらの価値観や行為様式は，ある共通性を持っているとする。つまり，価値においては，「自律あるいは（分権化や自己政府，また自助といった組織的相互関係を伴う）アイデンティティ」や，「操作や統制，依存，官僚制化，調整等といったものへの対抗」という点で共通性を持ち，また行為様式においても，代表‐官僚制的な政治諸制度のチャンネルに限られない，型にはまらない unconventional 手法をとる，とされるのである。[10]

　この議論を承ければ，新しい社会運動が持つ共通性は，自律・自己決定や，既存の政治制度の枠を超えた参加のチャンネルの拡大という点で，決定権や選択権を自らの手に引き戻そうとしている点にあることになる。オッフェによれば，新しい社会運動がこの共通志向を持つ最大の原因は，硬直化した国家的・官僚制的政治諸制度に対する不満と抵抗から，反国家的・脱国家的志向が市民の間で高まったことにあるとされる。[11] 福祉国家の発展が，一方で国家の市民に対する社会的統制としての性格を高めるにつれ，その抑圧的性格が顕在化するようになった。その上，市民への十分なリソース分配が不可能となったという点でも，また多元性を高める市民的要求に対して，その画一的・経済中心的手法で対応しきれなくなったという点でも，福祉国家的政治運営は機能不全を来し統合のための正統性が掘り崩されてきたのである。これらの反国家的モメントを基軸とした，市民の側の多元性に基づいた自律やアイデンティティの要求と，それも含め政治参加のチャンネルの拡大の達成に，新しい社会運動の性格的共通性が求められる。

　これらの反国家的志向は，その一面において市民社会領域の注目へと繋がっていく。オッフェは，この反国家・反官僚制的自己決定という要求が，自律的な市民社会の再構成の要求へと繋がっている点を重視し，次のように言う。

　　　「新しい社会運動の政治は，……代表制的‐官僚制的政治諸制度のチャンネルによって制約されえないような方法で，市民社会の諸制度を

政治化しようとしており，またそれゆえにもはやさらなる調整や統制，介入に依存しない市民社会を再構成しようとしているのである。」(12)

　新しい社会運動に表象される国家に対する評価の変化は，その志向を国家のみではなく，市民社会へも向かわせることとなった。何らかの要求があるとしても，それを国家のみに要請することは，新たなる社会的統制や抑圧を生み出すことに繋がりかねない。これまで国家に政治行政的に占められてきた機能を，市民社会内での運営に委ね，自己決定を求める動きとして新しい社会運動はとらえられるのである。したがって，政治参加のチャンネルとしても，要求の解決の機関としても，既存の国家的諸制度の機能不全と限界を批判し，市民社会内での自律的制度を重視する傾向を，新しい社会運動は共通に持つことになる。
　確かに，新しい社会運動の中には，国家による抑圧に対して抵抗したり，国家に対する依存からの脱皮を要求するものが含まれ，その結果，国家による介入から解放された自律的・自己決定的な活動を要求するものがある。例えば，福祉問題についてNPOなどの自発的アソシエーションを重視する運動の存在や，国際問題に関するNGOの重要性の高まりなどが，その具体例として挙げられよう。また，環境運動や民族運動，平和運動なども，国家的介入による危険や画一性に対抗するという側面を持つことから，このような性格を持っていると言える。
　そういった例から見ても，新しい社会運動が，国家に要求を提示するだけではなく，市民社会の領域での自律的な活動の保証を求めているという側面を見ることができる(13)。オッフェ以外にもこの点に注目する者は多い(14)。これらの研究によれば，新しい社会運動の諸要求は，国家に対して向けられるのみならず，それらの市民社会内での自律的な運営を通じた解決も目指しているとされる。その意味で新しい社会運動は，国家の介入に対する市民社会の自律性の防御という側面を持っていると言えよう。
　以上のことを踏まえれば，新しい社会運動が，それが問題とするイシューや要求の相違を超えて持ちうる共通性は，その反国家的・脱国家的志向と市民社会の自律化への要求であるという点が，第一の理論的手がかりとして得られる。それゆえ「左翼の変容」は，多元性を持った市民層の統合

を図るために，以上の共通性に基づいた理念を構築する必要があることになる。この反国家・脱国家的志向を承けた理念は，多元的に存在する諸運動を，中心性の付与も運動の序列化もない形でヘゲモニー的に統合するために，個別的な諸要求そのものに焦点を当てるというよりも，諸要求が成功し維持されうる条件の付与という点から統合を図ろうとするものであり，その点から「等価性と差異」の両立の可能性を模索するものと考えられよう。つまり，多元的で単一争点的な諸社会運動を，上記の共通性に基づいた理念によって，統合的な共鳴盤として構成するという可能性が，ここから見出されるのである。

しかし，国家介入への対抗と市民社会での自律性の確保という側面のみを強調することは，新しい左翼言説の構成という点から考えれば，問題点を持つものである。なぜなら，「市民社会の自律化」という点のみを強調するなら，国家と市民社会の対立の中で，国家的決定による介入からいかにして市民社会の諸個人の自律性を防御するかということをテーマとした，古典的なものからJ．ロールズ，R．ノージックらの議論に至るまでの，一連のリベラリズムの系譜の議論で解釈可能になってしまう点に由来する。[15] このことは新保守主義的理念との相違も見えにくくする結果を伴うため，左翼的ヘゲモニーの構成を考える際には，リベラリズムに加えて，対抗勢力との差異化を強く意識したもう一つの理念的軸を引き出すことが必要となる。この文脈において，オッフェが「市民社会の防御」ではなく「市民社会の政治化」と表現しなければならなかった新しい社会運動が持つ政治参加的志向の重要性が明らかになるのであり，この点について項を改めて検討する。

（2）否定性と対立軸の形成

ヘゲモニー言説の構成の論理として，第二に重要な点は，その否定性 negativity の契機を何に定めるかという問題である。ヘゲモニー戦略は，敵を設定し，その敵とは対抗する層に対して，「～ではない」という共通の否定性を付与することによって，差異を持った諸勢力の間に統合の契機を見出すことができる。したがってヘゲモニー言説の構成においては，敵の設定が不可欠となる。同時に，自らのヘゲモニー言説の独自性は，その対抗

相手との間に差異や対立を打ち立てることによって，初めて明確化されうるという点からも，設定した敵との間での対立軸の形成が重要となるのである。

上記のように，新しい左翼ヘゲモニック・プロジェクトの統合理念の手がかりを，反国家・反官僚制や市民社会の自律化に求めるならば，否定性や対抗性の構築が，より重要な問題となる。なぜなら，反国家・反官僚制という理念だけをとれば，それは新保守主義も共有する言説だからである。例えば，サッチャリズムをはじめとする新保守主義勢力は，国有企業の民営化を推進した際に，サービス供給を国家中心的に行うことを批判し，それを市場に委ねることによって，より消費者のニーズに対応しうるとする，国家中心型から市場中心型への公共性概念の読み換えを伴っていた。その意味で，国家の画一的性格を批判し，その役割の一部を市民社会領域へ委譲することによって多元性に対応しようとする理念を，新保守主義は持っていたし，またその理念は，受け手の側の多元的な選択への欲求との間で共鳴関係を築きえたのだと思われる。

新しい社会運動が，これらの志向を新保守主義との間で共有しているがゆえに，左翼戦略がそれらを共鳴盤として統合するためには，新保守主義との間でいかなる差異化を図り，自らのアイデンティティを明確化するかということが必要な課題となる。この新保守主義に対する否定性・対抗性の問題は，後にイギリス左派における理論的変容を検討する際の，一つの重要な分析的メルクマールとなるものであるが，この点についても，新しい社会運動論などを参照してまず理論的な手がかりを得ておきたい。

新しい社会運動が新保守主義のヘゲモニーにも共鳴の余地を残すような側面——リベラリズム的な市民社会の防御——を持つことは，上でも見たとおりである。しかし，J. L. コーエン／A. アラートは，この防御的側面をとらえるだけでは不十分であるとする。なぜなら，それと並んで，国家を含めた既存の政治制度としての政治社会を，より民主主義的に改革するという参加的側面も両立している点が，新しい社会運動の特徴だからである。例えば平和運動にこの特徴は表れている。平和運動は，市民社会における個人の権利の防御という側面を一方では持ちつつも，他方では，国家や官僚制の領域にとどめられてきた問題を，より広い市民的な公的討

議の領域へと拡大する試みとしての性格も持っている。したがって，平和運動は，国家的決定（介入）に対する個人の諸権利の防御だけではなく，国家的な民主主義的原理の改革も目指しているのであり，その意味でそれは防御的性格と攻撃的参加という性格を併せ持っているとされる[16]。

　しかし，この「攻撃」という要素は，それが国家のみに向けられているのではない点においてこそ，その重要性が際立つと言えよう。なぜなら，国家による介入だけではなく，市民社会内に存在する権力関係もまた，諸運動の原因となっているからである。新しい社会運動が，ある社会統制や権力関係からの解放・抑圧を目的とするとしても，そのような社会統制は国家によってのみ与えられているわけではない。フーコー的に言えば，市民社会には＜規律‐訓練＞権力としての言説空間が構築されており，権力関係は複数的に，かつ匿名化された形で遍在している。それゆえ女性や障害者，人種的他者に対する不可視的な抑圧が生まれていること，さらにそれらの抑圧に対する異議申し立てが，新しい社会運動の構成要素となっていることも重要である[17]。

　この点を考えれば，新しい社会運動の攻撃的要素は，国家に加えて市民社会に対しても向けられ，それはもはや市民社会の「防御」には収まりきらない。国家によって，また市民社会内に権力関係を伴って形成された言説空間を問題化し，その空間を言説戦略の場として民主化するという「攻撃」としても，それはとらえられるのである。したがってそれらは単に，既存の国家や市民社会の構造を前提として国家の縮小や市民社会の防御を目指しているのではなく，国家に加えて市民社会も貫通した形での民主主義化や新たな制度化を目指していると解釈されうるのであり，その意味で「市民社会の政治化」という側面を伴っている[18]。

　新しい社会運動の性格を「市民社会の政治化」という側面からとらえることは，左派言説の構成にとって重要な示唆を含んでいる。新しい社会運動は一方で，反国家・脱国家・市民社会の防御としてのリベラリズム的性格を持っているため，その言説を掲げる勢力が新保守主義だけであれば，それに共鳴してしまうし，左派の側がそのリベラリズム志向のみをその言説に組み込んだとしても，それだけでは新保守主義との相違が見えにくくなる。したがって，左派ヘゲモニーの構成に際しては，そのリベラリズム

志向を一方で受け入れつつも、他方で新保守主義との対抗を形成しうる、もう一つの言説的軸が必要となるわけであるが、この軸の手がかりとして、「市民社会の政治化」という側面は決定的な重要性を持つ。つまり、一方ではリベラリズム的傾向を受け入れ、その点では新保守主義と共通しながらも、他方では国家と市民社会とを貫通したさらなる民主主義化という理念を加えることによって、左派としての独自性を保つという方向性を、我々は見出すことができるのである。

新しい社会運動についての検討から得られた「市民社会の政治化」という論点は、「市民社会の防御」としてのリベラリズムに対するオルタナティヴを意味すると同時に、現代の政治空間において、新保守主義に対する対抗軸を形成しうる可能性がここから展開されるという点からしても、今後の議論の軸となっていくであろう。そこで、この議論から浮かび上がる政治的対抗関係を明確化するために、オッフェの議論を再び採り上げて整理しておきたい。

オッフェは、新保守主義のプロジェクトと新しい社会運動が、「先進資本主義社会のコンフリクトと諸矛盾は、国家主義 etatism や政治的調整、より多くの主張やイシューを官僚制的権威のアジェンダへの包含の増加を通じた、有意義で約束された手段によっては解決されえない」[19]という点で、重要な洞察を共有している、とする。この点は、筆者が上で述べた、国家中心性への対抗という言説の共有を示していると言えよう。

しかし、国家中心性からの解放を共通理念とし、国家の縮小を共通課題としながらも、その縮小が同時に政治的領域の縮小をも伴うのか、あるいは国家外の政治的領域の拡大を伴うのかという点において、両者は分岐するとされる。新保守主義においては、国家の縮小は「政治の限定への再定義」を意味する。つまりそれは、国家における政治的調整の「過剰積載」を緩和・縮小し、市場や家族といった非政治的な市民社会の基盤に、縮小された領域を委譲することを目指しているのである[20]。例えば、福祉サービスの縮小とその市場化はこういった側面を示している。

それに対して、彼によれば、新しい社会運動が目指すものは、国家の縮小ではあっても政治的領域の縮小ではない。それらは、代表制的・国家的・官僚制的諸制度による政治的領域の限定を排することで、市民社会領域

での自律的な決定権を獲得するとともに，市民社会も含めて民主主義的諸制度を改革することにより，その決定権が市民社会に内包される権力関係に左右されることなく運用されることを目指しているのである。確かに，国家だけではなく市場や市民社会にも内包される権力関係に対する異議申し立てという側面をとらえれば，市民社会の自律だけではなく，市民社会の政治化も重要となる。これは，市民社会を非政治的領域としてとどめるのではなく，言説戦略の場として政治化していくことへと繋がっていく。したがって，新しい社会運動においては，国家の縮小への要求が「政治的領域の拡大」へと結びついていることになる[21]。

　この点についてオッフェは，新保守主義も新しい社会運動も，国家の縮小を契機とし，「政治は何についてのものか——そして何についてのものではないかという問題[22]」こそを政治の中心的問題としている点で，政治概念の再帰化を引き起こしているとする。それらの間での対立軸もまさにこの点にあり，それは「政治的領域の縮小」か「拡大」か，という点に定められることになろう。

　ただし，彼は新保守主義などを詳細に検討しているわけでなく，この対立軸が実際の政治空間で形成されているか否かについての検証は，課題として残されている。また，ここに示されている対立軸も静態的にとらえられており，その政治的構成という視点に欠ける。反国家的な志向を新しい社会運動が強く持っている以上，新保守主義がその志向を強く打ち出しているならば，新しい社会運動がその勢力に統合される可能性は残り，それゆえこの対立軸が形成されるかどうかは，左翼戦略が上記の対抗性を踏まえて，新しい社会運動を接合できる理念・言説を構成しうるか否かにかかっているのである。

　これらの点の検証を，筆者が次章以下でイギリスの状況を事例として行っていくことになるが，上の議論を参考にすれば，左翼の変容の手がかりは，新保守主義との間での対抗性という点と，新しい社会運動などの諸社会基盤の共鳴・統合という点から見て，「政治的領域の拡大」に求められるのではないかということが，前提的問題提起として得られる。つまり，イシューに対する自己決定と政治参加を実現しうる，国家と市民社会を貫通した民主主義諸制度のより一層の民主主義化を意味する「政治的領域の拡

大」である。その線に沿って左翼の変容が進んでいた場合には，それは新保守主義との間で，政治的領域の境界 boundary をめぐるヘゲモニー的対抗を構成していると評価しうるのである。

　以上見てきたように，ヘゲモニー構成の論理である共鳴盤と否定性の両面からの考察を通じて，国家中心性の相対化と市民社会への権限委譲というリベラリズム的反国家・脱国家の志向を，「政治的領域の拡大」の志向と接合した理念が，新しい左翼戦略の手がかりとして得られることになった。したがって，新しい左翼ヘゲモニック・プロジェクトの構成は，政治的領域をどのように定義していくかという言説的戦略を軸として進められる必要がある。

　しかし先にも述べたように，これらの議論はあくまで手がかりであって，この政治的領域をめぐるヘゲモニー対抗は実際に生まれているのか，もしそうであればその「政治的領域の拡大」が，どのようなヘゲモニー的言説として鋳直されるのか，あるいはいかなる制度的転換を展望するものであるのかといった点が，課題として残されている。したがって，これらの理論的手がかりをもとに，より政治言説的かつ制度的な具体的構想の考察を行い，何をもって「政治的領域の拡大」とするのかを明確にする必要がある。また，その理念的転換・制度的展望が，どこまで理論的に妥当性を持つものであるのか，という問題を考えることも必要である。ここまでの議論でも，例えば，「市民社会の政治化」は政治の市民社会への全面的委譲を意味するのか，国家との連関はどのようにつけられるのか，といった問題点が想定されうる。したがって，上記の手がかりを踏まえて構成された新たな理念・制度的展望そのものに対して評価を行い，また問題点を探り出していくことも，第2部の課題となるであろう。この点は，本書が，単に対立軸の構成や左翼の変容という問題だけではなく，多元性の開花したポスト福祉国家的状況において，いかなる政治的統合原理が可能かという，政治学的により一般化された論点を意識しているがゆえに，重要な問題となる。

　以上のような手がかりを踏まえ，上記のように提起された多くの政治学的論点について検討するために，次章以下では，イギリス左派の政治理論に焦点を定めて，より具体的な構想について議論を行っていくことにした

い。その議論はまず,理念的変容の必要性を,共鳴盤と否定性の視点から,イギリス理論家がどのように認識していったか,そしてどのような過程でそれは「政治的領域の拡大」へと至ったのかということについての検討から始められる。

(1) S. S. Wolin, "Fugitive Democracy", in S. Benhabib (ed.), *Democracy and Difference*, Princeton University Press, 1996, p. 3. 以下では,Wolin, 1996 と略記する。
(2) *Ibid.*, p. 31.
(3) 「経済的政治体制」を採り上げた,ウォーリンの最も顕著な国家批判として,S. S. Wolin, "Democracy and the Welfare State", *Political Theory*, vol. 15, no. 4, 1987.
(4) 特に,経済中心性が国家中心性に結びついており,それゆえ経済中心性の相対化は国家中心性の相対化をも伴うとするウォーリンの議論は,新しい社会運動の共通性を,経済中心性と国家中心性に対する異議申し立てという点に求め,そこから国家を相対化した形での左翼理念の転換を考えようとする筆者の議論に対して,やはり示唆するものが多いが,この論点については主に次節で展開する。
(5) ウォーリンと筆者の議論との違いを,ここで明らかにしておく必要がある。彼は,経済的政治体制を,それが非民主主義的であるという規範論的な立場から批判し,「政治」から「政治的なるもの」への転換の必要性を説く。しかし筆者の議論においては,その「経済的政治体制」の運営が機能不全を来しているがゆえに,諸政治勢力にとっては,その規範的な立場にかかわらず,その転換が不可避となっていることがより重要である。
(6) D. Marquand, "After Socialism", *Political Studies*, vol. 61, 1993, pp. 51 - 54.
(7) 労働党に即したより詳細な議論は,第3部において行う。
(8) Marquand, *op. cit.*, pp. 54 - 56.
(9) 詳細については,第1部第2章を参照のこと。
(10) C. Offe, "New Social Movements: Challenging the Boundaries of Institutional Politics", *Social Research*, Winter, 1985, pp. 829f.
(11) *Ibid.*, pp. 821 - 825.
(12) *Ibid.*, p. 820.
(13) J. L. Cohen, "Strategy or Identity: New Theoretical Paradigms and Contemporary Social Movement", *Social Research*, Winter, 1985.

(14) 新しい社会運動を市民社会の自律性に引きつける見方は，多くの社会運動論の研究者が共有しているものである。例えば，後述するJ．L．コーエン／A．アラートの，国家や経済とは区分される領域としての市民社会への注目や，A．メルッチの「民主的公共空間」の議論は，このような視点を共有している。それぞれ，J. L. Cohen and A. Arato, *Civil Society and Political Theory*, The MIT Press, 1992; A. Melucci, *Nomads of the Present*, Hutchinson, 1989.（山之内靖他訳『現代に生きる遊牧民』，岩波書店，1997年）。

(15) Cohen and Arato, *op. cit.*, chap. 11.

(16) *Ibid.*, p. 586. ここで「攻撃」とは，単に参加というだけではなく，既存の民主主義諸制度それ自体やそれを支える倫理・道徳の変革という含意を持ち，それらの制度的転換をも目指す形での参加への志向を表現するタームである。これはそれらの制度や倫理の是非を問わず，それを前提として自らの自律性や権利保護の要求を行う「防御」とは対置される。また，コーエン／アラートの視点と共通した視点から，イギリスの平和運動について検討した論文として，次のものを参照。J. Keane, "Civil Society and the Peace Movement in Britain", *Thesis Eleven*, No. 8, 1984.

(17) 不可視的な権力の暴露やそれへの抵抗として，新しい社会運動をとらえるものとして，A. Melucci, *op. cit.*; do., *Challenging Codes*, Cambridge University Press, 1996 を参照。しかし，市民社会内での権力関係が存在するがゆえに，そこに生み出される諸問題を調停する機関として，国家はその重要性を失わない。したがって，筆者は「左翼の変容」において国家の縮小と市民社会の政治化を重視するが，それは国家の役割が消失していることを意味するわけではない。この論点については，第2部第6章において詳細に検討する。

(18) この議論には，前節で概念規定した「政治的なるもの」の必要性が強く関わっている。つまり，市民社会内の言説空間を所与としてとらえ，それによって生み出される権力関係を温存するのではなく，その言説空間そのものを問題化し討議の対象とするという点で，そこには「政治的なるもの」の導入が図られるのであり，その意味で市民社会の「政治化」と呼びうることになるのである。また筆者は後に，この「市民社会の政治化」を「政治的領域の拡大」としてとらえるが，「政治的領域」の拡大か縮小かという場合にも，この「政治的なるもの」の論理が導入されているか否かが，基本的なメルクマールとなる。

(19) Offe, *op. cit.*, p. 819.

(20) *Ibid.*, pp. 818 - 820.

(21) この議論は，国家でも市場経済でもない第三の領域として「市民社会」を位置づけ，新しい社会運動を「市民社会における社会諸関係の脱伝統化と民主主義化をめぐる闘争」とするコーエン／アラートの問題提起からも導き出されうる。この議論は，第5章において，筆者の分析に利用されることになる。Cohen and Arato, *op. cit.*, p. 527.

(22) Offe, *op. cit.*, p. 819.

第4章　イギリス左派言説の転回

　前章で行った問題整理を踏まえつつ，本章以下では具体的にイギリスの左派を中心とした理論状況に焦点を定めて，議論を展開していく。イギリスにおいても，社会民主主義的な経済・階級中心的ヘゲモニック・プロジェクトは，その有効性を喪失しつつあったのであり，新たな言説の構築を必要とすることになった。本章ではまず，イギリスの左派的理論家の間で，従来の言説・戦略からの転回が起こったことを示し，その中でどのような理論的転換が要請されることになったのかについて論点を引き出したい。[1]

　本章ではこれらの問題に，以下の視点から取り組むこととする。まず，社会状況の変化によって引き起こされた，政治理念の転換の要請である（第1節）。しかし，共鳴盤の把握だけでなく，サッチャリズムの登場・多数派獲得が左派勢力に対して与えたインパクトも，その変容の検討の際には重要である。サッチャリズムに対してどのような対立軸を設定するかという点も，理論的転換の大きな要素となったからである（第2節）。この二点に焦点を当てることによって，左派戦略の転回の主たる要因について述べるとともに，その転回はいかなる言説的刷新を要請したのかという問題について，論点を浮かび上がらせていきたい。

第1節　新しい時代認識から左翼の変容へ

　イギリスでは，80年代の中頃より左翼の刷新の必要性が盛んに言われ始めるようになった。その最大の原因は83年の総選挙で労働党が惨敗し，左翼の将来を語るためには，その戦略の部分的な手直しではなく，時代に対

応したダイナミックな転換が必要であるとの認識が登場してきたことにある。その際，左翼が「時代に対応」した新たな言説・戦略を作り上げることが課題になったのであるが，それはまずどのように時代的変化をとらえるかという問題を前提としてはらんでいた。

このような視点からの問題提起として，例えばD．ヘルドらを中心とした左派理論家の文章を集めた『新しい時代』(2)が挙げられる。その中でS．ホール／M．ジャックは，左翼の失敗の原因を，新しい基盤を認識し新しい世界を理解することの失敗に求める(3)。それゆえ左翼の課題は，新しい世界に対応した形での戦略の再編成であり，そのために，社会や文化の重心が顕著にそして決定的に新しい方向へと移行したという質的変化をとらえる必要がある，とするのである(4)。

ここには，社会的基盤の変化を認識し，それに対応した新たなヘゲモニー的言説・理念を構成することの必要性が説かれているが，その社会的変化はどのようにとらえられたのだろうか。それはしばしば「ポスト産業社会」や「ポスト・フォーディズム」とも表現されるものであり，その特徴は「多元化」である。つまり，経済的には消費者のニーズや労働者階級内の要求の多元化といった形で，政治的には新しい社会運動など争点の多元化といった形で象徴されるように，「新しい時代」においては「多元化」が最も重要な問題となっているのである。これらの新たに進展する社会的分断化と多元化は，新しいアイデンティティの出現によって引き起こされていると同時に，古い集合的連帯の弱体化をも招いている(5)。その結果この変化は，これまで統合に成功し安定性を維持してきた従来型のヘゲモニック・プロジェクトの機能不全を顕在化させたのである。

『新しい時代』が主張する社会的・政治的変化をまとめると，図3のようになる。戦後イギリスは，いくつかの和解から成り立っていた。それらの諸和解を政治的なレベルで支えてきたものが，保守党と労働党とのコンセンサス政治という形での政党政治的和解であった，とされる(6)。筆者の枠組から言えば，これらの諸和解の安定性こそが政治戦略の成功によって維持され，その結果統合が果たされてきたことになる。しかし，アイデンティティの多元化に対応できない戦後型ヘゲモニック・プロジェクトの機能不全のために，新しいイシューが生まれ，これらの諸和解の維持は困難とな

図3 『新しい時代』の社会的・政治的変化

```
経済的和解
社会的和解（国家と利用者, etc）
ジェンダー的和解
人種的和解
　（搾取的な）環境的和解（産業主義）
地域的和解
```
　　←　政党政治的和解
　　　　＝保守党と労働党との
　　　　　政治的コンセンサス

注：The New Times, "From the Manifesto for New Times", in *New Times*, pp. 25 - 29.

る。このことによって生み出される，「より大きな社会的分断，多様性，分極性」こそ「新しい時代」の特徴となるのである。

　このような多元化は，左翼ヘゲモニック・プロジェクトが対応すべき不平等や利害の形態が複数化したということを意味する。つまり，政治的に解決を迫られる権力関係やコンフリクトが複数化したこと，さらに，階級という従来左翼が焦点を絞ってきた不平等な権力関係だけにとどまらない，新しい社会的利害や新しい形態の不平等の登場を意味しているのである。その結果，左翼政治勢力は，これまで経済・階級中心性の下に，前政治的あるいは周辺的だとしてきた領域（環境や民族など）が，政治化しているという状況にさらされていることになる。左翼にとって，このことは政治の作動する領域の拡大を迫られる事態を意味する。Ｓ．ホールは別の論文において，左翼が直面する，この意味での政治的領域の拡大に関して次のように述べている。

　　「階級主体というよりむしろ市民として我々に影響する民主主義的諸問題や，我々の日常生活に影響を与える個人のイシューやセクシュアル・ポリティクスが，現在我々の時代の社会的政治を構成している。」

　したがって左派勢力にとって，「新しい時代」に対応するということは，まず第一に取り組むべき政治的課題を経済や階級の領域を超えて拡大し，社会に様々な形で多元化して横たわるイシューに取り組むことであり，それらのイシューの中で不平等・不利益を被っている人々から支持を調達す

ることであった。ただしそのことは，多元性を受け入れるだけではなく，それらを「単一の一貫した集合的政治的意思へと組織する」ことを課題とするのであり，新たなヘゲモニー的言説や理念，つまりは統合原理を構築することを必要とする。ここに，社会的変容から従来のヘゲモニック・プロジェクトの機能不全の認識，そして新たなる統合原理の構築へという転換の過程を，彼らがたどったことが示される。

したがって，新たなヘゲモニー的言説・理念の構成の際には「多元化と差異を恐れるのではなく，それらを引き受けるような社会主義」の概念を構築する必要がある。多元化したアイデンティティを経済・階級中心的に統合していくことにはもはや限界があり，多元性や差異を保証していくという言説・理念を構成しなければならないのである。しかし，この言説的見直しが内容的にいかなる軸に沿って進んでいったかを見るためには，そのことに加え，左翼が依拠する理念の再構築を迫る事態が生じていたことにも目を向けておく必要がある。それは，冷戦体制の崩壊による「社会主義」観の変容の必要性である。

左翼戦略の言説・理念の転換を80～90年代にかけて迫ったもう一つの要因は，東欧革命やソ連解体であった。この現実は，程度の差はあれ，また直接的であれ間接的であれ，社会主義やマルクス主義の理念に依拠してきた左翼勢力にとっては，自らの理念の正当性を覆しかねないものであったのである。したがって，従来の経済・階級・国家中心型でその結果権威主義的な傾向も持っていた「社会主義」理念を，それらの問題点を解決する形で組み直す必要が生じたのである。

D．ヘルドは，一連の「社会主義」の敗北の中で，二つの理論的論点が表出されたとする。一つはマルクス主義の問題点であり，もう一つはリベラリズムの問題点である。前者についてヘルドは，(古典的)マルクス主義の問題点を二つの相互に関連した局面から見る。まず第一の問題点は，それが政治の領域と経済の領域とを直接に結びつけていたことである。これは，例えば女性や民族といった，階級に関する問題に還元されえないイシューの全てを，政治から排除したり周辺化したりする傾向を生み出す。この点は，上述した「新しい時代」の把握と呼応した問題点の提起であると言えよう。

この問題は，マルクス主義の第二の問題点である民主主義との関係の問題へと発展することになる。上記のように,「全ての利害の差異が階級に還元されるわけではなく，意見の差異が様々な諸位置から発生するのであれば，オルタナティヴ的な政治戦略・プログラムの創出や，それらについての討議のための制度的空間を生み出すことが重要になる」[13]中で，マルクス主義はこれらの問題に対応できない。マルクス主義は，それが取り組むべき政治的課題を経済・階級的問題へと還元してきたために,「新しい時代」における多元的なイシューの登場に対応できないばかりか，多元的な市民社会を抑圧する「権威主義的形態への傾向」[14]すらはらんでいたのである。

ここで重要なことは，多元性への対応という意味でのこの民主主義の問題が，福祉国家・官僚制批判へと接続したことである。つまり，ソ連や東欧で問題になっていた権威主義的体制は，国家や官僚制の肥大と市民社会の未成熟という問題を生み出していたが，これらの問題点は，福祉国家の危機という状況にあった先進諸国の国家中心性の問題とオーバーラップしてとらえられたのである。画一的で柔軟性を持たず，さらに非効率であるために，多元性に対応できないという国家・官僚制批判は，左翼理論の中でも福祉国家批判へと結びつき，そのことはイギリスでも例外ではなかった。[15]ここに，経済・階級中心性の持つ問題点と同時に国家中心性の持つ問題点もまた表出され，その結果左翼は，多元性への対応のための国家中心性からの脱却という課題も抱えることになったのである。

この国家中心性批判は，国家行為の範囲の限定とそれに伴う自律的な社会生活の範囲の拡大の必要性という点で，市民社会に対する評価へと結びついていった。[16]つまり,「多元性」をキー・タームとし，市民社会の多元性に対して抑圧的に働く画一的国家を問題にした点で，前章で示した国家・官僚制からの自律の論点と重なったのである。例えばホールはこの点について，特に社会福祉供給の問題に照らして,「画一的な『国家』」から「多元化された『市民社会』」への移行が，今後の左翼勢力が重点を置くべき価値であるとしている。[17]この点ゆえに，国家の介入から市民の多元性と自律性を守るという「防御的」観念へと，左翼言説の刷新が方向づけられることとなった。

この論点は，リベラリズムの必要性へと左翼理論を導いたが，[18]しかし，

左翼が従来の型のリベラリズム理念を全面的に受け入れることを意味してはいない。なぜなら，ソ連崩壊・東欧革命は，間接的な形でリベラリズムの問題点をも表出したからである。これが，ヘルドのいう第二の理論的問題点の表出である。ソ連崩壊・東欧革命後，「歴史の終焉」に象徴される，リベラリズムの勝利の議論が出てくることによって，それ自体が抱える問題点もまた表出されてきた。それは特に，リベラリズムの中に内包される権力関係の残存の問題である。例えば経済的リベラリズムの全面化は，市場関係における権力関係を見落としているため，市場関係の中で出現する不平等を解決する視点は，その論理の中からは出てこない[19]。この議論は，「新しい時代」における市民社会の自律化という論点に加えて，その論点をリベラリズム的に解決することに含まれる問題性も同時に認識することによって，リベラリズムの再定義や，それに加えるべきもう一つの言説的軸の必要性の認識へと，左派理論家が到達したことを示している。リベラリズムに含まれる権力関係という問題点をいかに解決していくかという課題が，左派言説の変容にあって一つの軸となっていったのである。これは，リベラリズムの問題点の克服という，政治理論的に見て重要な問題提起を含むと同時に[20]，後に見るように，この問題点を内包した新保守主義的プロジェクトに対するオルタナティヴとして，左派理論家がより有効な政治的統合原理を構築しようとした際の，鍵的な論点となる。

　ここで，イギリス左派における理念的転換の背景を明確にするため，ここまでの議論を整理しておきたい。左派理論家たちは，まず第一に，多元化を中心とする社会変容をとらえることから，左翼理念の転換の必要性を認識した。そのことが，経済・階級中心性から脱却し，多元性に対応しかつ統合的に働きうる新たな政治理念の構築へと，彼らを導いたのである。その問題は，理念的には従来型の社会主義概念の見直しを軸としたが，それは特に，多元性への対応という観点から発展して，民主主義とリベラリズムの重要性を，主要な論点として抱えることになった。しかし，国家の抑圧からの市民社会の防御としてのリベラリズムは，新たな左翼理念において必要とされたが，ヘルドが指摘するように，それ自体は問題を内在させているものであった。それゆえリベラリズムを受け入れつつも，更にその問題点を克服しうる言説的「もう一つの軸」の形成が，彼らにとって

の鍵的な課題となったのである。

　この「もう一つの軸」は、いかなる言説や理念に求められるのか。この論点こそが、以後の議論においては基軸となるものである。この点へと議論を発展させるために、国家批判から市場を中心としたリベラリズムの全面化へと展開し、多元的な社会的諸基盤からの共鳴を得ようとしたサッチャリズムに学びつつ、他方ではそれとの間に対立軸を打ち立て、それがはらむ問題点を克服しようとすることによって、左派理念が明確にされていった過程を見る必要がある。次節では、サッチャリズムとの間にいかなる対立軸を構築することによって、左派理論家がその理念を差異化し明確化していったのかという点について、検討を進めていきたい。

第2節　新しい対立軸の構成
──新保守主義ヘゲモニーについての解釈

　80年代の左翼勢力に転換を迫ったもう一つの要因は、新保守主義ヘゲモニーが伸張し、その結果左翼支持層が掘り崩されたことであった。イギリスにおいてはサッチャリズムがこの勢力であったが、それはほぼ支配的なヘゲモニーを握ったと言っても誇張ではなかった。イギリスの左翼勢力にとっては、このサッチャリズムにいかに対抗していくかという問題が、多数派を獲得するためには必要不可欠な課題となったのである。本節では、左派理論家によるサッチャリズム分析を検討することを通じ、彼らがサッチャリズムをどう解釈し、そこから何を学びとり、どのような面に対立軸を定めていくことにより、その戦略の変容を遂げていったのかという視点から、左派理論の転回を論じる。

　言説論的な視角に依拠しつつ、左翼勢力への教訓を引き出すという立場から、サッチャリズムを最も初期の段階で内容的・方法的に分析したものとして、ホールの「権威主義的ポピュリズム論」が挙げられる。彼は、サッチャリズムの内容的特徴を権威主義のイデオロギーに、また方法的特徴を、階級関係を横断し、既存の政党-支持者関係を打ち破る形で大衆に訴えかけ、支持を獲得するという「ポピュリズム」的手法に求めた。ホールは、サッチャリズムのイデオロギー的特徴を次のように規定する。

「イデオロギー的には，サッチャリズムとは『自由市場』や経済的人間といった自由主義的言説と，伝統，家族と国家，尊敬，家父長制そして秩序といった基本的な保守的テーマとの間の新しい言説的接合の伸張として理解される。[21]」

　ここでは，サッチャリズムは「自由市場」という形での経済的自由主義と，「法と秩序」という形での政治的権威主義との接合物として解釈される。それゆえに「政治的には，サッチャリズムは，階級と政党との間の歴史的な代表関係の再構成と断片化に関するものである。[22]」なぜなら，権威主義・伝統主義というイデオロギーは，「必然的に階級帰属を持つものではない[23]」ために，そのヘゲモニー的戦略は階級関係を横断・解体した統合になりうるからである。この伝統的権威の再興は，犯罪の増加やモラルの低下を危ぶむ広範な市民層に支持され，階級横断的な支持調達の一側面をなしたとされる。ただし，この伝統的権威の再興は，伝統的な統合様式への回帰を意味するのではないと言えよう。そうではなく，その言説を現代的に利用することによって，新たなヘゲモニック・プロジェクトを構成する試みとして，サッチャリズムをとらえることが必要である。したがってそれは，自由主義的言説と権威主義的言説とが接合された，新たなヘゲモニック・プロジェクトとして解釈されるのである。その結果それは，権威主義のイデオロギーによって，階級帰属を相対化する形で多数派を獲得しようとする「権威主義的ポピュリズム」としての性格を帯びる。ここに，サッチャリズムを階級分析としてとらえることの限界と，階級中心性を維持してきた左翼戦略が有効には対抗しえない側面とが存在することになる。
　ホールの「権威主義的ポピュリズム」論は，方法的には経済・階級中心的な戦略の限界性とイデオロギー的戦略転換の必要性についてサッチャリズムから学ぶとともに，それが持つ権威主義的・伝統主義的理念への対抗から，左派の新たな理念の手がかりを得ようとする試みであった。ただし，彼の分析は「自由経済」の側面に触れてはいるものの，「法と秩序」といった権威主義的側面に傾斜している。その結果サッチャリズムがもう一方で持った自由経済の言説の果たした役割の議論を欠き，なぜ権威主義と自由経済のイデオロギーが両立したのかという点についての考察を課題として

第4章　イギリス左派言説の転回　129

残している。サッチャリズムをもっぱら自由経済の側面から分析することは経済還元的であるとしても，それが「自由」の言説を経済の側面から規定した点や，民営化など，国家を相対化した公共性概念についての言説的な再規定の試みという点に注目するなら，経済的に規定された「自由」の概念が，サッチャリズムにおいて持った重要性と，それと権威主義側面との両立の意味についても言及することが必要であろう。このことは，新たなヘゲモニック・プロジェクトの構成に際して，なぜ伝統主義的理念が現代的な文脈で再生される必要があったのかという問題にも関連している。

　A. ギャンブルの「自由経済と強い国家」としてのサッチャリズム解釈は，この点から見て重要である。彼はそれをイギリス社会民主主義への対抗としてとらえたが(24)，それはイギリス戦後体制を特徴づけた福祉国家への対抗と同義と考えてよいであろう。サッチャリズムは，国家の撤退と自由経済の全面化を通じ福祉国家を解体することによって，経済を回復し，階級横断的に支持を調達しようとした試みとされる。しかしそのプロジェクトは，「自由経済」を達成するために，「強い国家」もその言説的特徴として持つ必要があった。それは，自由市場の全面化した社会において社会的・経済的権威を守ることを目的としており，伝統的権威の再興の側面も含んでいる(25)。この両輪であるニュー・ライト自由主義派とニュー・ライト保守派は，「反福祉国家」の下に言説的に接合され，「自由経済と強い国家」としてのサッチャリズムを生んだのである(26)。

　ここで問題になることは，サッチャリズムにおける「自由市場」と「権威主義」とのイデオロギー的接合が，どのようにして論理づけられ，また言説的な役割を果たしたのかという点である。ギャンブルは，「自由経済」と権威主義的側面としての「強い国家」の接合の論理的整合性を，「自由経済を支え育成する諸制度を提供するため」に，「強い国家の創出が必要」とされるという点から説明している(27)。その議論は，「自由経済」の達成のためには「強い国家」という権威主義的側面が必要となるという論理であり，やや経済規定的な傾向を持っているが，むしろ，一見したところ矛盾した関係である自由主義と権威主義の言説が，自由主義を経済的に定義し，また権威主義を政治的に定義することによって，補完的に接合されたという点に注目すべきだろう。

この点についてギデンズは,「自由経済と強い国家」の解釈に基本的に同意しつつ,そこでのこれらの両言説の補完関係について次のように述べる。

> 「ネオ・リベラルは,自由市場の力を伝統的諸制度,特に家族と国民の防御と結びつけている。個人のイニシアチブは経済において発展するが,義務や責務はこれらの他の領域において促進されなければならない。伝統的家族は,社会的秩序のためには機能的に必要であり,そのことは伝統的国民も同様である。」[28]

つまり,サッチャリズムは,自由市場の全面化という形で,「新しい時代」あるいはポスト・フォーディズム状況における多元化に対応しようとした。民営化などの政策がその例として支持を受けたが,それは選択の自由や個人の自律性といった言説の,市場的で経済中心的な再定義を伴っていたのである。しかし市場原理は,それのみでは社会秩序や調和を生み出す論理を欠如させている[29]。したがって,法と秩序を強化しうる「強い国家」の設立や,市民社会内の伝統的規律の理念を再生することによって,社会秩序を維持する原理を付加しようとしたのである。これらの言説は,「反福祉国家」という否定性を共有しているため,言説的に接合されることが可能となった。

以上のように左派理論家によるサッチャリズム解釈を見た場合,「政治的には,サッチャリズムは,階級と政党の間の歴史的な代表関係の再構成と分断化」であり,同時に「国家と市民社会……の境界の移行である[30]」というホールの著述が,それについての的を射た要約になっている。つまり,方法的特徴としての「ポピュリズム」と,内容的特徴としての国家-市民社会関係の再構成,という側面である。この手法に一方では学び,他方では対抗する形で,新しい左派ヘゲモニック・プロジェクトの構成の手がかりが得られていくのであり,この点について以下で詳しく議論しておきたい。

まず,サッチャリズムの方法的特徴とそれが左派に与えたインパクトについて。「ポピュリズム」という言葉に表されているように,サッチャリズムは既存の政党-支持者関係を解体し,自らの示した理念に対して共鳴し

第 4 章　イギリス左派言説の転回　131

うるものを全て統合するという形をとり，階級横断的な支持調達を達成するものであった。つまりサッチャリズムは，ある特定の層にリソースの再分配を行うことによって支持層を獲得したというよりもむしろ，自らの組み立てた理念，言説，シンボルによって大衆を政治哲学的に共鳴させた面を持つ。それゆえ，それはもはや福祉国家的ヘゲモニック・プロジェクトの枠を超えた戦略を構築していたと言える。つまり，サッチャリズムは方法的には，前章で検討した「政治」から「政治的なるもの」への転換を既に踏まえていたのである。[31]

したがって，ポスト福祉国家的なプロジェクトであるサッチャリズムに対して，再び福祉国家的な戦略によって対抗していくことは，論理上は可能であるが，前節で述べた「新しい時代」の認識と重ねて考えれば，有効性という点では低い可能性しか持たない。サッチャリズムをこのように解釈することによって，左派理論家は従来の左翼戦略の限界を認識した。しかし同時に，新たなる左派戦略の展望もここから見出すのである[32]。それは，上記のサッチャリズム解釈に基づいた新たな対立軸を構築する形で，左派の理念を構成することであった。

その対立軸の契機はどこに求められたのか。この点こそが，「国家と市民社会の境界の変更」としてのサッチャリズムの内容的特徴についての把握から引き出される。自由経済と権威主義との両立としてのサッチャリズム解釈は，国家‐市民社会関係の視点から照射した場合にこそ，それが持つ一貫性と，左派にとっての対抗点を明確にしうるのである。サッチャリズムは，個人の自律性の保護という形での多元性への対応を，「反福祉国家」という否定性と結びつけた上でヘゲモニー言説を構成したが，それは反国家・市民社会の防御という，「国家の縮小」を内容的に基軸とした。そこで縮小された機能は自由市場での運営に委ねられるが，そこからは秩序を維持する論理が出てこないために，強い国家による法と秩序の強制や，市民社会内の伝統的規律（家族など）による補完が必要となったのである。国家と市民社会の境界を再定義する試みとしてとらえてこそ，自由経済と権威主義との言説的接合としてのサッチャリズム解釈の意義と一貫性が明確になる。[33]

左派理論家であるＤ．ミリバンドは，サッチャリズムの性格を「反‐政

治」と表現する。サッチャリズムが持った強い国家の志向などを考えれば，それは全く政治に反していたわけではなく，これは極端なスローガンであると言える。しかし確かにそれは，国家の縮小によって政府の政策責任を一部放棄するとともに，家父長制など，様々な権力関係を内在している伝統的規律を市民社会内で強化し，また中央集権化といった政策を打ち出すことによって，大衆の政治参加をより狭い領域へと限定しようとした試みとしてとらえられる。なぜなら，道徳的規範が所与にかつ私的に与えられるのであれば，それは公的な場での論争対象となりえず，それに対する政治的な異議申し立ての可能性は失われてしまうし，また中央集権の進行は地域共同体にとっては政治機能の剥奪ということになるからである。このように，国家の縮小によって，一部の政治的機能を市場や市民社会の伝統的規律といった非政治的領域に委ねた結果，サッチャリズムは「政治的領域の縮小」という性格を持ち，内容的には「政治的なるもの」の剥奪を伴った。

サッチャリズムは，この「政治的なるもの」という視点から見た場合に矛盾を抱えているように見えるが，そうではなく，むしろ両義的な位置にあると見ることが必要である。つまりそれは，方法的には，既存の理念を真理化せず，それに固執することなく新たな統合理念を構築した点で「政治的なるもの」を踏まえていたが，他方内容的には，その統合理念を特に固定的な伝統的規範に求めるなどした点において「政治的なるもの」を剥奪しているのである。左派理論家は，前者からは学び，後者に対しては対立軸を設定しようとしたと言える。

「政治的領域の縮小」としてのサッチャリズムこそが，左派理論家がサッチャリズムに対して否定性を付与していった点であると考えられる。国家の抑圧性から解放され市民社会を防御することの必要性——つまり「国家の縮小」——については，左派理論家も認識を共有するところであったが，それが市場や伝統的規範といった非政治的領域の全面化を伴っていた点には，対抗性を求めた。

その対抗性も主には自由経済と権威主義という両側面の持つ問題性から定められる。つまり，国家の縮小が，市場と伝統的規律という非政治的市民社会にもっぱら繋がった点の問題性であり，その一つは，サッチャリズ

ムが「自由」の言説を経済的自由主義や自由市場という側面から再定義している点である。前節で見たヘルドのリベラリズム批判が示していたように，経済的リベラリズムの中には多くの権力関係が含まれるため，左派にとっては，経済的リベラリズムの中に潜む権力関係に注目し，そこからの解放をも政治的に達成していくことが必要となるのである。同時に，家父長制などの伝統的規律の固定や，強い国家による法と秩序の強制は，前述したように，「政治的なるもの」を掘り崩し，そこに含まれる権力関係を温存してしまう。したがってそれらの点を問題化し，まさにこのような市民社会の言説を，政治の対象としていくことが必要となる。そこに，サッチャリズムに対する対抗的理念としての，「政治的領域の拡大」が見出されることになるのである。

例えば本章の冒頭部で採り上げた『新しい時代』は，それが提唱する「新しい時代」の特徴が，「何が『政治的』であるかについての変容」[37]であるとし，次のように左派の課題を最終的に提示している。つまり，目指されるべきは左派と社会との間の対話の確立であり，それは，学生や女性，環境・平和・援助についての活動家などを，政治的変化の担い手として認め，彼らが異議申し立ての対象とする権力関係を解決していくところから始めなければならない。彼らもまたこの課題を「政治の領域の拡大」と表現しており[38]，この理念が左派理論家の間で転換の一つの軸として採用されていることが示されている。

しかし他方で，前節で見たように，社会的諸基盤からの共鳴を得るために，左派は国家の相対化・市民社会の防御という側面をその言説に取り入れなければならない。したがって，「政治的領域の拡大」を国家の機能拡大という形で果たすことはできず，市民社会の中での，権力関係のコントロールを果たしうる政治的論理の導入という形でそれを達成していく必要があることになる[39]。このことは，従来の国家中心的な決定作成——官僚制や議会制民主主義——を超えて，市民が決定作成に直接的に包含されうる新しい民主主義諸制度の必要性という課題へと，左派理論家を導くことになる[40]。

一方での「国家の相対化」，他方での「政治的領域の拡大」——この両者をいかに接合し，左派ヘゲモニック・プロジェクトの理念として具体化し

ていくかという課題が，時代に対応し，新保守主義が抱えた問題点をも解決しうる統合言説の構成という目的の中にある左派理論家にとって，基軸となる問題として課せられることになった。この課題は，「自由」や「民主主義」の言説を左派的理念に適合する形で再定義するという，政治哲学的転換へと繋がっていく。上記の論点を踏まえれば，サッチャリズムの「自由」の定義──それは自由市場の全面化という意味で経済的自由主義に傾倒し，市場や市民社会における抑圧的権力関係を残存させる──に対抗し，そこにはらまれる権力関係から解放される左派的な「自由」の概念とは何であるのか，という問いや，その解放を達成し，市民社会の自律的個人に自己決定の権利や政治的決定への参与を可能とさせる「民主主義」はどのような形のものか，という問いに，左派理論家は直面することになったのであり，その問いに答えることによって，新たな理念に内容が与えられていくことになる。

　これこそが，第3章で見た，「政治」から「政治的なるもの」への転換への左派の戦略的移行を示している。そしてそれは，サッチャリズムに「政治的領域の縮小」という否定的アイデンティティを与え，それとの対立軸の形成において，「政治的領域の拡大」という理念を導き出した。ここに，前章において導いた対抗関係が，イギリスの政治理論の領域で形成されようとしていたことが示されるのである。では，その理念は具体的にはどのような内容を与えられ，理念と制度的構想を含む言説的総体として構築されていったのであろうか。それは，「民主主義的自律」といった理念や，「アソシエーショナル・デモクラシー」といった制度的提言という形で結実していったのであるが，これらの理念の内容とその意義については，次章で検討することにしよう。

　　（1）　もちろん，イギリスにおける左翼知識人全てがこのような転換をしたわけではない。左翼の中でも様々な潮流があり，旧来型の経済・階級中心的言説の強化・維持を説く者もある。本書では，その諸潮流の中でも特に，「自由－社会主義」を掲げ，民主主義という概念を軸に理論的転換を導いた層（代表的には，D. ヘルド，S. ホール，A. ギデンズ，P. ハースト，J. キーンら）を主に取り扱う。また，以下ではこれらの層を，旧来型の左翼と区別するために，「左派」と呼ぶことにする。

(2) S. Hall and M. Jaques (eds.), *New Times-The Changing Face of Politics in the 1990s*, Lawrence and Wishart, 1989. 本書を以下では *New Times* と略記する。
(3) S. Hall and M. Jaques, "Introduction", in *ibid.*, p. 15.
(4) *Ibid.*, p. 12.
(5) S. Hall, "The Meaning of New Times", in *New Times*, p. 119.（葛西弘隆訳「『新時代』の意味」『現代思想三月臨時増刊　総特集ステュアート・ホール』, 青土社, 1998年, 69頁。以後, Hall, 1989 と略記する。
(6) The New Times, "From the Manifesto for New Times", in *New Times*, pp. 25 - 29.
(7) *Ibid.*, pp. 33f. 筆者も第1部において, 概ね上記と同様の視点からイギリスにおける戦後ヘゲモニー構造の転位＝「新しい政治」をとらえている。また「多元化」の内容についても第1部で展開したので, ここでは詳しくは繰り返さない。
(8) Hall, 1989, p. 130.（邦訳76頁）。
(9) S. Hall, "The Crisis of Labourism", in Curran (ed.), *op. cit.*, p. 28.
(10) Hall and Jaques, *op. cit.*, p. 17.
(11) Hall, 1989, p. 130.（邦訳76頁）。
(12) D. Held, "Liberalism, Marxism and Democracy", in S. Hall et al. (eds.), Polity Press, 1992, p. 29. 本論文を, 以下では Held, 1992と略記する。
(13) *Ibid.*, p. 30.
(14) *Ibid.*, p. 31.
(15) 例えば, A. Giddens, "Brave New World", in D. Miliband (ed.), *Reinventing the Left*, Polity Press, 1994, pp. 34 - 37.
(16) D. Held / J. Keane, "Socialism and the Limits of State Action", in Curran (ed.), *op. cit.*, pp. 172f.
(17) S. Hall, *The Hard Road to Renewal*, Verso, 1988, pp. 279f. 以下, Hall, 1988と略記。なお, 左派理論家の国家批判については, 第6章で更に詳しく検討する。
(18) D. Held, *Models of Democracy*, 2nd. ed., Polity Press, 1996, p. 314.（中谷義和訳『民主制の諸類型』, 御茶の水書房, 1998年, 397頁）。以下では本書を Held, 1996と略記する。
(19) Held, 1992, p. 23. また前章で述べたように, 市場における経済的支配にとどまらず, 例えば家父長制による女性支配など, 市民社会に内包される権力関係についての見落としも, リベラリズムが抱える難点であると言えよう。

(20) この論点は，アメリカで展開中のリバタリアン - コミュニタリアン論争に対して，イギリス的文脈から関わる可能性を持つものとなる。この点については後にも触れる。
(21) Hall, 1988, p. 2.
(22) *Ibid.*
(23) *Ibid.*, p. 142.
(24) A. Gamble, *The Free Economy and the Strong State*, Macmillan Education, 1988, p. 2.（小笠原欣幸訳『自由経済と強い国家』，みすず書房，1990年，14頁）。
(25) *Ibid.*, p. 58.（邦訳86頁）。
(26) *Ibid.*, p. 55.（邦訳82頁）。
(27) *Ibid.*, p. 121.（邦訳166頁）。
(28) A. Giddens, *The Third Way*, Polity Press, 1998, p. 12.（佐和隆光訳『第三の道』，日本経済新聞社，33頁）。ただし，訳は変えてある。
(29) 例えばヘルドは，フクヤマらの「リベラリズムの勝利」に対する批判として，前述のものに加え，次の点も挙げている。つまり，リベラリズムは個人の権利の力説や国家による介入の除去だけでなく，いかにして「個人と集団の活動の規制」を行っていくかという関心も伴わなければならないにもかかわらず，彼らが前者のみに傾斜している点である。この議論を参考にすれば，サッチャリズムの自由経済の側面は前者に傾斜しており，いかに後者を補完するかという点で「強い国家」を導き出したと言える。Held, 1992, p. 23.
(30) Hall, 1988, p. 2.
(31) この場合「政治的なるもの」とは，第3章のウォーリンや後述するムフらの定義を踏まえている。すなわち，統合理念や規範を所与の存在として強制するのではなく，それらを言説戦略の結果として形成し，共同性を醸成していくという論理であり，その際には何らかの形での紛争を経て決定に至るという過程こそが必要不可欠である。
(32) したがって，これまでの筆者の議論に基づけば，サッチャリズムは「新しい政治」における右派ヘゲモニック・プロジェクトとしてとらえることができる。左派ヘゲモニック・プロジェクトは，そのような右派プロジェクトとの対抗点を明確にしつつ，「新しい政治」の舞台に登場することが重要となる。
(33) この認識については，Held and Keane, *op. cit.*, p. 173 も参照。
(34) D. Miliband, "Introduction", in do. (ed.), *op. cit.*, p. 3.
(35) 確かに，財政管理や教育政策，都市農村計画などの政策分野において，

地方自治体の権限を減らし，中央政府による監視や統制の権限を増やす試みが行われたとの分析が，サッチャリズム研究において見られる。君村昌・北村裕明編著『現代イギリス地方自治の展開』，法律文化社，1993年。また，B．ジェソップは，この側面を「非民主主義的中央集権主義」と表現している。B. Jessop, "Thatcherism and Flexibility", in do. et al.(eds.), *The Politics of Flexibility*, Edward Elgar, p. 150.
(36) 左派理論家が，一方ではサッチャリズムから学びつつ他方では対抗したいという筆者の議論も，この両義性を前提としている。つまり，左派がそれを踏まえて，方法的には「政治的なるもの」を学びつつ，内容的にも「政治的なるもの」を追求しようとする点においてである。しかし，両者を「政治的なるもの」と表現することは混乱の原因になると考え，本論では主に前者をヘゲモニーの論理と，後者を「政治的領域の拡大」と表現している。
(37) The New Times, "Realignment of Politics", in *New Times*, p. 448.
(38) *Ibid*., p. 449.
(39) 例えばミリバンドは，「反‐政治」的サッチャリズムへの対抗として，左派が「政治の優位性」を踏まえるべきであるが，他方でそれは，国家中心的で科学的な社会的・経済的エンジニアリングであってはならないとしている。ただし，彼はその政治イメージについて結論を出していない。Miliband (ed.), *op. cit*., p. 5.
(40) The New Times, "Path to Renewal", in *New Times*, p. 370.

第5章　イギリス左派言説
——「政治的領域の拡大」を軸として

　本章の課題は，転換を遂げたイギリス左派言説の内容を採り上げ，それが内容的に「新しい政治」あるいは「新しい時代」に対応した理論となりえているかどうかという視角から，その意義を検討していくことにある。その検討を通じて，「政治的領域の拡大」を軸とした一貫性のある理論が構成されつつあることについて示し，それが新たなヘゲモニー言説として持つ意義について，政治的対抗関係の再構築と新保守主義の克服の可能性の視点から考えていきたい。

第1節　言説的転換——「政治的領域の拡大」の構想

　本節ではまず，イギリス左派理論に見られる言説的特徴について，いくつかのキーワードに即しつつ整理し，それらが持つ意味について検討する。

(1)　多元性と差異

　前章で述べたとおり，イギリス左派が「新しい時代」への対応として最も考慮に入れる必要があったものは，多元性と差異の開花した状況であり，またいかにしてそれらの多元性と差異を抑圧することなく，しかも統合するかという課題であった。この前提としては特にイシューやアイデンティティが多元化し，単純な統一性・平等性だけではなく，差異性の要求が政治的に行われ始めた状況がある。

　このような多元化と差異の状況として，具体的には次のことがある。一つは，新しい社会運動の登場である。新しい社会運動が及ぼしたインパク

トについては，既に検討済みであるのでここでは議論を割愛するが，特に，諸運動の要求が，アイデンティティの多元化を示していると同時に，単なる社会経済的平等にとどまらない，集団的差異の権利の要求へと結びついていた点が重要である。[1]例えば，エスニシティや移民といった，民族的・文化的アイデンティティの表出において，この差異への要求は顕著である。福祉国家のヘゲモニック・プロジェクトが有効性を失い，経済・階級中心的統合が分解する中で，民族的・文化的アイデンティティの承認という課題が，政治的アリーナにおいて登場することになった。それらは，参政権など，同化を伴う平等性を求めるだけではなく，差異を承認したシティズンシップを要求したのである。[2]特にイギリスは，スコットランドや北アイルランドといった地域を抱える上，アフリカや中米地域からの移民も数多く存在するため，この問題を強く意識することとなった。

　それと並んで重要な点は，消費者の志向やニーズの多元化である。これらは行政サービス（特に福祉）の多元化や選択権への要求となって表出されたとき，政治的課題となる。P．ハーストは，このような行政サービスの多元化において，「どのようなサービスがどのようなコストで与えられるか」と同時に，「いかにそれらが与えられるか，そして受け手はその供給に対してどれだけのコントロール権を持つか」[3]が重要であるとし，選択肢の多元化や，消費者や受給者の選択権・選択の自由の必要性を主張している。

　これらのアイデンティティの多元性や差異への要求に直面して，福祉国家的なヘゲモニー構造において確立されていた画一性・普遍性といったものが，抑圧的にとらえられる局面も増加した。例えば，多様な民族集団が共存しているにもかかわらず，画一化された文化的基準を彼らに強制することは，教育などに見られる事例であるが，批判の対象となった。同様のことは，画一化された福祉サービスの供給の限界という点でも見られた。国家的決定による画一性の強制が，政治的に必要な局面があることは確かであるが，しかしその中にあっても，多元性の開花に対応して，差異を抑圧することなく共通の枠組の下に統合することが要請されたのである。その意味で，国家・官僚制的画一化や，移民に対する文化的同一化，中央集権化などが批判の対象となり，各々の個人や集団による，自らの差異に基づいた自己決定を行いうる領域の拡大が民主主義の条件として把握された。

その結果，左派の課題は，この条件を与えていくこと，そしてそのことによって，多元性と差異に配慮した緩やかな統合を果たすことに焦点が定められたのである。この条件の考察こそが「民主主義的自律」というテーマへと結びついていく。

（2） 民主主義的自律

　ヘルドは，多元性と差異の中で画一性の暴力を押しつけることなく，なおかつ各人が自由で平等な存在として発展しうるための，民主主義プロジェクトの核にあるものとして，「自律性の原理」を提起する。彼の言う「自律性の原理」は，自己意識，自己省察，自己決定の過程を各個人・集団に保証するものであり，「公的領域だけでなく，私的領域においても，様々なあり得る行為の筋道の上で考え，選び，行動する能力」を付与することである。彼は，各個人・集団の自己決定の領域を拡大することによって国家・官僚制による画一的決定の強制を緩和し，「多元性と差異」に対応しようとする。

　しかしここで想起すべきことは，このような「自律」の概念は元来リベラリズムの系譜上にあるという点である。その流れをくむ新保守主義においても，例えば民営化による消費者の自己決定の範囲の拡大といった形で，この論理は強調されてきた。しかし，これまで述べてきたとおり，左派言説の抱える一つの大きな論点は，リベラリズムが抱える諸問題の克服と，その結果としての新保守主義との対抗軸の形成である。したがって，この「自律性の原理」について，いかにして左派がそれらの観点から独自の意味付与をしているのかについて見る必要がある

　ヘルドは，「自律性の原理」を「政治的領域の拡大」に結びつけることによって，その問題を解決しようとする。彼によれば，各個人・集団に自律性を与えるためには，それが公的領域であるか私的領域であるかを問わず，ある権力関係による強いられた依存や抑圧からの解放が必要となるが，リベラリズムはこの問題を見落してきた。彼は，この問題点を克服するにあたり，まず政治を以下のように規定する。

　　　「……政治とは権力をめぐるものである。つまり，社会的なものであ

れ物理的なものであれ，自らの環境を維持ないし変革しうる社会の行為主体と機関や制度の能力をめぐるものである。それは，この能力の基盤たる諸資源や，その行為形態を規定し，これに影響を与える諸力をめぐるものである。したがって，政治とは，あらゆる集団，制度，社会において，また，その相互間にあって認められる現象であり，公的生活と私的生活に広く及んでいる。」[6]

　つまりヘルドは，政治概念を拡大してとらえることにより，リベラリズムによる自律性への要求においては見落とされてしまうような種々の権力関係に注目する。そして，それらの権力関係を問題化しうる視点を，彼の「自律性の原理」の議論の中に導入し，リベラリズムとの間で差異化を図るのである。ヘルドは，より具体的に，このような自律の条件となる権力の場として，身体，福祉，文化，市民社会，経済，軍事，国家の七つの場を挙げている[7]。これらの場における権力関係を論争や紛争のテーマとして可視化し，そこからの解放の条件を付与することを重視するという点で，彼は「政治的領域の拡大」を重視するのであり，まさにこの点においてリベラリズムを克服しようとする。

　この拡大は二つの側面を持つ。一つは，これらの権力関係によって不利な立場にある層への権利保障という側面であり，この点はヘルドにおいてはシティズンシップ論へと結びついた[8]。第二には，そうした形で権力から解放された上での，「集合的決定作成の過程において，参加者が平等な立場を享受できるような公的事象への包含」[9]の側面である。つまり，「自律性の原理」は，個人の決定・選択というレベルでの自律性のみならず，様々な（権力関係を内包する）事象に対して，集合的決定を行いうること，また，その決定を導く討議や熟慮の過程に参加しうるという意味でのエンパワーメントを伴う必要がある。この二つの側面に従えば，「自律性の原理」は，様々な場において温存されてきた権力関係を解決しようとする点と同時に，個人的決定のみならず集合的決定の局面で，市民の自律的決定を可能にしようとする点において，個人主義的前提に陥りがちなリベラリズムの克服を目指すのである。この文脈ゆえに，その「自律性の原理」は，「民主主義的自律」と呼ばれ，そこにおいてこそ，「政治的領域の拡大」が顕著に示さ

れる。このように、「政治的領域の拡大」という意味を付与された「民主主義的自律」の原理は、市民の参加と討議の重要性の強調に結びつくのである。

(3) 参加と討議

上記のように、リベラリズムを克服しうる形で「自律性の原理」を可能とするためには、自分に関わるイシューに対して市民が討議に参加することが重要となる。実際、ヘルドは自律性確保の条件として、「相互に異なる視点の間での討論や討議、競争を促進するシステムが……不可避である」[10]として、参加と討議の重要性に触れている。

この際、上で見たように、「自律性の原理」が、国家中心性の相対化と、市民社会に潜在する様々な権力的事象に関する決定権の保証という目的を持つならば、この参加と討議も、従来の政治制度の枠組を越えて、より広い領域で保証されるべきものとして考えられる必要がある。この点に関して、ギデンズは「民主主義の民主主義化」の必要性を説く。彼は、参加と討議の充実にあたっては、「論争的なイシューが、既存の権力の形態を通じてよりむしろ対話を通じて、解決されるかあるいは少なくとも扱われるような公共的アリーナを生み出す」形で、「民主主義」をとらえ直す必要があるとする。その結果、彼は「対話的民主主義」の構想を提唱し、これは特に①パーソナルな生活領域、②自助集団や社会集団、③グローバルな領域で必要であるとするのである[11]。

ここに見られるのは、市民による参加と討議を、議会制などの従来の政治的領域の外へと拡大していこうとする志向であり、それは市民社会の再構築、あるいは新たな公共空間の確立といった側面へと結びつくことになる。例えば福祉サービスに引きつけて言うならば、国家(あるいは官僚制的行政)のみを公共領域とし、そこからの一方的な決定に依存するのではなく、「消費者代表を伴う広範囲の自己統治制度」[12]を用いて、消費者の間で必要なサービスを選択し、決定できるようにすることによって、「公共性」の領域を市民社会的な領域へと拡大する動きなどがこれに当てはまると言えよう[13]。

「参加と討議」という側面の市民社会領域への導入という点において、左

派言説が「政治的領域の拡大」を軸としていることは，次のような意義を持つ。左派理論家は，参加と討議という論理を強調することを通じ，市場の論理に左右されない自律の権利を市民に付与すると同時に，秩序を担保する規範を，市民の参加と討議を経てのみ構成されるものとすることによって，国家の縮小を「政治的なるもの」の更なる導入へと結びつけようとしたのである。(14) したがってその言説は，「自律性の原理」を「参加と討議」と結合し，「政治的領域の拡大」を達成しようとした点に特徴を持ち，この点にこそ，リベラリズムや新保守主義の問題性を克服する可能性としての意義があると言える。

以上のように新しい左派は，多元性と差異の認識から出発し，それを保証しうる理念を，「自律性」と「参加と討議」との結合による「政治的領域の拡大」を軸として構成した。その結果，その民主主義的言説が，筆者が第３章で見た枠組の内容と交錯した形で提起されていることも明らかになる。しかし，これらの理念は，第３章での議論のような抽象性を克服し，より制度的な構想の試みへ繋がっている点において重要である。この点について以下で述べよう。

（4） アソシエーショナル・デモクラシー

上記のような理念的内容を，より具体的な制度構想へと発展させようとした試みとして，ここではハーストの「アソシエーショナル・デモクラシー」(15)を採り上げたい。協同社会主義の理念を現代的に鋳直す形で提唱される彼のアソシエーショナリズムは，「社会のできるだけ多くの事柄が，自発的で民主主義的に自己統治されたアソシエーションによって運営されるとき，人々の福祉と自由は最も善い形で与えられる」(16)という理念に貫かれている。

このようなアソシエーションは，どういったレベルで設定されるのであろうか。一つは，アイデンティティのレベルであり，この場合は同一の目的を持って組織された集団が，アソシエーションとして設定されると思われる。例えば前述した消費者の自己統治制度や，福祉のボランタリー集団，NPO，NGO等がそのような組織として挙げられる。もう一つの可能性は，地域レベルの集団であろう。例えばコミュニティ的な集団に対するより大

きな政治的決定権を付与することによって，自己統治領域の拡大を目指す動きがこれに当てはまる。この場合は，いわゆる（地方）分権化，反中央集権主義の動きも広い意味では含まれよう。

　ハーストは，特にその構想を適用すべき領域として，企業と福祉を挙げている。前者においては労働者参加など企業内民主主義の発展が，後者においてはボランタリー・セクターの充実による市民参加が強調され，「企業と国家による福祉サービスの両方を，自己統治のアソシエーションに置き換えることによって市民社会の領域を修復すること[17]」が重視されるのである。ここには，ヘルドと同様に，市民社会内における権力関係からの解放という目的がある。企業では労働者に対する経営側の権力が，福祉では受給者に対する国家（行政）の権力が働いている。ハーストは，これらの権力関係からの解放を，討議を通じた自己決定を通じて，市民の「自律性」を高めることによって果たそうとしているのである[18]。したがって，アソシエーショナル・デモクラシーは「市民社会の制度化」を前面に出しており，その点において「政治的領域の拡大」の志向を持つと言える[19]。

　アソシエーショナリズムの提唱は，国家や官僚制がはらんだ画一化，多元性への抑圧という側面を緩和するという目的を持っており，上記の「多元性と差異」「自律性の原理」「参加と討議」の理念を，市民社会内にあるアソシエーションを政治的アリーナとして活用することにより，実践的に達成する意図を持つものととらえられる。このように，ハーストはアソシエーショナル・デモクラシーという形で，左派理論が目指す理念をより具体化した。したがって，この試みは理念的には市民社会の修復・制度化を目指しており，その意味で「政治的領域の拡大」の実験である。この実験は，その中にあって国家はいかなる役割を果たすのか，そしてそれらの役割と市民社会の制度化との間の関係はどのようにつけられるのかといった論点を残しており，後の検討課題となる。しかしそれは，国家中心性でもなく，市場個人主義の全面化でもなく，「第三の道[20]」を切り開こうとした新しい左派プロジェクトの制度的構想として位置づけられるのである。

（5）　小括
　以上のように，イギリス左派理論は「政治的領域の拡大」をその理念の

中核に据えることによって言説的転換を達成し,「新しい時代」におけるより適合的な理念の構築を目指した。その言説は,一方では経済・階級中心性を相対化した多元性と差異への対応という点において,他方では,国家中心性を相対化し,市民の参加や討議,決定権の部分的な委譲という点において,「政治的領域の拡大」を果たそうとするものである。したがってそれは,国家中心主義から脱却すると同時に,自由市場の全面化といった(経済的)市民社会の放任化にも対抗する,「市民社会の制度化」を図るものであると言える。さらに,その「政治的領域の拡大」の理念を,アソシエーショナル・デモクラシーといった形で,より制度的な構想へと結びつけようとする試みも出てきているのである。[21]

ここに見られる市民社会への志向は,国家や議会制といった既存の政治制度外への政治的機能の委譲という性格を強く持つために,狭義の政治システムとの関係という点で,政治理論的には問題性も併せ持っていると思われるが,その点の評価については次章で詳述することとし,まず本章の課題である次の視点からこれらの議論の意義を確定しておきたい。つまり,このように構成されてきた左派言説は,いかなる点で「新しい政治」に対応したヘゲモニック・プロジェクトであり,リベラリズムやサッチャリズムに対する,オルタナティヴとしての可能性を持つのであろうか。次節では,ポスト福祉国家の政治空間・政治的対抗関係の構築に対して,これらの言説が及ぼす理論的意義について検討する。

第2節 転換の意義

これまでに見てきたイギリス左派言説が,「新しい政治」に対応しえているかどうかを考えた場合,まずメルクマールとなるものは,それが「多元性と差異」に対応した統合理念たりえているかということである。換言すれば,「新しい時代」の敵対性の拡散と多元化という現象を踏まえ,それらを維持した形での統合原理として,左派言説が構成されているかどうかが問題となる。

この点は,イギリス左派の理論がまず多元性と差異の認識から出発した点を考えれば,彼らにとって最も中心的な論点であったことは明らかである。彼らは,自律(自己決定)の権利の付与と,そのための条件の整備

(シティズンシップ，および討議への参加という意味でのエンパワーメント) を統合理念の軸に据えることによって，それらの諸差異を，画一化を抑制しつつ緩やかに統合する道を採った。それは，従来型の経済・階級中心的統合原理を相対化した統合原理を構成する試みとしてもとらえられる。例えば，ヘルドが自律性確保の条件と考える七つの権力の場に前節で触れたが，そこでは経済の領域は，その他のものと並んで権力の作用する一つの場にすぎない。またハーストのアソシエーショナル・デモクラシーの議論にしても，多元性こそが問題なのであって，それが経済的モメントを持つべきかどうかは，相対化された問題となっているのである。したがってそれらの言説は，様々に横たわる複数の敵対性が，それぞれ差異を抑圧しない形で問題を解決しうる条件の考察を第一の課題としており，広く諸基盤が共鳴しうる可能性を開いている。ここに，「等価性と差異」が両立しうる戦略の可能性を見出すことができ，したがって経済・階級中心性を相対化した，新しい同盟の構成の試みとしてイギリス左派言説は評価されうるのである。

　左派言説が，経済・階級中心性の相対化を達成していることを確認した上で，次のことが論点となる。つまり，それが第3章で見たような，政治の境界を再定義する問題提起となっているかという問題である。それは「新しい政治」への対応と，新保守主義への対抗という二つの軸から照射すれば，次の二つの問いへと繋がる。第一に，福祉国家において肥大した「国家＝政治」という国家中心的な政治概念から脱却し，それらの概念定義をめぐって争うような，新たな政治理念を構築しえているかという問題であり，第二には，それが「政治的領域の縮小」として否定性を付与されたサッチャリズムに対して，いかなる対抗を構成しているか，という問題である。

　前節の整理で明らかなように，例えばヘルドの「自律性の原理」にしろハーストの「アソシエーショナル・デモクラシー」にしろ，その理論化の最大の契機は，国家中心性からの脱却にあったと言ってよいであろう。国家や官僚制的決定に伴う画一性の強制を一定の領域において緩和し，部分的には市民の手の許に自己決定の条件を与えることによって，多元性と差異への対応を目指した点が，彼らの議論の核になっている。このことは，

後述するように，ニーズや争点の多様化への対応という点において機能不全を来した福祉国家システムに替わって，市民に対する自己決定権の付与によって統治（ガバナンス）能力を回復し，そのことを通じて支持調達能力を回復する試みも伴っている。つまり，左派言説の一つの軸が「国家中心性の相対化」であったことが読みとれるであろう。

この点において，左派言説が新保守主義との間で共通の志向を持っていることは明らかである。しかし左派言説は，国家中心的な「政治」概念を脱却し，自律性の原理やアソシエーション化によって，「政治的領域の拡大」を達成しようとする点においては，新保守主義の克服の試みとしてとらえられる。前節での議論で明らかとなったように，一方では（市場を含む）市民社会内の権力関係の問題化という点で，他方ではその自己決定の際に，参加と討議の過程を経ることを保証するという点で，彼らの「自律」の概念は「民主主義的自律」として意味付与されている。これらの点は，市民社会への「政治的なるもの」の論理の導入，つまり「市民社会の政治化」へと繋がり，「市民社会の自律化」にとどまった新保守主義に対するオルタナティヴとして，左派言説の構成の軸にされたのである。

このことを，国家 - 市民社会関係の変容と，政治の境界の移動という点から，図式化しつつ理論的に整理しておきたい（図4）。新保守主義は国家の肥大化を批判し，市民社会領域へとその権限を委譲する試みとされた。しかし，その試みは国家の縮小が，市場の全面化と結びつけられたという意味で，経済的市民社会へと偏った委譲であった。さらにそれは，市場のみでは担保できない秩序維持の原理を，市民社会における，固定的な伝統的・権威主義的規範に求め，その点において「政治的なるもの」を内容的に剥奪していたことについては前章でも見た。したがって，新保守主義にとって国家の縮小は，同時に政治的領域の縮小も伴っているのである（①→②）。自由経済と権威主義とが結びついたものとしてのサッチャリズム解釈は，これらの左派の新保守主義認識を示している。

しかしイギリス左派は，新保守主義に「政治的領域の縮小」という否定性を付与した上で，それとの対立軸を鮮明にしつつ自らの理論を構成した。左派においては，国家の縮小＝政治的領域の縮小ではなく，国家の縮小は同時に市民社会の政治化を伴い，それは政治的領域の国家外への拡大とし

図4 国家-市民関係の変容と政治の境界の移動

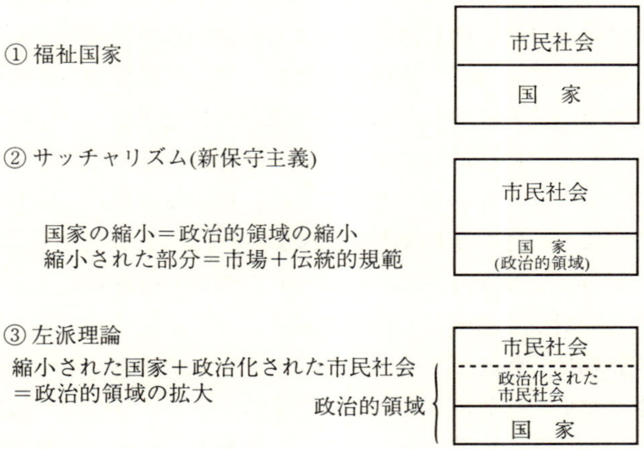

① 福祉国家

市民社会
国　家

② サッチャリズム(新保守主義)

国家の縮小＝政治的領域の縮小
縮小された部分＝市場＋伝統的規範

市民社会
国　家 (政治的領域)

③ 左派理論
縮小された国家＋政治化された市民社会
＝政治的領域の拡大　　政治的領域

市民社会
政治化された市民社会
国　家

てとらえられる（①→③）。つまり，国家からの権限委譲を，市民社会の政治化を伴って果たそうとすることにより，新保守主義との間で政治的領域の縮小対拡大という対立軸を構成したのである。例えば，ヘルドがリベラリズムの問題点として，市場などの市民社会領域に隠されている権力関係の見落としを指摘し，それらの関係からの解放を，「民主主義的自律」に見出した点はこのことを示している。また，市民社会での秩序構成を，所与的な権威主義的規範の導入によってではなく，参加と討議を通じた過程によってはじめて達成されるものとすることによって，その言説には「政治的なるもの」の導入が図られているのである。[22]

このことは，ある言説に対して政治的な意味付与を行うという政治哲学的な試みの導入という点で，政治理念をめぐる言説戦略として現れ，またその点にも，対立軸構成の契機が存在する。特に，リベラリズムをめぐる議論でも示されたように，「自由」という言説においてこのことは顕著である。多元性の時代である「新しい時代」において，「自由」の言説を否定することは，政治的な多数派の獲得という目的に照らせば，有効性を欠く。したがって，新保守主義が「自由」を提唱するからと言って非「自由」の言説をもって対抗するのではなく，「自由」の言説に対する意味付与におい

て対抗することが必要となる。

　「自由」をめぐる言説戦略の視角から見た場合，イギリス左派の理論家は，サッチャリズムを「経済的自由主義」と「政治的権威主義」とのセットとして解釈することによって，新保守主義的「自由」を経済中心的なものとしてとらえたと言える。それに対して左派は，自己決定・自律性といった，経済にとどまらない政治的な自由としての意味を付与することにより，その対抗関係を明確にしている。このことは，市場等における権力関係からの解放がない限り「自律性」は達成されないといった，「自由」に対する左派的な意味付与へと繋がり，その結果それらの権力関係を見落としている新保守主義との対抗を鮮明にしたのである。

　この言説戦略は，例えばアソシエーショナル・デモクラシーの提唱の中でも意識されていたことである。ハーストは，ネオ・リベラルの民営化や規制緩和政策が，その政策の対象となる諸活動を「非民主主義的で無責任な団体，つまり半－公共的官僚エージェンシーおよび階統制的に経営される企業法人へと手渡して」[23]しまい，結果として市民の自律性を保証できない，とそれらを批判する。彼によれば，重要な点は「市民社会が，公共機能を果たす自己統治的なアソシエーションを通じて，ある『政治的』寄与を与えられるのでなければ，市民の自律性を保持することは困難である」[24]点である。したがって彼もまた，参加や討議という過程を経ていない限り，個人の自律性は保証されないという，「自由」の言説の対抗的読み換えを図っていると思われる[25]。

　以上見てきたようにイギリス左派言説は，政治哲学的な言説戦略として，左派的なアイデンティティを確立しようとしている。それは，「政治的領域の拡大」を伴う民主主義論的な言説への転換を通じて，「新しい時代」に対応すると同時に，権力関係からの解放という左翼理念を保ちつつ，新保守主義との間で対立軸を構成し，それを克服しようとする，新しい「左派」ヘゲモニック・プロジェクトの一つの可能性として認められる。このことは，左派言説の転換が到達した，一つの重要な意義を示しており，それゆえにそれらの議論は，イギリス内外において注目を集めるようになっていると言えよう。

　しかし，これらの議論が持つ新たなヘゲモニック・プロジェクトの構成，

新しい政治的対抗関係の構築としての意義は確かであるが、ここまでの議論でも限定を付してきたように、他方でそれらは、市民社会の政治化など従来の政治制度外への志向を持つがゆえに、それは政治理論としては危険性もはらんでいる。特にそれは、市民社会が国家を代替して担いうる政治的機能の限界に関連した危険性である。次章では、主に国家や議会といった狭義の政治システムとの関連の視点から、これらについて検討し、左派言説がどの程度その危険性を解決し、どの程度その危険性を残存させているのかを考察する。その検討を通じて、左派言説が新たな政治的統合原理として持つ可能性と限界について、見ていきたい。

（1） E. Meehan, "Equality, Difference and Democracy", in Miliband (ed.), *op. cit.*

（2） T．モドフッドは、この差異性の承認について、「エスニックな差異は、『単に』寛容を必要としているだけではなく、公共の場で認知され、資源を与えられ、表現される必要がある」と述べ、民族運動においては同化だけではなく差異の承認が重要であるしている。T. Modhood, "Ethnic Difference and Racial Equality", in Miliband (ed.), *op. cit.*, p. 92.

（3） P. Hirst, "Democracy and Civil Society", in P. Hirst and S. Khilnami (eds.), *Reinventing Democracy*, The Political Quarterly / Basil Blackwell, 1996, p. 108. 以下では、Hirst, 1996と略記する。

（4） Held, 1996, p. 301.（邦訳383頁）。

（5） D. Held, *Democracy and the Grobal Order*, Polity Press, 1995, p. 146. 以下では、Held, 1995と略記する。

（6） Held, 1996, pp. 309f.（邦訳391〜392頁）。

（7） Held, 1995, pp. 177 - 185.

（8） ホール／ヘルドは、上記の「自律性の原理」を実効的に達成する手段として、それらを保証する法制度の構築の必要性に注目している。これこそが、自律性を守る法制度としてのシティズンシップである。彼らは、「現代の『シティズンシップの政治』は、社会運動が、新しい領域への権利や資格についての主張の拡大の中で演じている役割を考慮に入れなければならない」(S. Hall and D. Held, "Citizens and Citizenship", in *New Times*, p. 176) とする。そのためには、階級や経済的不平等だけではなく、フェミニズムや民族等、シティズンシップが主張される領域の多様性を把握することが必要となる。したがって、「シティズンシップはそれゆえ、個々の市民が、

社会の『自由で平等な』メンバーとしての彼/彼女の地位の結果として享受するような，自律性の尺度として考えられる」(*Ibid.*, p. 177)。ホール/ヘルドは「シティズンシップ」という概念に左派的な意味付与を行った上で法制度化することを目指すのであるが，その際には特に国家による抑圧に対抗する権利，すなわち，市民が国家に対抗して行動する能力を高める権利法を制定する必要があるとする。彼らはこのように，「自律性の原理」の理念を，より具体的な法制度の構想として描いた。それは，対国家的なエンパワーメントを市民の側に保証していくという意味で，「国家と市民社会の間のバランスの再定義」(*Ibid.*, p. 186)を図ろうとするものだったと言える。これらの動きは，憲章88のようなイギリスにおける成文憲法制定運動をめぐる動きと結びつくことによって，より実践的な運動へと展開していった。

(9)　Held, 1995, p. 205.

(10)　Held, 1996, p. 313.（邦訳396頁）。

(11)　A. Giddens, "Brave New World", in Miliband (ed.), *op. cit.*, p. 34.

(12)　Hirst, 1996, p. 111.

(13)　ここで「公共性」と言う場合には，広く市民一般に関わる普遍性という性格のことを指している。また公共的な問題が何であり，どのように解決するかを確定していく過程及び場も「公共性」に含まれることになる。こういった「公共性」を帯びた問題及び過程は，国家や官僚制を中心に把握されることが多かったが，最近ではコミュニケーション論の分野で，市民社会内における公共領域の活性化の契機を見出そうとする業績も出てきている。このような試みについては，阿部潔『公共圏とコミュニケーション』，ミネルヴァ書房，1998年を参照。しかし，コミュニケーション論的な公共性把握が，強制力のある決定をいかに保証するかという点で問題点をはらむことについては，後述する。

(14)　しかしこの「政治的なるもの」の導入が，イギリス左派理論において完全に成功しているとは言えないという点については，次章で検討する。

(15)　アソシエーショナル（アソシエーティヴ）・デモクラシーにも，P. ハーストをはじめとしてJ. コーエン/J. ロジャースなど，提唱する者が複数いる。しかし，イギリス左派に焦点を当てるという本書の性格上，特にハーストのものを中心に扱っていくことにする。後者については，J. Cohen and J. Rogers, "Secondary Associations and Democratic Governance", in E. O. Wright (ed.), *Associations and Democracy*, Verso, 1995を参照。

(16)　P. Hirst, "Associational Democracy", in D. Held (ed.), *Prospect for Democracy*, Polity Press, 1993, p. 112. 以下 Hirst, 1993と略記する。

(17) *Ibid.*, p. 125.
(18) ハーストはアソシエーショナリズムとして，①政府機能の下部組織への委譲，②ボランタリー組織を通じた社会活動の組織の充実，③組織間の相互性の原則を挙げ，特にそれらが地域的自律と経済民主主義に影響を与えることを重視している。*Ibid.*, p. 125.
(19) ハーストは，アソシエーショナル・デモクラシーが市民社会の制度化と政治的領域の拡大に繋がることについて，次のようにまとめている。「アソシエーショナリズムは，公共空間と私的空間のバランスを変容させる。……アソシエーティヴ・デモクラシーは，民主主義的にコントロールされたボランタリー・アソシエーションを通じて，……経済や福祉においての自身に関わる事柄に関するより大きなコントロールの権利を，市民に対して与えることによって，彼らの自由を高めるのである。」P. Hirst, *Associative Democracy*, Polity Press, 1994, p. 25. 以下では，Hirst, 1994と略記する。
(20) Hirst, 1993, p. 128. この議論は，「市民社会」の領域を国家や経済（市場）とは区別された第三の領域として設定し，この領域こそが民主主義的公共空間であるとするコーエン／アラートの議論と交錯するものであり，その意味で本書第1章の議論とも相通ずる。Cohen and Arato, *op. cit.*, p. ix. また，この「第三の道」という表現は，現代イギリス政治においてT. ブレアらが労働党の変容を語る際の中心的スローガンと共通するものでもある。ただし，ここで表現される「第三の道」はあくまでスローガンであって，単に新保守主義と旧来型左翼との間の中道としてその試みをとらえることは，やや単純な議論と言えよう。新しい左派プロジェクトは，一方で旧来型左翼の経済・階級・国家中心性に対抗しつつも，他方では新保守主義に向けても政治的領域をめぐって対立軸を打ち立てるという，複合的な対抗関係の中に構成されているのであり，単にその試みを中道としてとらえることは，その対抗関係を見えにくくしてしまうことになる。この点は，ニュー・レイバーを事例として具体的に左翼の変容についての分析を行った第3部の主要論点の一つとなる。
(21) ハーストは，アソシエーショナル・デモクラシーの議論は，あくまで可能なオルタナティヴを模索するということを目的としており，制度や統治といった問題から退却した政治理論にとどまるものではない，と記述している。P. Hirst, *From Statism to Pluralism*, UCL Press, 1997, p. 2. 以下ではHirst, 1997と略記する。
(22) イギリス左派理論が，直接的な関わりはないにしろ，いわゆるリバータリアン‐コミュニタリアン論争を克服しようとする位置にあることについては，先に示唆しておいたが，その点について指摘しうる要素が出そろ

ったので，ここで注記しておく。イギリス左派理論が，個人的権利の擁護と「市民社会の防御」のみに陥りがちなリバータリアン的系譜の持つ問題点を克服しようとする点については，先に述べたコーエン／アラートとの志向の共通性からも理解されうる。しかし他方でそれは，個人の権利に先立って，秩序形成のための単一的な「善」の概念を所与的に規定しようとする一部のコミュニタリアン的系譜に対しても，次の点で批判的位置に立つ。つまり，その「善」の概念こそが，論争の対象であり，「政治的なるもの」の対象になるべきだとする点においてである。このようにイギリス左派理論からは，間接的にであれ，リバータリアン - コミュニタリアンの両者を克服するような視角を見出すことができるのである。この論点は，理論上のみならず，現実政治上の試みとしても見出されるのであり，その点については第3部で述べる。

(23) Hirst, 1994, p. 22.
(24) *Ibid.*, p. 25.
(25) ハーストは，この「政治的領域の拡大」による「自由」が保証された社会を「ポスト・リベラル社会」と名づけ，新保守主義的な「政治的領域の縮小」としてのリベラリズムとの間で差異化を図っているが，この点については以下を参照。Hirst, 1996, pp. 108f. またこれらの戦略は，「選択」という言説にエンパワーメントの必要性を組み込んだホールの試みにも見られる。サッチャリズムは，「選択」というテーマを「自由市場」の理念によって意味付与した点に特徴を持つのであり，左派は，「選択」というテーマに反対しなければサッチャリズムに対抗できないというわけではない。左派にとっては，その「選択」の言説を，社会の多様性の増大，アクセスの拡大，「選択権を通じた一般の人々に対するエンパワーメントといったテーマとの関係で再構築する」ことによって，政治哲学的に新保守主義との対抗を鮮明にしうるのである。Hall, 1988, p. 278.

第6章　新しい左派言説の諸問題——批判と考察

　「新しい時代」への対応と，新保守主義への対抗と克服という課題に際し，左派理論家が，「政治的領域の拡大」を理念的な軸とした新たな政治言説を構成し，一定の意義を確立してきたことをこれまで見てきた。しかしそのような意義を持つものの，イギリス左派言説に対しては多くの批判も投げかけられうる。ここでは，それらの批判について検討し，イギリス左派理論の到達点と限界を更にクリアにしていくことを目的とする。いかにそれが転換を果たした新しいものとなっているとしても，その理論内容そのものに問題点を抱えていては，その政治言説としての有効性は低いからである。

　その際にはまず，イギリス左派言説が親和性を持つと思われるラディカル・デモクラシー論に着目し，それに対して提起されている批判を，左派言説は克服しえているかを検討することが契機となるであろう。そこから発展して，以下では特に国家や議会制といった狭義の政治システムとの関係に焦点を絞りつつ，左派言説が持つ，新たな政治理念としての有効性と問題点を，明らかにする。

第1節　市民社会の制度と国家

　イギリス左派理論は，政治思想の領域で近年提唱されているラディカル・デモクラシー論との間に，直接の交流はないにしろ，かなりの程度論点を共有している。ラディカル・デモクラシー論と言っても様々な潮流があるが，その中でも，「政治的なるもの」の再興を，国家－市民社会関係の再編

という視角から目指す潮流に着目したい。それは大まかに言って、①多様な価値観や差異を尊重し、画一化の暴力から解放する「差異の政治」、②市民の参加や討議を重視する「審議的デモクラシー」、③国家中心主義に対抗し、市民社会の政治化を図る、といった共通の志向を持っている。これらの内容は、まさにここでの枠組として採り上げられた、ウォーリンやコーエン／アラートの理論と重なるものであり、またイギリス左派理論が共通点を多く持っているものでもある。①はイギリス左派理論が持つ「多元性と差異」に共通するし、②は「参加と討議」に、③は「自律性の原理」や「市民社会の制度化」といった論点と重なる。

このように、イギリス左派理論がラディカル・デモクラシー論と共通する志向を持つのであれば、イギリス左派理論の理論的意義と限界を考察する際に、ラディカル・デモクラシー論に対して提出されている批判をそれが克服しえているかという問題を設定することは、その導入としては妥当な試みとなろう。以下では、ラディカル・デモクラシー論に対する批判を、イギリス左派理論は克服しえているか、ということを導入として、その検討に入っていきたい。

ラディカル・デモクラシー論に対する批判として、最もよく聞かれるものは、それはあくまで政治思想的なものであって、具体性や現実的展望に欠ける、という批判である。例えば千葉は、「ラディカル・デモクラシーは、往々にして哲学的理念の唱道ないし提示に終わってしまいがちであり、具体的かつ個別的な政策論や組織論が欠如しがちである」という批判を紹介している。

この批判がラディカル・デモクラシー批判として妥当かどうかは、本書の直接の課題ではないが、少なくともイギリス左派理論については妥当しないと思われる。前章で見たようにイギリス左派理論においては、「民主主義的自律」などの抽象的理念に加えて、アソシエーショナル・デモクラシーの制度的構想や、シティズンシップ論による憲法改革といった実践的課題へと発展させた議論も出てきている。したがって、ラディカル・デモクラシー論との間で志向を共有しつつ、それを制度的展望に踏み込んだ政治言説へと具体化しようとした点に、イギリス左派理論の一つの意義があると言えよう。

第6章　新しい左派言説の諸問題——批判と考察　157

　しかし，それが具体的な制度的構想への試みを伴っていることと，その制度的展望が有効性を持つものとして構築されていることとは，別の問題であり，後者の点においてそれが問題点をはらむこともありうる。この問題は，主に国家や議会，政党といった狭義の政治システムとの関係の視点から，ラディカル・デモクラシー論に対して提起されている批判と関連するであろう。例えば第1章でのウォーリンの議論からも読みとれるように，それは理論的出発点として「反国家」というモメントを持つが，しかしその反動で，全く国家や議会といった狭義の政治システムを度外視してしまう傾向があるという批判である。例えば，M. ウォルツァーは，新しい社会運動などを例にして，市民社会内における公共空間や政治的領域の拡大といった志向は妥当性を持つとする一方で，しかしそれらにしてみても「国家機構へのある種の統制やその活用を度外視した勝利は，まったくありえない」と批判する。なぜなら，「国家は（政治的行為も含む）すべての共同社会的生活の行為領域の種々の限界条件や基本的規則を定める」という役割を持つからである。そして，そうであるならば，市民社会領域をいかに政治化するかといった議論だけではなく，それと並行して国家をいかに活用するか，あるいは改革していくかということも問題にすべきであると述べている。[7]

　この問題は，イギリス左派理論についても検討を要する問題である。例えば，その理論が議論の出発点とした多元性と差異の保証にしても，しかしその多元性の中にあって最低限守られるべきルールや普遍性（例えば法システム）などはどのように担保され，またその普遍性の担保という点で重要な役割を担っている国家や議会はどのように位置づけられるのかが問題となるであろう。特に，参加と討議がイギリス左派理論において重視され，それがアソシエーションレベルでの政治参加という主張に繋がっているが，諸差異間やアソシエーション間において対立や紛争が起きた場合（例えば民族対立），それを解決するような普遍性はどのように担保されるのかという問題を考えた場合に，そのことは特に重要な問題となる。このように，イギリス左派理論における参加的志向と国家や議会といった狭義の政治システムとの関係は重要な論点であり，それがある制度的構想を目指すのであれば，なおさら踏まえるべき問題となる。

それゆえ以下では、「政治的領域の拡大」を唱えるイギリス左派理論において、狭義の政治システムはどのように位置づけられているのか、また、その議論に問題点はないのか、といった点を契機として、その理論的意義と限界について更に明確にしていきたい。その際、上記のように、特にその理論における国家の位置づけと議会制の位置づけが検討の対象となるであろう。前者については本節で、後者については次節で、その課題の重要性も含めて検討する。

イギリス左派理論の転換において、国家中心性批判が重要な位置を占めることはこれまでも述べてきた。東欧・ソ連の崩壊や、福祉国家の機能不全に対する、「国家中心性の相対化」という観点からの批判・克服としてその言説は構成されたのである。しかしその国家批判は、ただ単に国家の縮小あるいは廃棄を目指す、まさにウォルツァー的批判の対象としてとらえられるのであろうか。イギリス左派言説における国家の位置を検討するにあたって、ここで彼らの国家批判の文脈を整理し、彼らが何を目指して国家批判を展開したのかについて、考えていきたい。

ヘルド／キーンは、国家活動の限界として次の三つの点を挙げる。第一に、ニーズの問題に対する全知性の限界である。国家によって市民のニーズを画一的に決定することを通じて、人々が自身の生活を方向づける自信が浸食され、受動性・依存性が高まってしまう。しかし、この依存性が高まるにつれ国家は肥大化することになり、能力的・財政的に限界を迎えるとともに、ニーズの多様化に伴い、その全知性そのものも限界を迎える。第二には、このニーズの多様化に対応しきれず、財のデリヴァリングに失敗しつつあることが、そして第三には、利益集団の固定化や既得権益の増加により、硬直化によるコスト高を迎えることが挙げられる[8]。これらのヘルド／キーンの国家批判のポイントは、(福祉)国家は肥大化したがゆえに、社会への対応能力の破綻を迎えているという点にある。したがって、彼らにとって改革の焦点となるものは、過度に肥大化した国家行為の範囲を限定し、自律的な社会生活の範囲の拡大を図っていくことに置かれる[9]。

ハーストも同様の視点から国家批判を繰り広げるが、彼は国家によるガバナンスの限界という点をより強調する。現代社会において、市民社会あ

第6章　新しい左派言説の諸問題——批判と考察　159

るいは私生活の領域は，例えば環境問題に象徴されるように，複雑性・偶発性・リスクの高まった領域になりつつある。しかし，これらを国家的に制御していくことは，市民の私的領域の隅々までの公的介入を伴い，市民の自律性を損なう恐れがあるとともに，国家は，そのような制御を行おうとすれば過剰負担になるであろう。それゆえ，これらの問題の国家による制御は，望ましくないと同時に，そもそも不可能であり，そこに現代的な国家的ガバナンスの限界が存在するのである。その結果彼は，より複雑で変化しつつある状況においても作動しうる制御と調和化の手段として，アソシエーショナル・デモクラシーを提起した。

これらの国家批判は，3章で指摘した，経済中心的な「政治」的国家運営のもたらした，現代におけるその硬直性や限界性の議論と重なりを持っているが，次の特徴も持つ。つまりそれは，第3章で筆者が採り上げその問題性を指摘したウォーリンの国家批判に見られた，国家そのものを原理的・規範的に悪とするという論理から構成されているのではなく，経済中心的に肥大化した国家の硬直性や，変化する現代社会の状況に対するその限界性を焦点としているという点である。したがってそれは，国家の経済中心的な肥大化では対応できない領域が増加している点を問題とし，その能力の限界性を打破するための国家改革が，市民社会へのその権限の委譲を伴ってのみ可能になるという意味での，国家批判としてとらえられるのである。ここでのポイントは，イギリス左派理論の「市民社会の政治化」への志向が，国家改革の文脈から表出している点にある。

したがってイギリス左派が，その国家批判を通じて目指すガバナンス能力の回復は，国家の改革も含むが，その理由は，その民主主義的構想が，国家の機能をある点では承認し，国家を必要としているためである。例えば，ヘルドらのシティズンシップ論においては，一方で国家権力に対抗する権利が含まれるが，他方ではそれらの権利の付与が国家の役割でもあるとされる。なぜなら，市民社会の諸制度における種々の政治参加を可能とするためには，その参加を妨げる市民社会内の不平等を緩和し，それらの参加を支援する国家の能力が問われてくるのであり，その役割は最終的には国家のみが果たしうるからである。

また，アソシエーショナル・デモクラシーの構想においても，その社会

的多元主義を保証するためには，区分された法的権力としての国家が必要不可欠であるとされる。なぜなら，多元性が真に保たれるためには，区分された公的権力としての国家が，アソシエーション間の調整を行ったり，アソシエーションの公正な活動を保証したりしなければならないからである。したがって，アソシエーショナル・デモクラシーにおいて国家は，①最低限のサービスと運営の規定の基準を全てのアソシエーションに課すること，②財政的保証，③諸アソシエーションの代表や個人の代表などを入れた混合的交渉などを行うことによって，社会秩序を保つ地位に依然としてとどまらなければならないとされる[15]。

一方において国家の限界を指摘し，他方で国家の必要性も重視するその理論は，それゆえ，単なる国家の縮小ではなく，国家の質的改革の議論へと繋がる。キーンの言葉を借りれば，「いかにして，抑圧的でなく機能するつまり独裁に陥ることなく市民社会の機関として効果的に機能する，国家制度を創設しうるか」[16]が問題となるのである。ここには，イギリス左派の目指す民主主義的変革においては，市民社会の政治化が国家の改革をも同時に必要としていることとともに，国家の改革は市民社会の政治化があってはじめて可能となるという論理が込められている。この相互的関係こそが，ヘルドが重要視する「民主主義の二重の過程」[17]である。つまり，「市民社会と国家は相互に民主主義化の条件とならなければなら」[18]ず，「国家の政策を，いかにして，またどのような方法をもって，より責任あるものとすることができるのか」ということと，「『非国家的』活動を，どうすれば，また，どのような方法でもって，民主的に再編成することができるのか」[19]ということとの両方が，大きな論点となっているのである。

この議論からすれば，イギリス左派理論における国家‐市民社会関係の特徴は，次のように整理される。一方でそれは，市民社会の政治化を伴うものであり，国家中心性からの脱却を目指したものである。それは，現代社会における国家的ガバナンス能力の限界の克服や，国家的な画一性の暴力による多元性や差異，市民の自律性への抑圧を取り払うことを目的としている。この点こそ，イギリス左派の議論とラディカル・デモクラシー論との間の交錯点であるし，また，新しい社会運動論の志向などとも合致する点と言えよう。

しかし他方で，国家の必要性をある点では承認しているゆえに国家の改革も必要不可欠とする点が，その理論の特徴と言えよう。彼らは，市民社会内での解決の危険と限界を次のような点では認識している。企業権力，利益集団，民族などの一部の社会集団が特権的地位を占めることを抑えたり[20]，逆に，弱い立場にある社会集団の自律性を補助したりという活動は，市民社会の民主主義化の条件であり，その条件の付与（エンパワーメント）は国家の役割となるのである。例えばB．パレクは民族問題に関して，一方では，国家のみによるマイノリティ集団への補助は依存の文化を作り上げてしまいかえって自律性を損なうことがあるという点で，国家を批判しつつも，他方では，「国家は，彼ら［被差別者］が，企図された行為を行うだけの自信と能力を獲得し，彼らのニーズに敏感な行為のプログラムを発展させることができるように，彼ら自身のコミュニティを構築することを促進し，必要とあらば手助けをする必要がある」[21]としている。ここでは，参加の母体としてのコミュニティの構築や参加を可能とするための国家的補助が必要である点で，国家の必要性が承認されている。しかしそれは他方で，その補助が，自律性のための条件付与に対してのものであり，一方的な画一性の強制ではないという点で，従来の国家中心性とは一線を画す必要があり，そのための国家改革が要請されているのである。このように，イギリス左派言説においては，画一性の強制を緩和した国家を作り上げていくことが，そのプロジェクトの両輪の一つをなすことになるのである。

 この国家改革についてハーストは，これまでの問題性を回避するために，市民社会の制度化を組み込んだ分権的・多元的な国家の必要性を次のように主張する。

> 「代表的で協働的なメカニズムを通じて，諸アソシエーションをそれ自体の秩序の中に組み入れる国家，その行政機構を，明確で機能的に特殊な権威を通じて拡散させる国家，公務員にある程度の民主主義的自己管理を認める国家は，多元主義の国家である。」[22]

 その内容については彼は未だ抽象性の域を抜け出てはいないが，国家の監督・調整機能の下に，各アソシエーションの自己管理機能の承認という

形で分権化を果たしうる多元的な国家システムがイメージされている（図5）。この議論にも代表されるように，左派言説で目指されるものは，国家の単なる縮小や廃棄ではなく，市民社会への機能委譲およびそれとのパートナーシップによる，「市民社会と国家との架橋」であり，それを可能とする国家と市民社会の改革である。そこでは，自律性を可能とするアソシエーション化への市民社会の改革が，現代国家の限界性を打破する国家改革の構想の一部となる。しかし，そのような市民社会の改革のためには，国家の役割もまた要請されるため，国家は単に縮小されればよいというわけではない。ここには，両者の改革が相互に条件づけられている形での，「民主主義の二重の過程」が含意されているのである。したがってそれは，前出のウォルツァーが，ラディカル・デモクラシー論批判の上で出した，「民主的国家のみが，民主的市民社会を創造できる。民主的市民社会のみが民主的国家を支えることができる」という，やはり国家と市民社会とを改革の相互条件的な位置に置く議論と同様の視点にあると言えよう。イギリス左派理論は，市民社会の政治化という方向へ大きく舵を切る一方で，国家

図5　国家-市民社会の多元的調整機能

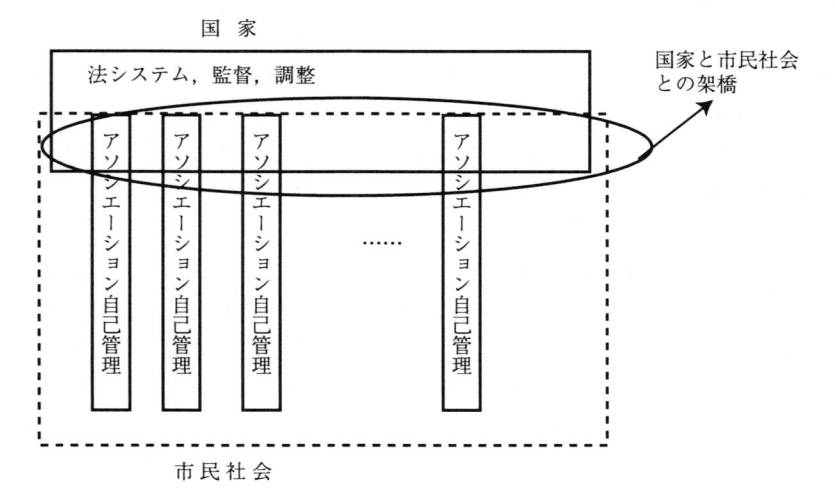

注：Hirst, 1988をもとに筆者作成。

の政治的機能の必要性を承認し国家改革の視点を導入している点で，ラディカル・デモクラシー論批判をも克服しうる理論的意義を持っているのである。

イギリス左派理論が，国家の民主的改革への視点を持つということは，次のような意義も有する。それは，この視点を盛り込むことによって，市民社会内における不均等な権力関係を問題視するという理念を前面に打ち出し，その「左派」としてのアイデンティティを鮮明化すると同時に，前章で議論した新保守主義的勢力との対抗を，更に明確にしうるという点である。例えば，その「国家と市民社会との架橋」としての理論は，国家による市民社会に対する介入を最も問題視し，それを最小限にとどめ国家と市民社会の「切り離し」を達成しようとする従来型のリベラリズムの傾向に対して，一つのオルタナティヴを形成していると言える。またそれは，「民主主義の二重の過程」として国家の民主主義化も必要不可欠とするために，「強い国家」や「権威主義的国家」という形で，国家の非民主主義化を伴っていたサッチャリズムに対して，対抗軸を構成していると言えよう。

しかし，上記の点で，イギリス左派言説が国家に関わる論点において意義を有していることは確かであるが，この意義のみをもってその言説を全面的に評価することには一定の留保も必要である。なぜなら，国家的役割を構成し正統化する手続きはいかなるものかという問題が，これまでの議論では課題として残されているからである。この問題は，イギリス左派言説の中に，市民社会内における直接民主主義的志向に傾くあまり，議会制に対して消極的評価を与えるにとどまる傾向があることを原因としている。また，そのような消極的評価は，イギリス左派言説の内部における重大な理論的矛盾と限界の原因ともなっていると思われる。次節では，主にアソシエーショナル・デモクラシー論における議会制評価を採り上げつつ，そこに生じる理論的限界について論じていくことにしたい。

第2節　議会制との関係——イギリス左派言説と「政治的なるもの」

イギリス左派言説における狭義の政治システムとの関係についての次なる課題として，その議会制との関係の問題を採り上げたい。この問題が重要となるのは，本書の文脈からすれば主に次の二つの理由による。第一の

ものは，イギリス左派が，例えば区分された法的権力といった形で，最終的な普遍性の担保の役割を担う国家の重要な役割を認識しているならば，その普遍性の所在を最終的に決定するシステムは，どこに求められるのかという点に関わる。現代社会においては，議会制が，この役割を担っていると言えよう。その一方で，イギリス左派は，参加と討議，アソシエーションなどの形で，市民を政治的決定に直接関わらせるような直接民主主義的志向を持ち，一定の意義を打ち出してきた。とするならば，その中で，議会制はどのようにとらえられ，その理論に組み込まれているのだろうか。また，組み込まれていない場合には，その直接民主主義的志向が，議会制の果たしてきた役割についての軽視に結びつき，その理論自体に重大な欠陥を生み出す可能性もある。

　第二には，左派理論家たちが描く民主主義の構想が，政党戦略を通じてのみ実現されうるであろうことや，あるいはその言説そのものが左派政党の言説及び戦略の変容と結びついている点を考えた場合である。なぜなら，一方で議会制を批判し直接民主主義的志向を強調することは，政党を通じたヘゲモニー闘争の場である議会制を掘り崩していく側面を持ってしまうが，他方では，革命など，既存政治制度の外部にある手段に訴えない限りは，政党・議会を通じてしかその制度的構想を実現することはできないという，二律背反的な立場にイギリス左派は追い込まれるからである。つまり，政党戦略としてその理論を考えた場合には，その戦略的言説にある直接民主主義的志向と，その戦略的手段としての議会制が，相互に矛盾した関係になってしまう可能性がある。したがって，どのように議会制との関係を考えていくかは，彼らにとって大きな問題となる。また，このような言説的変容を政党戦略の変容の一事例として，第3部で分析しようとする筆者にとって，このことは解決を要する課題であり，検討に値すると思われる。

　したがって以下では，イギリス左派理論における議会制をめぐる問題を契機として，その理論の有効性あるいは限界について検討していくことにする。その際，これまで採り上げてきたイギリス左派理論家の中でも，アソシエーショナル・デモクラシーという形で，市民社会における直接民主主義的制度の導入を最も強く支持し，議会制批判を展開している論者とし

第6章 新しい左派言説の諸問題——批判と考察

て，ハーストを採り上げ，その議論が持つ問題性を明らかにしていきたい。

　彼の議会制批判は，最も原理的には，それが市民の政治参加を限定してしまう点に定められる。つまり，「大衆選挙民は，相対的に単純な選択をしうるのみであり，……代表制民主主義は，大衆選挙民にとって少なく制御された選択を意味」しているゆえ，それは「政治参加をルーチン化し最小化させている」という点が批判の対象になるのである。彼によれば，この議会制の原理的限界は，現代的には次の点において，クローズアップされる。すなわち，これらの限界をはらむ議会制の機能が，現在様々な諸問題を引き起こしている大きな政府を，改善する形では働きえない点である。これについて，彼は次のように言う。

　　「西欧の代表制民主主義は，成功と失敗の奇妙な混合物である。それらは，政府の権威の正統化のレベルでは成功しているが，そのことは，低レベルの市民参加と，政府の決定作成についての低レベルの効果的アカウンタビリティーという対価の上にである。」

　ここでの「正統化のレベルでの成功」を，彼が議会制の長所として評価しているものと額面通り受け取ることはできない。なぜなら，官僚制の肥大化と，それを通じた政策の押しつけによるアカウンタビリティーの喪失という問題点を抱えた大きな政府を，議会制は修正するのではなく，正統化する形でしか働かないという逆説的評価（「奇妙な混合物」）が，ハーストの真意であるからである。つまり，大きな政府が正統性を欠如させ始めていることは明らかであるにもかかわらず，議会という装置を通じては，それが正統化されてしまう点が問題とされるのである。例えば，大きな政府の一要素として，政党が支持者関係の固定化等により一定の政治的スペースを確保している状況では，それは利益集団と結びつき，改革の視点を失う。なぜなら，この状況においては，固定的なリソース分配が支持調達を可能としているため，大きな政府を維持することこそが固定的な支持層を維持する最善の手段となるからである。またそのことは，政権交代が起きなくなるなど，議会制が政治的変化を反映できない構造に繋がり，それゆえ議会そのものも応答性やアカウンタビリティーを欠くことになる上に，

それらを欠く政府に対するチェック機能も果たせなくなる，とされるのである。

このようにハーストは，議会制批判を大きな政府をめぐる諸問題と密接に結びつけ，その処方箋として，市民が政策作成に直接関わりうる，アソシエーショナル・デモクラシーの制度を提起する[30]。それが，「政治的領域の拡大」の制度構想として一定の意義を有していることについてはここまでも述べてきた。しかしハーストによるこのような議会制批判は，大きな政府批判と密接に結びつき，その処方箋としての制度構想も，大きな政府をいかに解消するかという論点にすり替えられているゆえ，議会制それ自体についてはほとんど積極的に議論していない。つまり彼によれば，議会制は大きな政府の生み出す諸問題を解決しえず，逆にそれと結びついて大きな政府を正統化する役割を果たしてしまうため，解決の処方箋を議会外に求めなければならないとされるのである。したがってその処方箋は，議会制の放棄や直接民主主義制度によるその完全な取り替えこそ目指さないものの，議会制のそのような負の側面のみを前提とする[31]。その結果，彼の議会制に対する評価は消極的なものにとどまり，議会それ自体の固有かつ不可欠な役割を正当に位置づけられないという傾向を持つのである。

この点が問題であるのは，ハーストに見られる議会制に対する消極的評価が，彼の議論における理論的限界の原因になっていると思われるからである。彼の議会制批判は，確かに現状評価としては説得性を持つと思われるが，それでもなお議会制には政治的に固有かつ不可欠な役割が原理的に存在しているため，その点を考慮しない限り，彼の議論が逆に「政治的なるもの」を掘り崩してしまうことになってしまうであろう。この議会制と「政治的なるもの」の関わりから生じる，彼の問題点と限界について，以下で述べておこう。

ハーストらのイギリス左派理論が，参加と討議，アソシエーションへの政治的分権などの形で，市民社会内における直接民主主義への志向を強く持っていることは繰り返し述べてきたが，この志向には次の問題も存在する。すなわち，完全に調和した，全員一致の社会というものがありえない限り，参加と討議の中で意見の対立や紛争が生じる可能性は必ず残るが，それが合意へと結びつくことは保証されているわけではない。この場合，

対立と紛争を調停し，強制力を持つ決定を確保するシステムはどのように保証されるのか，という問題である(32)。

　これらの対立と紛争を調停し，強制力を持つ決定を確保することによって，正統性を持った普遍性を構成するという役割こそ，現代社会において，議会制が担ってきた役割であると言えよう。この点について，イギリス左派理論家の中でも議会制の固有の役割を重視するキーンは，次のように述べている。

　　「対立する見解の緊張は，対立する様々な意見を『ろ過』しその多様性を単純化する媒介手段すなわち代表制または代議制民主主義なしには，容易に解消し得ない。(33)」

　社会の中に多様性が存在し，それらの承認が必要であるとはいえ，それらの間に紛争や対立が存在することは不可避である。その際，紛争や対立を引き受けつつ，それらの間に，暫定的であれ正統性の得られる決定を下し，多様性を縮減することによって調和を確保することもまた政治の担う重要な課題である。またそのことは多元性の平和的な共存に結びつくため，多元性と差異の維持において不可欠な機能の一つであると言える。しかし，いかに公共化された市民社会内の討議や参加のシステムといえども，その課題の完全な達成は不可能であり，それは最終的には議会制の役割へと委ねられる。キーンはこの点について次のように言う。

　　「最高位にあり責任を持った政治的組織体――ナショナルな議会――が存在する時にのみ，市民社会の個別的で紛争的な集団関係に対して，公正で開かれた均衡を与え，それらを超越する最終的決定を下すことが可能となる。諸社会集団間におけるいかなる『自然な』調和も，当然のこととしては想定されえない。(34)」

　諸社会集団間の紛争解決のための決定は，常に討議の中で調和した合意として生まれるわけではなく，最終的には強制力を持って行使される必要がある。この決定を行う役割を，議会制は担ってきたのであり，それこそ

が，議会制の原理的かつ固有の役割である。したがって，いかに「自律性の原理」やアソシエーション化によって，参加と討議のシステムが委譲されたとしても，最終的な決定機能を担うという点で，議会制は不可欠のシステムとなる。

にもかかわらず，ハーストは，現代社会における様々な社会集団の登場と共存，紛争の問題に対して，アソシエーション化による処方箋を構築しようとする。つまり彼は，アソシエーション化を通じて，各集団に対して自己決定能力を付与することによって，集団間敵対性を減少させることが可能となるとするのである。換言すれば，各集団の自律性を尊重し，他者に対して自らの見方を押しつけようとする行為をなくすことによって，共存を図ろうとする。しかし，この議論をもって，ハーストが紛争と決定の問題を解決しえているとは言えない。なぜならこの処方箋は，独立化した各アソシエーションの分断化された共存によって，それらの間での紛争と決定を回避しようとするものであるが，そこには二つの問題が存在するからである。一つはアソシエーション内での敵対性の可能性を排除している点である。主体が重層的なアイデンティティを抱えている以上，いかなる基準でアソシエーションを構成したとしても，構成員は一枚岩ではなく，その中にも差異や紛争は存在するであろう。第二には，同じ国家の中に共存する以上，それでもなおかつ各アソシエーション間での，画一的規範をめぐる調整と決定，紛争が不可避となる状況は想定されうる点である。例えば，アソシエーショナル・デモクラシーを提唱しつつも，それらを調整する「区分された法的権力」としての国家が必要であるとしたのは，前章で見たように他ならぬハーストであったが，その「区分された法」はいかに構成され，正統性を付与されるのか。また，その構成の際にアソシエーション間での接触，対話，紛争は不可避ではないのか。これらの問題を考えるならば，ハーストの議論には依然として紛争と決定のシステムについての議論が欠如していることになる。

キーンとハーストの間にある議会制評価の違いを見れば，この論点こそが，イギリス左派理論の論者の間での分岐を生む点であり，またその中で具体的制度構想を目指したハーストのアソシエーショナル・デモクラシー論が，現実的有効性の点で限界を抱える点であることが明らかになろう。

しかし，ハーストの問題点はそれに収まるものではない。上で見たように彼が，紛争と決定の視点に欠け，それらを引き受け解決する政治システムについての思考を欠如させていることは，「政治的領域の拡大」を目指した彼の議論における重大な理論的限界をも意味しているからである。それは，これらの紛争を引き受け，なおかつそれらの間で決定を行っていくこともまた，本書がこれまで考察の軸としてきた，「政治的なるもの」の不可欠な一要素であると考えられる点に由来する。

ムフは，C．シュミットの「友-敵理論」に示唆を受ける形で，この対立や紛争の契機こそ「政治的なるもの」であるとし，このことを考慮に入れない議論は，「政治的なるもの」の認識を欠くとして，次のように言う。

「政治的なるものの中心主題は紛争と敵対関係である。そこで示されるのは，まさに理性的な合意の限界であり，あらゆる合意は必然的に排除という行為に基づいているという事実なのである。」[38]

このように，「政治的なるもの」を考える場合には，参加者の間での合意を前提とせず，そこに紛争を受け入れ，調整し，更に強制力を持つ（その意味である参加者の意見の排除を伴う）決定へと導くシステムが必要不可欠となる。アソシエーショナル・デモクラシーに即して言えば，アソシエーション内あるいはアソシエーション間で，調和や合意を所与とせず，紛争と決定のシステムをいかに保証するかを考えない限り，それは「政治的なるもの」の認識を欠如させていることになる。つまり，「政治的なるもの」の奪回を目指した直接民主主義的志向は，この点を考えない限り，逆に「政治的なるもの」を掘り崩してしまう可能性を持つのであり，特にハーストの議論は，このパラドックスに陥っている。[39]

したがって，「政治的領域の拡大」という形で「政治的なるもの」の再生を図るイギリス左派理論においても，参加と討議を保証するだけではなく，その中での紛争を認め，決定を与えていく論理が必要となる。それはとりわけ彼らがその議論の出発点としていた多元性と差異の時代，つまり，何が正統性を持ち普遍的であるかが揺らいでいる時代であるからこそ，必要となる。市民が各々の立場に基づき，自らに関わる問題に参加できる形で，

個別性を一方では保証しつつも，その過程において対立・紛争が生じた場合には，その多元性を断念しつつ強制と排除に基づいた決定を与える普遍性構成のシステムも，他方では必要とされているのである。同時に，この普遍性は固定化されるのではなく，常に新たな個別性や差異によって相対化され，紛争の対象となることが保証されなければならない。このような紛争と決定との間の，個別性と普遍性との間の往復運動として，「政治的なるもの」の再生を図ることが必要なのである。

　しかし，キーンのように抽象レベルではその重要性を認識した論者がいる一方で，民主主義的自律の理念を制度的具体化へと発展させようとしたアソシエーショナル・デモクラシーの議論は，いかに参加と討議を保証していくかという側面に力を注ぐあまり，この点についての配慮を欠いている。このことは，ハーストの議論がこの点において「政治的なるもの」の一側面を見失っていることを意味し，本来彼らが目指したところの「政治的領域の拡大」の課題から見て，一つの理論的限界と矛盾を生み出していることを示しているのである。したがって，アソシエーショナル・デモクラシー論を，イギリス左派の理念の制度的構想の一つとしてみなすならば，イギリス左派言説はその制度的構想に至ったとき，未だ限界を抱えているということが言えよう。その原因は，ここまで述べてきたように，ハーストの議論が議会制の問題点を，直接民主主義への一方的支持によって解決しようとしたあまり，議会制固有の積極的意味を，その理論の中に取り込めなかったことにあると考えられる。左派の目指す「政治的なるもの」の再生の観点から考えた場合，議会制は最終的決定の場として必要不可欠な制度であり，積極的に評価されなければならない。確かに，前述したハーストの議会制批判は，現状批判としては説得的な面も多い。しかし，彼の目指した「政治的領域の拡大」あるいは「政治的なるもの」の再生の論理からするならば，その固有の役割が発揮されうる方向への議会制の改革および議会制を通じた改革の視点も必要であったと思われる。[40]

　この点は，筆者の提起した第二の問題とも関連する。第二の問題とは，イギリス左派理論には，それが提唱する民主主義的構想の実現の方法と戦略に対する考慮が不足している，という点である。つまり，政治的戦略としてその民主主義的構想を考える場合，その議会制批判の立場からすると，

第6章　新しい左派言説の諸問題——批判と考察

彼らは既存の政治システム外のチャンネルから，その実現を考えざるをえない。しかし，主に政党を中心とした議会制のみが，いかなる制度的変更であれ，唯一のチャンネルであるという現状を踏まえれば，イギリス左派理論が持つ議会制批判の志向と，しかしその構想を実現させる際には議会をその経路として通らざるをえないという現実との間に，いかに折り合いをつけるかが問題となるであろう。

　しかしこの問題点は，議会制の固有の意義を積極的に評価し，その意義が発揮される形での議会制を通じた改革の視点を導入するならば，解決に近づきうる問題であると思われる。特に，このことを議会 - 政党の問題として考えれば，「政治的なるもの」の再生のための議会制改革の糸口も見出されるだろう。なぜなら，ハーストを中心として，イギリス左派は議会とともに政党も批判的にとらえるが[41]，彼らが目指す民主主義的構想を，政党戦略として議会を通じた形で追求することは，それ自体が彼らの志向に適合する政党や議会への改革の契機となりうると思われるからである。つまり，本書でこれまで議論してきたように，「民主主義」や「自由」に対する言説的意味付与をめぐる闘争が，政党戦略を通じて議会で行われることは，ある一定の既存の規範の下でのリソースの配分をめぐっての闘争にとどまらない，新たな議会 - 政党イメージへと繋がる。「新しい政治」に対応させる形で，ここまで述べてきたイギリス左派理論を言説とした政党戦略を構築しえたときにこそ，議会や政党戦略を「政治」から「政治的なるもの」の場へと転換させることが可能となるし，またこれまでの議論からすれば，「新しい政治」という現代政治状況においては，そのような政党戦略の転換こそが求められているのである。まさに，政党戦略としてイギリス左派理論を考えることこそが，彼らの志向に見合う議会制を生み出すことにもなりうる。

　以上のように考えれば，議会制の固有の意義を積極的に評価し，議会を通じた戦略的形態をとることによって，イギリス左派が目指す「政治的領域の拡大」＝「政治的なるもの」の再生を，より可能にすることができると思われる。前節での国家改革の議論にも見られたように，狭義の政治システムの改革と市民社会の政治化の二重の過程として，民主主義論を考えることこそが，「新しい政治」における民主主義プロジェクトにとっては必

要となる。そうであれば，直接民主主義的志向と議会制との間に，矛盾・対立を想定するのではなく，それらは相互に条件づけられていると考えることが必要であり(42)，そのことこそがイギリス左派の目指す「政治的なるもの」の再生，「政治的領域の拡大」にとっても重要な一つの軸となりうる。同時に，政党戦略としてその民主主義的プロジェクトを考えることもまた矛盾したものではなく，このことこそが，彼らの理論の深化や実現においては重要となるであろう。ここに，政党戦略としての民主主義プロジェクトの可能性も，開けるのである。その可能性を追求することによって，そもそも「左翼の変容」の契機となった，現実の政治的行き詰まりの状況に対しても，オルタナティヴとなるインパクトを与えることができると言えよう。

（1） 例えば，Benhabib (ed.), *op. cit.* を参照。
（2） 「審議的デモクラシー deliberative democracy」の主張も多く存在するが，例えば, S. Benhabib, "Toward a Deliberative Model of Democratic Legitimacy", in *ibid.* などを参照のこと。
（3） この点について，本書でも度々採り上げている，S．ウォーリンの諸著作を参照のこと。また，コーエン／アラートの議論も広くはこの潮流に含まれうる。
（4） ラディカル・デモクラシー論についての整理に際して，次の論文を参考にした。千葉眞「デモクラシーと政治の概念」『思想』，第867号，1996年。
（5） 同上，11頁。
（6） 前述のようにハーストは，アソシエーショナル・デモクラシーを考える際の大きな条件は，「既存の政治制度や現代の政治に関する問題から，可能なオルタナティヴ」を探ることであり，制度やガバナンスの問題を超越して政治理論的な問題へと退却することではない，としている。Hirst, 1997, p. 2.
（7） M. Walzer, "The Civil Society Argument", in C. Mouffe (ed.), *Dimensions of Radical Democracy,* Verso, 1992, p. 103（高橋康浩訳「市民社会論」『思想』第867号，1996年，179頁）.
（8） D. Held and J. Keane, "Socialism and the Limits of State Action", in Curran (ed.), *op. cit.*, p. 171.
（9） *Ibid.*
（10） Hirst, 1997, pp. 14f. 社会学の領域においても，これらの議論は現在隆盛

を見ている。これらの社会学的研究の代表的なものとして，以下の文献を参照。Melucci, *op. cit.*; U. Beck, Risikogesellschaft, Suhrkamp Verlag, 1986.（東廉・伊藤美登里訳『危険社会』，法政大学出版局，1998年）。例えばベックの「サブ政治」の構想がギデンズの理論において重要視されているなど，それらの潮流がイギリスの政治理論家にも大きな影響を与えていると思われる。この点については，Giddens, 1998, pp. 50-53.

(11) また，国家的なガバナンスの限界の要因としてハーストが挙げる第二のものは，グローバル化に伴う，国民国家的な制御可能性の低下である。Hirst, 1997, p. 13. 最近のイギリス左派理論においては，これに伴う「グローバル・デモクラシー」の議論がその重要な一部分となりつつある。筆者もこの議論の重要性を認識しているが，それだけでも大きな問題であり，また国際政治の領域などで研究業績も出てきていることから，さしあたり本書では議論の対象から外すことにする。これらの議論については，例えば，田口富久治・鈴木一人『グローバリゼーションと国民国家』，青木書店，1997年，とりわけ終章を参照のこと。

(12) Hirst, 1997, p. 3.

(13) Hall and Held, *op. cit.*, p. 181.

(14) この議論は，前述のウォルツァーにも共通するものである。Walzer, *op. cit.*, pp. 104f.（邦訳179〜181頁）。

(15) P. Hirst, "Associational Socialism in a Pluralist State", *Journal of Law and Society*, vol. 15, no. 1, 1988, pp. 146f. 以下では，Hirst, 1988と略記する。

(16) J. Keane, "Democracy and the Idea of the Left", in D. Maclellan and S. Sayers (eds.), *Socialism and Democracy*, Macmillan, 1991, p. 11.（吉田傑俊『社会主義と民主主義』，文理閣，1996年，13頁）。以下，Keane, 1991と略記。

(17) Held, 1996, p. 316.（邦訳399頁）。

(18) Held and Keane, *op. cit.*, p. 176.

(19) Held, 1996, p. 316.（邦訳400頁）。

(20) ハーストもまた，市民社会内には企業などの形でヒエラルヒー的な権力システムが構築されており，新保守主義の解決法は，それらを放置させてしまうと批判している。したがって，彼の議論においても，国家と市民社会の両方の民主主義化が必要ということになる。Hirst, 1996, pp. 98f., 107 - 109.

(21) B. Parekh, "Comment: Minority Rights, Majority Values", in Miliband (ed.), *op. cit.*, p. 106. [ ] 内は引用者による補足である。

(22) Hirst, 1988, p. 145.

(23) Hirst, 1996, p. 105.

(24) Walzer, *op. cit.*, p. 104.（邦訳180頁）.
(25) P. Hirst, *Representative Democracy and its Limits*, Polity Press, 1990, p. 4. 以下では，Hirst, 1990と略記する.
(26) ただしハーストは，この原理的批判をもって，直接民主制の採用による議会制の否定を意図しているのではない．なぜなら，議会制は，市民に対する投票権の付与の保証などの点で民主主義の基本的な権利を構成しているため，議会制が放棄された政治社会が，ファシズムへと接近する恐れがあるからである．彼にとって問題とされることは，議会制のこの原理的限界が，現代的な大きな政府の問題点と結びついている点にある．*Ibid.*, pp. 2 f. しかし，このような留保はつけられるものの，彼の立場は基本的には議会制に対して批判的である．
(27) *Ibid.*, p. 6.
(28) *Ibid.*, pp. 5, 26f.
(29) Hirst, 1994, p. 3.
(30) ハーストは，議会制の問題領域として次の四つを挙げる．つまり，①「代表制民主主義が，政党政府の『選挙を通じた独裁』へと変わってしまう傾向」，②「大きな政府があまりに大きいため，一握りの政党指導者や大臣はそれを直接にコントロールしたり監督したりすることはできず，またできたとしてもそれはせいぜい諸決定のうちのわずかな割合のものに対してに過ぎない」こと，③政策情報の秘匿とコントロール，④「大きな政府はあまりに大きいため，政策的変化のプログラムを追求する内閣や政府与党が，多くの省や政策領域にまたがって，効果的に政策を調和させることが難しいこと」である．しかしこれらの諸問題はいずれも，議会制そのものというよりも，大きな政府の問題であり，議会制がそれを改革できない点を批判していると言えよう．Hirst, 1990, p. 31.
(31) このことはハーストの次の点にも表れている．つまり，彼の提起するような民主主義プロジェクトの困難性が，「既存の民主主義諸制度［主に議会制―引用者註］を受け入れるのと同じ程度，その諸矛盾をも引き受けなければならない」点にあり，それを前提とした上で，アソシエーションレベルでの民主主義化を果たさなければならない，という彼の課題設定である．*Ibid.*, p. 3.
(32) このことは，しばしばハーバーマスの「コミュニケイション行為理論」に対する批判として提起されているものである．この視点からのハーバーマス批判の例としては，次を参照．Keane, 1988, p. 230.
(33) Keane, 1991, p. 10.
(34) Keane, 1988, p. 180.

第6章　新しい左派言説の諸問題——批判と考察　175

(35)　小野は，本書でも採り上げている「市民社会の活性化論」の潮流に対して，「様々な争点や要求に対してある時点において政治的決着をつけ，『公的決定』を作成することは，まさに政治制度としての国家の役割である」（小野耕二『転換期の政治変容』，日本評論社，2000年，183頁）として，国家の役割の重要性を示している。筆者が，紛争と決定という固有の役割をもって議会制を重要視する場合にも，このような論理と大きな相違はない。ただし筆者は，地方議会など，様々なレベルでの議会による決定作成もまたこの役割をある程度担いうると考えるため，その役割を国家のみに固有なものとはしていない。この発想においては，スコットランド議会などの地域的自律性を高め，「緩やかな分権国家」の形を取りつつある，イギリスの事例が念頭にある。また，議会制についての議論を，前節で行った国家との関係との議論とは別個の節で行ったのも，このことが理由の一つとしてある。ではあるが，本文中の記述でも示されているとおり，最終的な決定作成が，キーンの言う国家レベルでの議会の固有の役割であること，そしてその意味で政治における国家の重要性もまたこの議論に含まれていることについては筆者も承認している。
(36)　Hirst, 1993, pp. 118 - 120.
(37)　また，ハーストは「このような自己調整的なアソシエーションに課せられる本質的チェックは，それらが民主主義的自己統治のある最低限の共通の基準を受け入れることである」(*Ibid.*, p. 120) とし，またその基準の一つとして，自由民主主義があることを示唆しているが，やはりこの基準がどのように作られ正統性を付与されるのかについては触れていないし，また，なぜ自由民主主義なのかについても，積極的議論を行っていない。
(38)　Mouffe, 1993, p. 111.（邦訳219頁）。
(39)　このパラドクスには，ウォーリンなど，「政治的なるもの」の再生を目指すラディカル・デモクラシー論の論者の一部も陥っていると思われる。しかし，この点については問題の指摘にとどめておきたい。
(40)　この批判は，前章で紹介した，「対話的民主主義」の論者（例えばギデンズ）にも当てはまると思われる。
(41)　例えば，P. Hirst, "Introduction", in Hirst and Khilnami (eds.), *op. cit.*, pp. 2 f.
(42)　Keane, 1988, p. 182.

結び

　「新しい政治」において,いまなお右‐左の対立軸は有効性を持つのか。また,その中にあって「左翼」とは何であるのか。これらの問いが近年よく聞かれ,また多くの研究者が回答を試みてきた。例えばボッビオが,右‐左の対抗軸はいまなお意味を持ち,左翼のアイデンティティは「平等」に求められるとするのに対して,ギデンズは「左と右を超えて」と主張する。彼は,右＝保守,左＝ラディカルという従来の枠組は完全に崩れ,新保守主義が福祉国家を打破しようとし,左翼が福祉国家を守ろうとしているという意味では,右＝ラディカル,左＝保守へと転倒しつつある,とする。彼は,左翼もまたラディカル化することを主張するのであるが,それはもはや旧来型の右‐左の対立に収まるものではない。
　しかし,本書の立場から見れば,この二つの主張には表面上ほどの違いはないと言えよう。現在,「新しい政治＝戦後ヘゲモニー構造の転位」の中で,右派と左派はともに変容過程へと入っており,それに伴い対立軸も別の形で構成し直されつつある。つまり,右‐左の対立軸は固定的なものではありえず,新しい時代への変化の中でも,その意味を変えながら存続しているのである。このように現状を読めば,ボッビオもギデンズも,右‐左の軸はその内容を変えつつも存続するとし,その変化の内容について議論の焦点を定めていると考えることができる。
　この結論こそ,「新しい政治」において対立軸の変化を伴いつつ起きている「左翼の変容」を論じた本書の第2部が検証しているものである。イギリスにおいては,「新しい時代」におけるアイデンティティの多元化や差異の要求に対応する形で,また,右派の新保守主義プロジェクトに対抗する形で,新しい左派プロジェクトの構成が試みられている。左派は自らが依

拠する理念を,「政治的領域の拡大」に求めることによって,新保守主義との間で対立軸を構成した。したがってそれは,様々な言説を「政治的領域の拡大」という理念と結びつけて再定義することで,新たな右‐左の軸を生み出し,その結果,「新しい政治」における左派アイデンティティを鮮明かつ意義あるものとして再構成したと言えよう。

　しかしこのことは,単なる「左翼の変容」にとどまらない政治理論的提起を伴うものである。すなわち,新しい社会運動の登場やポスト・フォーディズム化などによる「多元性と差異」の時代にあって,新たな政治的統合原理やガバナンス様式は,いかなる形で可能か,という問題である。福祉国家のような経済・階級中心で画一的な統合様式が,もはやその有効性を喪失しつつある時代にあって,どのような統合原理が可能であるのか。イギリス左派は,この問いに,「政治的領域の拡大」という意味を込めた民主主義プロジェクトを持って答えたのである。このプロジェクトは,一方での多元性と差異と他方での統一性の両立を目指し,また新保守主義プロジェクトの問題点も克服しようとした,新しい政治における有効な選択肢の一つとして評価することができるであろう。

　しかし本論で検討したように,イギリス左派の出した回答は,議会制との関係などの点で問題をはらむものでもあった。その問題点は,イギリス左派言説におけるその実現のチャンネルの不在を意味するため,現代政治上にそれが与えた,あるいは与えるであろうインパクトを,この言説の分析のみからは十分に導き出すことができないという問題へと繋がっている。そのため左派言説は,現代政治上の行き詰まりもまたその契機として含んでいたにもかかわらず,その理論をいかに現実政治の中へ具体化するかという視点が弱く,理論的転換の提起にとどまってしまう。したがって,その政治統合原理としての現実政治上の意義は,理論的検討だけでは計りがたい論点となり,「左翼の変容」に伴う現代政治上の転換を読み解くという,本書の課題を完結しえないのである。

　この問題を踏まえ,本書の次なる課題は,ここまで検討してきた政治理論の転換が,現代政治上の転換といかにリンクしているかをとらえることであり,そのことは同時に,理論の変容が現代の政治空間においてどのように具体化され,どれほどのインパクトを与えているかという問題を解明

していくという作業ともなる。この課題を解明していくために、以下では、ブレア以後のイギリス労働党――ニュー・レイバー――のヘゲモニック・プロジェクトを検討しつつ、「左翼の変容」の具体像を描き、それが現代の政治空間に与える意義を確定することになる。イギリスにおいて労働党が、1990年代前後から政党戦略を転換し、1997年の総選挙では大勝を収めたことは記憶に新しいが、このような戦略的転換は、本書が検討してきた理論的転換と呼応するものであったのか。第3部では、労働党に焦点を定め、本書で扱った言説的転換が、現代イギリス政治の舞台に出現してきているのか、あるいはどのような形で出現してきているのかについて検討することにしたい。その検討は、第1部におけるポスト・マルクス主義論の検討から始まり、第2部の左派理論の転換を経て貫いてきた、「新しい政治」における左翼の変容の方向と意義という筆者のテーマを、完結させるものとなるであろう。

（1） Bobbio, *op. cit.*, pp. 89 - 103.（邦訳60～71頁）。
（2） Giddens, 1994, p. 2.

第3部

ニュー・レイバーの
ヘゲモニック・プロジェクトの位相

はじめに

（1） 問題の所在

　現在，先進諸国の政治は転換の過程にある。70年代の後半より始まる福祉国家の危機以後，新たな政治統合のメカニズムをめぐって，様々なヘゲモニック・プロジェクトが試みられ，その有効性を模索してきた。80年代において，そのプロジェクトに成功したかに見えたものが，イギリス保守党のサッチャリズムやアメリカ共和党のレーガノミクスを典型とした，保守・右派政党による新保守主義プロジェクトであったと言える。しかし90年代も後半に至り，現在は，保守・右派政党によるプロジェクトが勢いを失う一方で，80年代においては支持率を減らしていた左派政党が復権し始めるという状況の下にある。アメリカ，イギリス，フランス，ドイツ，イタリアといった主要先進諸国の多くで，左派政党による政権が現実化した状況を見れば，このことは明らかであろう。

　この，一方での保守・右派政党の転換－支配－敗北，他方での左派政党の敗北－転換－復権という並行的な過程は，どのような政治転換を意味しているのか。その中でも特に，90年代以後の，左派政党の転換と復権は，福祉国家の危機以後の政治空間において，どのような意義を持っているのかを問うことは重要である。なぜなら，その復権は，福祉国家的プロジェクトの限界とともに，新保守主義的プロジェクトの問題点も明らかになりつつある90年代において，そのどちらでもない新たなプロジェクトの登場を示している可能性があるからである。

　その復権は，左派政党による，極めて包括政党的な，新保守主義的プロジェクトの受け入れによる多数派獲得の過程にすぎないのか。そうであれば，左派政党の復権は単なる支配政党の変更であり，福祉国家的プロジェ

クトは新保守主義プロジェクトによってほぼとって替わられ，新たなコンセンサス政治が登場したという評価が可能となる。それとも，それはサッチャリズムに対抗した福祉国家戦略への回帰なのか，あるいは，その復権は何らかの新たな左派アイデンティティの構成と提起を含んでいるものなのであろうか。後者の場合には，左派政党は，一方では福祉国家に対して，他方では新保守主義に対して，それらの問題点を突破しうる何らかのオルタナティヴの提起を含んでいるととらえることができよう。この問題軸に沿い，90年代の左派政党を中心として，政治戦略の転換の意義を解明することが，第3部が目指す最も大きな課題である。またこの課題の解明は，90年代における，ポスト福祉国家およびポスト新保守主義に直面しての政治転換をいかに捉えるか，そしてその揺らぎの状況の下でいかなる新たな政治統合原理が可能かという，我々の最も現代的な課題に対しても，一定の寄与をなしうるものであると思われる。

　ここでは，イギリス労働党を素材として採り上げつつ，これらの課題を解明していくことにする。本書が「新しい政治」として念頭に置いている，80年代から90年代に至る先進諸国での政治転換の過程，つまり右派政党の転換（新保守主義化）-支配-敗北と左派政党の敗北-転換-復権という同時並行的な過程を，最も顕著な形でたどっているのがイギリスの政治であり労働党であると思われるからである。

　しかし，本論に入る前に，次のような前提的議論をしておきたい。筆者はこれまで，政治理論に焦点を定めつつ，理論レベルにおける「左翼の変容」について論じてきた（第1部・第2部）が，どのような文脈において，具体的な政党戦略についての分析に進むことが求められるのかという点である。左派理論の変容の検討との関連において，これから行おうとする現実分析はいかなる意義を持ったものであるのかという点について，以下で述べる。

(2) 政党戦略への注目の文脈

　第2部まで筆者は，「新しい政治」の状況に直面した左派における，新たな政治戦略の構成の契機を，主に理論レベルから取り出し検討してきた。それはまず，経済・階級中心性を相対化した，言説的ヘゲモニック・プロ

ジェクトの構成によって，多元化した社会的基盤に対して新たな共鳴を獲得するという，いわば政治戦略の「方法的理論」の転換の提唱に始まるものであった（第1部）。しかし，その方法的理論だけでは，新たなヘゲモニック・プロジェクトの構成は完結しない。なぜなら，いかなる言説や理念によってそのヘゲモニック・プロジェクトが構成されるのか，あるいはされているのかという議論が，そこには抜け落ちているからである。

そこで筆者が注目したものが，イギリス左派の理論家による諸理論であった。そこでは，上記の方法理論的転換が踏まえられていること，そしてその上で，新たに左派がそのヘゲモニック・プロジェクトに掲げるべき言説が構成されていることが示されたのであった。つまりそれは，「政治的領域の拡大」を掲げることで，一方で従来型の経済・階級中心的政治戦略の枠を取り払い，「新しい政治」に対応しようとするとともに，サッチャリズムに代表される新保守主義的プロジェクトに対抗する契機も見出そうとするものであったのである。ここに，主に理論（家）レベルにおいて，新たな左派のヘゲモニック・プロジェクトの言説が，構成され洗練されつつあることについて検討された（第2部）。

このように，ここまで筆者は，主に理論レベルに焦点を定めて議論を行ってきた。しかし，これらの変容は，理論レベルにおけるインパクトのみならず，現代政治に対しても一定のインパクトを与えているのではないか。別言すると，現代政治の揺らぎにおける左翼政党の復権という現実的変容に対して，左派理論の変容は，いかなる影響を与えているのであろうか。この問いに答えることは，筆者がこれまで検討してきた理論的変容が，現代政治の揺らぎの状況の下において持つ，インパクトと意義を解明することでもあり，またそのことは，現代的な揺らぎの政治状況の下で，いかなるオルタナティヴが実際の戦略として提起されているのかという課題に迫るものでもある。したがって，冒頭部にも掲げたこの課題をより鮮明に解明していくためには，これらの問いに，現代政治に即して答えていく必要がある。

しかし，この作業を行うためには，筆者がこれまで行ってきた理論状況に焦点を定めた研究では限界がある。この点について，左派理論が持つ問題点を明らかにしつつ，やや詳細に述べておきたい。

第2部で見たように，イギリス左派の諸言説が持つ主たる問題点は，それが目指しているところの，「政治的なるもの」の導入——「政治的領域の拡大」——という点から見て，パラドックスに陥る可能性が存在するという点にあった。この問題点が，彼らが国家や議会に対して与える評価に起因する点もそこで見たとおりである。しかし，彼らの国家や議会に対する評価は，上記のような論理内在的問題点に加え，左派の新たなヘゲモニック・プロジェクトの形成として彼らの議論を見た場合に生まれる問題点の原因ともなっている。それは，彼らが提起する言説・理念・諸制度はいかにして実現されるのか，という問題，つまりそれらの言説の実現への担い手は何に求められるのかについての視点を欠くという問題点である。

　イギリス左派の理論における一つの特徴は，それが市民社会への志向を強く持ちつつも，他方では国家の必要性を強く認識し，「国家の改革」と「市民社会の改革」を民主主義の二重の戦略として採用している点にあった。その理論において，国家は区分された公的権力として，普遍的な法システムの構築やシティズンシップの付与など，管理的な機能とともに市民社会の改革を促進する機能を担うべきものとされているのである。この機能は，国家の機能ではあるが，彼らの目指す「市民社会の政治化」のために必要な機能である。とするならば，いかにしてこのような役割を国家に担わせるか，という戦略的観点からの問題も考えなければ，これらの理論は，政治戦略の構成としては完結しない。

　この戦略的視点の欠如こそが，イギリス左派の抱える問題点の一つである。その原因は，これも既に指摘したことであるが，彼らの議論が，全体として直接民主主義的志向を強めたために，議会制に対して批判的であり，それと同時に政党についてもほとんど言及することがないという点に由来する。このことは，特に議会制に対して批判的であったハーストらには，そのまま当てはまる問題点である。内容として直接民主主義的傾向が強いとしても，どのようにこの改革を実現するかという点を考えた場合には，議会制や政党という媒介制度に焦点を定めて考察する必要があると言えよう。

　しかし他方で，キーンやヘルドらの，議会制のもつ積極的必要性を承認していた論者も，この批判を免れえないと思われる。例えばヘルドは，「議

会も競争型政党制も含めて，代議制型選挙制度は，こうした諸活動［直接民主主義型諸制度］に正統性を与え，これを調整するうえで不可避の構成要素である」(1)としつつ，その考察はそれ以上には進んでいない。代議制型諸制度が，いかにして「国家の改革」と「市民社会の改革」の担い手となりうるのかについては，言及されないままにとどまるのである。キーンが，ラクラウ／ムフの「根源的で複数的な民主主義」の構想に対して，それらがどのような目的で，誰によって，いかなる手段で行われるかについて明確ではないという批判を行っていることを第２部の「はじめに」で紹介したが，この批判はイギリス左派理論家にも当てはまる側面を持っていると言える。つまり，誰がどのようにその言説を戦略として構成するかという点が問題として残るのである。

　したがって左派理論家の諸議論は，その意味で，言説の構成であり，戦略の構成ではなかった。その議論は，目指すべき言説，そして担われるべき言説についての構成としては，大きなインパクトを持ちうる。しかし，「新しい政治」における左翼政治戦略の変容という課題を更に突き詰めていくためには，その理論を具体化し，またそのことによって政治統合を達成するという，戦略としての構成へといかに到達するかについての考察を行う必要があると考えられるのである。確かに，その言説が持つ直接民主主義的，あるいはラディカル・デモクラシー的な志向は，議会制や政党といったものと対立する側面もある。しかし，直接民主主義的問題提起やラディカル・デモクラシー的志向は，議会制や政党と切り離されて考えられるべきものではなく，したがってそれらが，政党戦略として鋳直される可能性は，あらかじめ閉じられるべきではない。また，それらの言説には「新しい政治」に対応した新たな政治的統合原理の可能性がはらまれていることもこれまで強調してきたが，何らかの統合の担い手によってその言説が採用されなければ，その言説による統合は達成されず，したがって政治統合原理としての可能性は閉じられてしまうことになる。それとともに，それらの理論が持つ，ポスト福祉国家的問題解決能力の存否も測りえないことになると思われるのである。それゆえ，これらの理論的変容の，現代政治状況に照らした有効性は，これらの理論に即した検討のみでは十分ではないのである。

この文脈から，現代政治上のチャンネルに注目して，「左翼の変容」を論ずる必要性が生じる。特に，これまで筆者が行ってきた理論的検討を，それが政党戦略としていかに構成されうるかという視点から，検討することが重要となろう。その理由は，第一に，いかに国家に上記のような役割を担わせていくか，という問題を考える場合には，「社会と国家を結ぶ橋」[(2)]としての政党機能に着目することが重要になるという点である。社会の側からの要請として抽出された「政治的領域の拡大」を，「国家の改革」の戦略として達成していくためには，架橋機能を持った政党の戦略としてそれらを考えていく必要がある。

　第二に，これらの言説が，多様性と差異の時代における新たな政治統合原理の可能性として提起されている点を考えるならば，その統合原理をもって統合を果たそうとする機関に注目することが必要となる。ここで重要となるのは，政党の統合機能である[(3)]。したがって，政治的統合原理としてその理論を更に具体化していくためには，統合機能を持った政党の戦略としてそれらを考えなければならない。

　以上のように，左派理論家の諸議論が抱える上記の限界性を突破するためには，それらの言説の政党戦略としての構成に焦点を定めて，検討を行う必要がある。そのことは，もしここまで検討してきた左派理論家の議論を，実際にその政治戦略の言説として構成している政党が存在しているのであれば，その政党の言説を分析し，いかにしてそれが政党戦略として実現されているかを検討することによっても達成される。なぜならその検討によって，左派の新しいヘゲモニック・プロジェクトの言説が，現実の政党戦略に具体化可能であること，そしてどのような形で政党の戦略として鋳直されているのかを示しうることになり，左派理論家の検討で生じた限界性が突破される可能性もそこから生まれるからである。またそのことは，左翼の変容の意義を中心として，ポスト福祉国家における政治戦略のオルタナティヴを探ろうとする本書の全体の課題を果たすためにも必要な作業であると言えよう。

　したがって，「新しい政治」における左派の変容という論点は，ここまで筆者が行ってきた理論的検討から現代政治的分析へ，特に政党戦略の分析へと向かわなければならない。そのため，第3部において，上記のような

課題を具体的に一つの政党を事例として検討し，これまでに行った理論的検討の結果が，実際の左派政党の新たな政党戦略の構成との間でどのような関係にあるのか，どのように実現されているのかについて考えていきたい。したがって第3部においては，これまでの議論と呼応する側面を取り出しつつ，ポスト福祉国家における左翼政党の言説的ヘゲモニック・プロジェクトの構成の試みを，イギリス労働党を事例として描き出していくことが直接の課題となる。

しかし一方で，第3部の課題は，単に理論的「左翼の変容」と現実的「左翼の変容」の共通点を探ることに終わるのではない。重要なことは，理論の変容と労働党の変容との共通点を探りつつ，その変容が現代政治の揺らぎの状況下において，どのような意義を持っているのか——そしてその意義を探ることは，現在の左派政党の復権の理由，および，90年代を中心とした現代政治を分析することにも繋がる——という問題である。したがって，第3部では，イギリスの政治空間の変容をとらえつつ，その中に労働党の転換を位置づけることによって，そこにおける「左翼の変容」が，現代政治の中で持つ意義を解明していくことになる。それによって，理論的変容との接点を検討していくことは，理論的変容も含めた「左翼の変容」が，現代の政治空間へ与えたインパクトを探ることになるであろう。まさに，労働党を検討することによってはじめて，これまで見てきた理論的変容の，現実政治上の意義もまた明確になるのである。より具体的に言えば，第2部までで見た左翼の理論的変容の一つの軸であった，「政治的なるもの」の再生や「政治的領域の拡大」といった抽象的概念が，90年代における労働党のヘゲモニック・プロジェクトの構成の中で具体化され，それが，政党戦略をフィルターとして，ポスト福祉国家およびポスト・サッチャリズムとしての新たな左派アイデンティティの構成へと結びついている点を示すこと，これこそが第3部の課題となる。そのことは，単に「左翼の変容」を描き出すのみならず，ポスト福祉国家の政治的揺らぎの状況の下で，いかなる新たな政治的統合原理が可能か，更にその登場によって，90年代から21世紀にかけての政治空間はどのように変容しているのかという，冒頭で述べた課題に対して，一定の意義ある答えを出していくことにも繋がっていくであろう。

以上のように，イギリスを中心として，ポスト福祉国家における左翼政党の変容を中心とした政治転換の像を描き出すことが，第3部の課題となるのであり，そのことは，上記のような先進諸国に共通した現代政治一般の問題状況を踏まえつつ，90年代から21世紀へ向けてのイギリス政治を読み解くという作業ともなるのである。

　以下では次の順序で著述を進める。まず第7章では，具体的なニュー・レイバーのヘゲモニック・プロジェクトの分析に入る前に，イギリスの戦後政治について整理することによって，ニュー・レイバー登場の文脈とそれが抱えた課題という点から，論点を整理しておきたい。ここで特に問題となることは，ニュー・レイバーがその転換の課題とした，従来型戦略の性質とその限界はいかなるものであったのか，という点である。

　そのような文脈を踏まえつつ，第8章では，ニュー・レイバーにおける，経済・階級中心性からの脱却と，新たな言説的ヘゲモニック・プロジェクトへの転回をとらえる。ここで，ニュー・レイバーの方法的転換を示したい。それは，「社会主義」理念をめぐる言説戦略的過程と，その現実化としての綱領四条改訂を素材として進められることになろう。

　第9章では，その方法的転換を踏まえた上で，ニュー・レイバーのより具体的な政策提言の分析へと入っていく。コミュニティや分権といった政策提言と，第2部で扱った言説との関係を取り出しつつ，「政治的領域の拡大」が政党戦略の言説として，そしてポスト福祉国家の構築の試みとしてどのように具体化されているのかを見ていくことになろう。そのことを通じて，ニュー・レイバーと，旧来型左翼やサッチャリズムとの違いを明らかにし，その新たな左派的アイデンティティの構成を描き出していきたい。

　そして結びでは，ここで行ったニュー・レイバー分析の結論として，その改革の位相をまずとらえ，左派理論の変容との連関を整理しつつ，イギリスで生じた「左翼の転換」の意義について述べておきたい。

　（1）　D. Held, *Models of Democracy*, 2nd. ed., Polity Press, 1996, p. 314(中谷義和訳『民主制の諸類型』，御茶の水書房，1998年，398頁).
　（2）　E. Barker, *Reflections on Government*, Oxford University Press, 1958, p.

39. 岡沢憲芙『政党』，東京大学出版会，1988年，11頁，白鳥令「政党の研究と現代政党の問題点」白鳥令・砂田一郎編『現代政党の理論』，東海大学出版会，1996年。
（3） 白鳥，前掲論文，408頁。

第7章　転換の文脈
——イギリスの戦後政治と労働党の政治戦略

　本章では，具体的にニュー・レイバーを検討する前段階として，主に第二次大戦後のイギリス政治の流れを整理することにより，ニュー・レイバー登場への文脈を追っていくことにしたい。そのことにより，どのような課題を背負いつつ労働党は転換へと追い込まれていったのか，という視点から，労働党の転換を見る際の論点をあらかじめ洗い出しておくことが，本章の目的である。より具体的には，労働党が戦後体制を形成・維持してきた従来型戦略はどのようなものであったのか，そしてそれが抱えた限界は何であったのか，更にはサッチャリズム的戦略が持った意義や克服されるべき問題点とは何であったのか，といったことが論点となるであろう。これらの論点を明確にしておくことは，戦後イギリス政治の流れという大きな文脈の上で労働党の転換をとらえることにより，それが現代政治の行き詰まりに対してどのようなオルタナティヴを提起しており，その意義や有効性はどの点にあるのかという，政治学上の課題としてそれらのインパクトを明らかにするために，不可欠の作業となる。またそのことは，第2部まで本書が取り上げてきた左派理論の変容が持った意義を，現実政治上に照らして明確にするという課題についても，より有効な視点を提供するであろう。

　本章は次の構成となる。まず第1節においては，1940年代から60年代にかけての，イギリス戦後体制の形成期と安定期に焦点を当てる。その中で，イギリスの戦後体制において採られてきた政治戦略の性質について明らかにする。第2節では，70年代から80年代にかけての，戦後体制の危機とそ

れを突破しうる新たな政治戦略の模索の時代に焦点を当てる。ここでは，戦後体制の危機に直面した，従来型政治戦略の限界について検討し，また新たな戦略の模索の中で，サッチャリズム的戦略が持ったインパクトは何であったのか，逆に労働党の戦略はなぜ失敗し続けたのか，といった論点に迫る。そして第3節では，90年代のイギリスの現実政治を採り上げる。ここでは主に，ニュー・レイバーについての研究潮流を整理しつつ，ニュー・レイバーを見る際の論点を，第1節や第2節での議論も踏まえながら，明確にしていく。

第1節　コンセンサス政治と労働党の戦略的枠組

　イギリスの戦後体制が，労働党と保守党との間での福祉国家的な「コンセンサス政治」として，構成されていたことについては，第1部で既に述べた。そのコンセンサスを生んだ政策パッケージの内容について敷衍しておけば，以下の五点が挙げられる。

　①経済政策の目標としての完全雇用
　②労働組合の受容および，組合員の増加と完全雇用によるその状態の強化
　③基本的で独占的な公共的サービスや産業の公的所有
　④社会福祉の国家的供給
　⑤大規模な公的セクターと市場の調整を通じた，政府の積極的な役割[1]

　これらの政策的内容を持った「コンセンサス政治」は，一口で言えば福祉国家的な大衆統合様式であった。つまり，国家を媒介として，階級中心的な構図の中で経済的再分配を施すことによって，支持を調達するという戦略的メカニズムがそこでは働いている。ベヴァリッジ報告という形で具体化された，「社会経済的平等」の理念が下支えとなり正統性を獲得してきたため，この戦略が機能し可能となったのである。イギリス政治研究者である梅川によれば，このようなコンセンサス政治は，保守党の側でのトーリー主義的人道主義やコレクティヴィズム的伝統，労働党の側における労働組合主義や経済的平等への伝統が存在したために，促進されたという[2]。

第7章　転換の文脈——イギリスの戦後政治と労働党の政治戦略　195

表4　戦後イギリスの歴代内閣

組閣日	首相	政党
1945年7月26日	アトリー	労働党
1951年10月26日	チャーチル	保守党
1955年4月6日	イーデン	保守党
1957年1月10日	マクミラン	保守党
1963年10月18日	ダグラス-ヒューム	保守党
1964年10月16日	ウィルソン	労働党
1970年6月19日	ヒース	保守党
1974年3月4日	ウィルソン	労働党
1976年4月5日	キャラハン	労働党
1979年5月4日	サッチャー	保守党
1990年11月28日	メイジャー	保守党
1997年5月2日	ブレア	労働党

表5　戦後の労働党党首

1935-55	アトリー
1955-63	ゲイツケル
1963-76	ウィルソン
1976-80	キャラハン
1980-83	フット
1983-92	キノック
1992-94	スミス
1994-	ブレア

出所：毛利健三編著『現代イギリス社会政策史』ミネルヴァ書房，1999年，5頁

したがって，「社会経済的平等」の理念の下に，経済・階級・国家中心的戦略をもって大衆統合を達成しようとする，福祉国家的コンセンサス政治は，戦後イギリスにおいて，一定の受け入れられる下地を持っており，また実際にそれは成功し安定性を確保したのである。

それゆえ，戦後における労働党の政治戦略も，多くの党内対立を抱えたり，若干方法的には変容を伴いつつも，基本的にはこの福祉国家的戦略の枠組に沿った形で行われていくことになる。以下では，コンセンサス政治期の労働党の（および必要な限りで保守党の）戦略的変遷を，より具体的に見ていくことにしよう（表4，5）。

イギリスにおいて，福祉国家的なコンセンサスに基づく戦後体制を形成したものは，1945年に始まるアトリーの労働党政権であると広く一般に言われている。アトリー政府は，再分配メカニズムの構造的革新を行い，福祉国家的メカニズムを形成したのである。A．ワーデは，アトリーが行った再分配メカニズムの革新とその効果について次のように述べている。

「報酬の再分配は，社会的給付の，包括的で潜在的には一貫したシステムの導入によって更に変容した。福祉諸改革は，平等な機会，ミニマムの保証，普遍的給付の種々の要素を含む諸原理に基づき，市場経済によって生み出される危険のいくらかを排除し，イギリスにおける

従属階級のライフ・チャンスを改良した。(4)」

　より具体的には，社会保障という形での経済的再分配の充実が，この革新の軸をなすものであった。この再分配は，住宅，教育，社会福祉といった諸領域において特に発展し，所得再分配メカニズムとして貧困層の生活状況を改める効果を持ったのである。(5)家族手当法（1945年），国民保険法（1946年），国民扶助法（1948年），NHS法（1946年），住宅法，家賃統制法（1946・49年），小住居取得法（1949年）など，福祉国家の基礎をなす多くの立法が，アトリー期になされたことや，図6に示されているように，アトリー政府下の1945年から1951年の間に，イギリスは他の諸国と比較して

図6　西欧における社会保障適用範囲の拡大

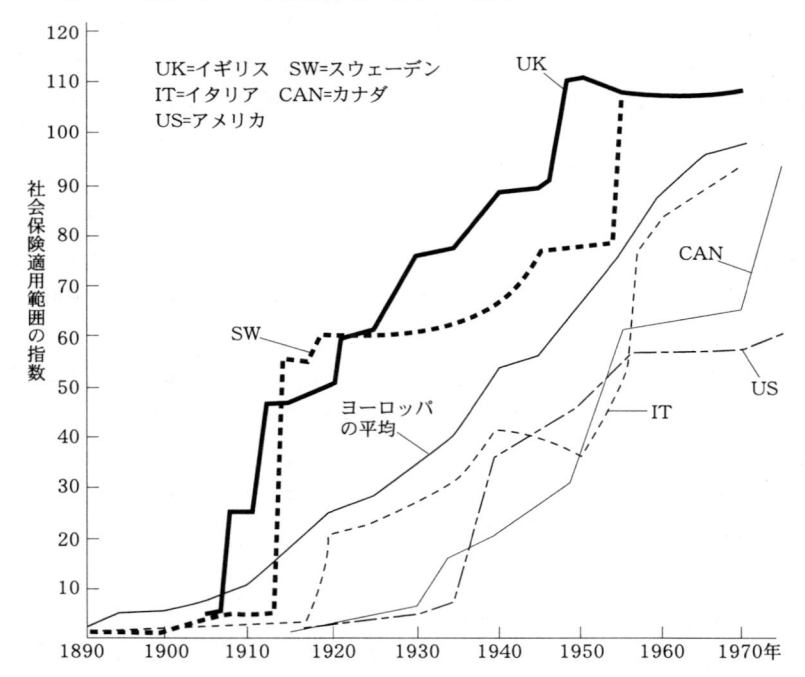

出所：C. Pierson, *Beyond the Welfare State?* The Pennsylvania State University Press, 1991, p.126（田中浩他訳『曲り角にきた福祉国家』未来社，1996年，240頁）．

も抜きん出て、社会保険適用範囲が拡大していることもこのことを裏付けていると言えよう。

　また、このメカニズムの媒介が国家であることからわかるように、アトリーは、国家を媒介としてその役割を増大することによって、再分配メカニズムを革新し、労働者層の統合を通じて大衆統合を図っていったということが言える。国家の役割の増大は、電気、ガス、石炭、航空といった主要産業の国有化や、完全雇用、経済計画、需要管理といった経済政策上の国家的管理が、アトリー期における重要な革新の一部であった点からも明確であり、またGNPに占める公共支出の割合も、着実に伸びていった。イギリスの公共支出は、1950年代の保守党政権期を除いては、ほぼ上昇傾向にあり、1933年にはGNP比で30％程度だったが、1968年には60％にまで伸びたのである。[7]

　このように、アトリー政権期において、後のイギリスのコンセンサス政治の基盤となる福祉国家的ヘゲモニック・プロジェクトは構成されたのであるが、ワーデによればそれは二つの特徴を持つという。第一には、このプロジェクトは、「一貫した社会哲学、ヘゲモニー的定式に基づいていた」という点であり、その哲学を「平等な社会的権利」に求めることによって、正統性を確保したのである。[8] 第二には、その哲学を実践する主体として正統性を得たために可能となった、国家の役割の大きさであった。どのような役割が国家に与えられたかについては、上でも既に述べた。この整理からも、アトリー政権期の福祉国家的ヘゲモニック・プロジェクトが、「社会経済的平等」の理念の下に、国家の役割を増大させつつ、階級中心的に大衆を統合するという性格をもって構成されたことが、示されていると言えよう。しかし一方で、ネガティヴにとらえれば、後に福祉国家的プロジェクトの問題点として提起される、経済・階級・国家中心性といったモメントは、この時期から既にそのプロジェクトの中に内在的に組み込まれていたことを示しているとも言えるのである。ただし、これらが問題点として顕在化するのはもっと後のことであり、アトリー政権期において構成されたこのヘゲモニック・プロジェクトは、以後20数年のイギリス政治を安定化させうる戦略となった。

　さて、この福祉国家的プロジェクトは、保守党においても受容され、51

年選挙で，これらの政策を掲げた保守党が勝利することによって，コンセンサス化する。保守党による福祉国家的プロジェクトの受容について，カヴァナーは次のように言う。

> 「1946年にバトラーは，『国家がコミュニティの利害の管財人として行為するようなシステムに同意した，再分配的な課税の受け入れと，レッセ・フェール経済の放棄』を必要とした(9)。」

保守党は1951・55・59年と三度続けて選挙に勝利するわけであるが，その際には「労働党における1945〜50年の，国有化，NHS，福祉国家，労働組合の調停のプログラムの全てを，実質的には受け入れていた(10)」とされる。実際，保守党政権下にあった1951年から1964年までの間にも，社会政策費は年平均4.2％の割合で伸びていったのである(11)。保守党による福祉国家的プロジェクトの受け入れは，この時期におけるその戦略の有効性を示しているものと言え，イギリス戦後体制は福祉国家システムへのコンセンサスの下に形成されたのである。このコンセンサスの下では，保守党と労働党の戦略はほぼ同じ枠組の中で構成されており，争点は例えば国有化の程度などをめぐって形成されたにすぎなかった(12)。

しかし，保守党による福祉国家的戦略の受容の結果としてのコンセンサス化は，政策の違いが打ち出しにくいために，野党である労働党にとっては不利な状況でもあった。なぜなら，政策的な違いがそれほどないため，選挙での勝敗においては，その政策の実行能力・統治能力が鍵を握ることとなり，統治与党として安定した戦後体制を築いていた保守党に比べて，この点で労働党はアピール度を欠いたからである(13)。その中にあって，50年代後半から60年代にかけて，様々な戦略的試行錯誤が労働党内では行われるが，基本的な戦略的枠組は不変なまま保たれていた。

具体的に見よう。1950年代後半においては，ゲイツケルによる新たな戦略的試みが行われた。このゲイツケルの試みの理論的背景にはクロスランドの思想があったと言われる(14)。カヴァナーは，クロスランドの思想の要点を次のようにまとめている。

「国有化されている諸産業はそのままであるべきだが,公的所有はもはや重要ではない。現代の社会主義は,公共サービスの改善のための国家支出のプログラムや,累進的な所得税,そして所得における非稼得的な差異を縮小する処置を通じて,より大きな社会的・経済的平等を達成しようとすべきではない。より貧困な層のための,より大きな平等と再分配が,コンフリクトなく達成されるためには,経済成長とより大きな経済的パイが重要である。」[15]

このようなクロスランドの思想の影響を受けたゲイツケルの戦略は,リヴィジョニズム(カヴァナー)や社会改良主義(ワーデ)と呼ばれているが,これまでの労働党戦略と比べてもいくつかの新しい要素を持っていた。例えばその一つとして,市場の存在をより是認し,偏りのある再分配制度(例えば所得税の累進制の強化)を避け,経済成長とその結果のパイの増大によって,全体として生活水準を向上させることを目指したという点が挙げられる。具体的には,上の引用にもあるとおり,国有化戦略の放棄などが掲げられていたのである。

この戦略は,50年代における経済成長と,福祉国家的戦略の一定の成功とによって,中間層が登場し,労働者層が縮小し始めていたことへの対応であった。この社会的状況の変化は労働党をある種のジレンマに追い込むことになった。つまり一方で,従来的な形で,再分配的な要素を高め貧困層を中心とした労働者層の支持を獲得しようとすれば,自らの所得が再分配されてしまうことに不満を持つ中間層の支持を掘り崩すことになり多数派を形成できない。しかし他方で,中間層に好意的な政策をとったとしても,依然として貧困層を中心とした労働者は中心的な支持母体であったため,それらの支持を掘り崩してしまえばやはり多数派を獲得することができない[16]。このジレンマの中で,従来の再分配的な手法を維持しつつも,その色を薄め,経済成長によるパイの増大を通じて,労働者の支持を掘り崩すことなく,中間層も引きつけようとする方法を採ったのである。この手直しの中で,福祉国家戦略は経済成長により依存する傾向を持つことになる。

しかしながら,この戦略は成功しなかった。最も大きな要因は,党内対

立の激化であった。社会主義を標榜する党内左派は，ゲイツケルの戦略を是認できず，その存在はより大きな党内対立を招いた[17]。リヴィジョニズムは，労働党の主流とはなりえたが，戦略として徹底化されることはなかったのである[18]。綱領四条改訂の失敗は，このことを示す顕著な例であると言えよう。

さて，ゲイツケルの試みは，いくつかの新しい要素を含むものの，基本的には従来の福祉国家的な戦略の枠組に収まるものであったと言えよう。国有化政策にストップをかけようとしたとはいえ，基本的には経済成長で生じたパイを再分配することによって階級中心的な統合を目指すという点は，維持されていたからである。ワーデは，ゲイツケルの戦略における新しい試みの存在を認めつつも，それは福祉国家の正統化に寄与するものであったとして次のように言う。

「保守党政策の細かい点については批判的であり，また1960年代までには福祉国家における具体的な諸欠点に気付いてはいたが，社会改良主義は，戦後和解の本質的な要素を全て支持し，正統化した[19]。」

中間層の登場を中心とした労働者内における分断化と多元化，それに伴う労働者統合をめぐるジレンマといった，後に福祉国家戦略の限界として大きな問題となる，いくつかのほころびが生じつつはあったが，この時期において福祉国家的政治戦略は，依然として有効性をもったものとして維持され続けたのである。

60年代に入り，ウィルソンが党首になると，党内左派の巻き返しもあり今度は国家主義的な色彩の濃い戦略が試みられることになる。A．ソープは，ウィルソンの戦略の最も大きな特徴を「テクノクラート化」に求めており[20]，ワーデはその戦略を「テクノクラート・コレクティヴィズム」と名づけている[21]。彼によれば，この「テクノクラート・コレクティヴィズム」は，「科学やテクノロジーの革命の理念」を「原理的モチーフ」とした，「民主主義的決定を犠牲にして，専門家のディレクションを強調するような，多元主義的政治のテクノロジー的観念」であるとされる[22]。

つまり，経済成長のためにはテクノロジー的な現代化が必要であるとい

う点を発端として，専門家・テクノクラート層による政治の「行政」化が，ウィルソンの戦略においては中心を占めたのである。それは，経済の計画化や政治の計画化に至るまで，民主主義的な市民参加によって政策を決定していくというよりも，エリートによって最善の政策が計画されうるという「専門家ディリジズムの哲学」[23]を背景としていた。

このテクノクラート・コレクティヴィズムは，その非民主主義性や国家中心性への引き戻しのために，ゲイツケルのリヴィジョニズムとの間に断絶性を指摘されもするが[24]，しかし基本的には，福祉国家的戦略の範疇に含みうるという点で，連続性を持つものであった。例えば，そのテクノロジーへの信仰は，リヴィジョニズムにおいて強調された経済成長の不可欠性から生じたものであるし，その経済成長の成果を，国家を媒介として再分配することによって支持調達を目指すという論理も，不変のまま維持されていたのである[25]。

しかしその中においても，ウィルソンの戦略は，より国家中心性を際立たせたものであったと言えよう。統計的に見ても，図7からわかるように，1964年から70年までのウィルソン政権期において，GDP比における公共支出の割合は，イギリスにおける他の時期や，同時期における他の諸国と比較しても，大きな増加を示している。

また，テクノクラート・コレクティヴィズムは，エリート中心的に国家官僚制によって様々な問題への対処を行おうとするものであったため，官僚制の肥大化という形でも，その国家中心性と肥大化を示すことになった。例えば，公務員の数の変化を示した図8によれば，1964年から70年に至るウィルソン期において，公務員の数は，他の時期と比較してもかなりの程度増加していることがわかる。

したがって，ウィルソンの戦略は，戦後体制のコンセンサス政治を保つ，福祉国家的発想の枠に収まるものであり，その国家中心性が，テクノクラート・コレクティヴィズムという形で，顕在化してきたものであると言える。

労働党が1964年の総選挙で勝利し，その後も政権を維持しえたことからもわかるように，これらの戦略は一方では成功をもたらした。しかし他方では，このウィルソン期に至って，後に福祉国家の負の部分として批判さ

図7 1960-1980年の公共支出の対GDP比（イギリス，西ドイツ，アメリカ）

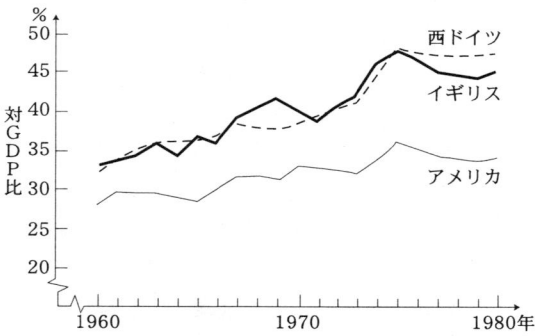

出所：G. Thompson, "Economic Intervention in the Post-war Economy", in G. Mclennan et al.(eds.), *State and Society in Contemporary Britain*, Polity Press, 1984, p. 79.

図8 1961-1981年の雇用に占める公務員比率

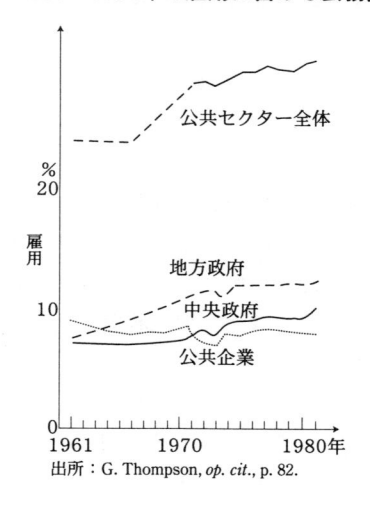

出所：G. Thompson, *op. cit.*, p. 82.

れ，克服されるべき限界として指摘される問題点も徐々に顕在化してきていることがわかる。上の記述からも明らかなとおり，そのテクノクラート性や政治の「行政」化，専門家ディリジズムといった側面は，福祉国家に

内包される国家中心性の負の部分を際立たせ，政治を市民の手から遠ざけるという効果を持っていた。ワーデは，テクノクラート・コレクティヴィズムにおいて顕在化しつつある問題点について次のように述べている。

「政治的領域が実質的な実践理性の代償の上に技術的理性によって支配されるようになるとき，つまり，政治が目的よりむしろ手段についての議論となるとき，政治は，集合的民主的コントロールの領域から，純粋な技術的決定作成の領域へと逃避する。価値の問題や善い社会の性質は，政治の外部で定義されることになる。」[26]

したがってテクノクラート・コレクティヴィズムにおいては，「政治は諸価値の競合であるという理念」は放棄された，と彼は続ける[27]。この議論は，筆者が第2部で触れた，ウォーリンの福祉国家批判と同義のものである。ウォーリンが，福祉国家を，価値や理念の醸成を見失った「政治」の論理として批判していることについては先に見たが，テクノクラート・コレクティヴィズムはまさにこの「政治」のシステムの一つであったと言える。このように，ウィルソン期において後に福祉国家の根本的問題点として指摘されるような側面が徐々に顔を出し始めるのである。福祉国家的戦略の有効性の維持のために，労働党は国家への依存を高め，そのことは，その戦略に元々含まれていた国家中心性の側面を，際立たせていく。

またここに至り，福祉国家的戦略の，大衆統合原理としての有効性も徐々に掘り崩され始めていた。労働者内の分断状況は依然として進み，伝統的基盤の衰えは労働党を悩ませていたし，また階級カテゴリーに入らない争点の発生も，階級中心的な福祉国家統合の限界を暗示し始めていた[28]。例えば，スコットランドやウェールズの分権化への要請，人種や移民，ジェンダーによる平等や承認の要求，若者らによる新しい争点の提起といった形で，社会的基盤，つまり受け手の側の多元性は高まりつつあり，それらのイシューやアクターの重要性が，政治的舞台において高まってきていた。この事実は，福祉国家的・テクノクラート的な経済中心性や画一性に対して，重要な疑問を投げかけていたが，それらに対してウィルソンはなんらの対応も行いえなかったのである[29]。

以上のように，戦後に構成され，コンセンサス政治を成り立たせてきた福祉国家的政治戦略は，イギリスの戦後政治における安定的政治統合を達成する一方で，徐々にその硬直性と問題性を顕在化させ，統合能力の限界を露呈させ始めていた。70年代に入り，その限界は「福祉国家の危機」という形で，一気に表面化することになる。

第2節　福祉国家の危機・サッチャリズム・労働党の模索

70年代に入ると，オイル・ショック等を契機として，いわゆる「福祉国家の危機」という状況が，先進各国共通の問題として顕在化する。イギリスでもそれは例外ではなかったが，この国においては特に前節で提起した五つのコンセンサス領域の行き詰まりという形でそれは生じたと言える。本節では，この状況における従来型政治戦略の限界の露呈と，転換への模索の過程について述べていくが，どのような危機状況が訪れつつあったのかについて，まず簡単に概観しておこう。

まず，スタグフレーションに象徴されるように，経済成長の停滞が訪れたことは，これまで安定的な統合を達成してきた福祉国家戦略の有効性を掘り崩す効果を持っていた。なぜなら，福祉国家戦略は経済的な「パイ」の再分配による統合様式であったため，経済成長による「パイ」の増大はこの戦略の有効性を高める一つの重要な要素であったからである。特にゲイツケル以後の労働党の戦略は，ウィルソンも含め前述のように経済成長に依存するものとして構成されていたため，経済成長の鈍化という現実は，その戦略の有効性を揺るがせる大きなインパクトを持っていた。

また同時に，労働者中心的統合の限界もまた見え始めていた。経済成長の停滞により，再分配のパイを増加・維持させることが困難になったのみならず，コンセンサス政治の一つの重要な領域であった完全雇用政策の維

表6　主要政党の得票率（1964 - 97）

	1964	66	70	74(2)	74(10)	79	83	87	92	97
保守党	43.4	41.9	46.4	37.9	35.8	43.9	42.4	42.3	41.9	31.4
労働党	44.1	48.0	43.1	37.2	39.2	36.9	27.6	30.8	34.4	44.4
二党合計	87.5	89.9	89.5	75.1	75.0	80.8	69.7	73.1	76.3	75.8
政権党	労働党	労働党	保守党	労働党	労働党	保守党	保守党	保守党	保守党	労働党

出所：梅川正美『イギリス政治の構造』，成文堂，1998年，204頁。

持も困難となり,他方で,タブーとされた所得政策へ踏み切らざるをえない状況を生みだしていた。また,アイデンティティの多元化や中間層の登場といった社会基盤の変容によって,労働者統合がそのままストレートには大衆統合に繋がらないという状況も進行していた。

さらに,ウィルソンのテクノクラート・コレクティヴィズムに象徴される,国家中心性,行政機構の肥大化が徐々に進行し,そのことへの様々な批判も高まりつつあって,総じて福祉国家戦略は大衆統合原理としての有効性を掘り崩されていたのである。表6に見られるように,イギリスにおいては,70年代以降,一部例外はあるが,保守党と労働党の二党合計の得票率が極端に落ち込んでいった。このことは,この時期以降,この二党によるコンセンサス政治の統合力が,弱まっていったことを示していると言えよう。

この揺らぎの状況の下で,労働党・保守党ともに,戦略の有効性を取り戻すことが,その最大の課題となった。そのことは,福祉国家的戦略からの転換を提唱する者と,従来の戦略の手直しで乗り切ろうとする者の二潮流を,それぞれの党内において生んだ。労働党においては,福祉国家的戦略の手直しで乗り切ろうとする潮流と,福祉国家の限界に際して,社会主義的な戦略へ転換することが必要だとする潮流とが,存在した。また保守党においては,福祉国家の危機をケインズやベヴァリッジの失敗としてとらえ,まさに「社会経済的平等」に替わる理念の必要性を説く,規範レベルでの変容圧力が高まる一方で,従来型戦略の維持の勢力も依然として強かった。このように70年代の危機を契機として,労働党と保守党の両者において転換への要請が高まり,従来型の戦略にとどまるかあるいはそれを突破した新たな戦略を打ち立てるかの選択に,両党とも迫られたのである。

以下では,この従来型戦略の統合能力の衰退と,それに伴う転換への模索の過程について具体的に見ていきたい。

まず保守党においては,福祉国家的戦略に対して不満を持つ保守派は早い段階から存在していたが,福祉国家の問題性が徐々に露呈する中で,その勢力は拡大していった。それらは,福祉国家の問題性をケインズやベヴァリッジの失敗ととらえ,まさに福祉国家を支えた「社会経済的平等」に対して,規範レベルでの変容圧力を加えるものであった。

その規範レベルでの変容圧力の担い手として、最も有名なのは、パウエルやジョウジフを中心とした新保守主義の系譜であった。彼らは、「経済的チャレンジ」と「政治道徳的チャレンジ」の結合、自由の復権、所有者的個人、法と秩序といった点を強調し、まさに福祉国家的手法を理念レベルにおいて批判した[30]。それらの理念はサッチャーへと受け継がれていったのである。

カヴァナーは、保守党におけるコンセンサスへの攻撃はまず理念的なレベルから始まったとする。彼が重視するのは、様々な保守派のシンク・タンクの存在である。経済問題研究所 The Institute of Economic Affairs や、アダム・スミス研究所 The Adam Smith Institute、政策研究センター The Centre for Policy Studies といったシンク・タンクは、ハイエクやフリードマンといった、新保守主義・新自由主義の思想家・経済学者の理念を、具体的な政策提言へと結びつけ、サッチャーの登場の基盤を作り上げていた[31]。これらは、ハイエクの思想に代表されるように、国家（政府）の役割の限定や反労組の志向を持っており、そのため、これまでの戦略的手直しが福祉国家的戦略の前提を受け入れた枠内のものであったのに対し、従来の福祉国家的戦略の思想的基盤・前提自体を覆す可能性を持つという点で、重要な意味を持つ勢力であったと言える。

しかし、この理念・規範的変容は、後の転換に向けた下地を作り、確実に影響力を増してはいたが、福祉国家の危機を迎えての保守党の戦略的転換にすぐに結びついたわけではない。70年代初頭に、保守党のヒースは、上記のような新保守主義的政策を、一旦は組み入れた。例えば、国営企業の民営化や、スト権の制限などを盛り込んだ1971年の「労使関係法案」の提出などはそれにあたる。しかし、それらの政策は挫折し、「ヒースのUターン」という形で、従来型戦略へと回帰することとなったのである。ロールスロイスの国有化などはこのことを示していた。民営化による失業者の増加や、労働者の反発の激化、インフレの進行などの経済的危機の要因もあったが[32]、新保守主義的理念が、ヒースの中でもまた保守党の主流としても、未だ根づいていなかったことも、「Uターン」を招いた大きな要因であったと言えよう[33]。

したがってヒース政権は、ギャンブルが言うように、「『サッチャー派』

第7章 転換の文脈——イギリスの戦後政治と労働党の政治戦略 207

の基本方針を導入する最初の試みであると共に，1960年代の介入主義的近代化計画の最後の局面」として評価される。それは，後のサッチャー政権に繋がる新保守主義的志向を持ちつつも，「Uターン」の結果，結局は従来型の福祉国家戦略によって危機を打開しようとしたものであった。しかし，この戦略も大衆統合としては失敗し，ヒース保守党は1974年の選挙で敗れる。その結果，保守党内においては国有化や労組との協調，ケインズ主義を含む従来型福祉国家戦略の限界が決定的に認識され，以後そのオルタナティヴとして，新保守主義的理念が保守党内での勢力を強め，主流となっていくのである。ヒース政権は，保守党における福祉国家的戦略の最終地点であり，同時にサッチャリズム登場への礎を作った，一つの過渡期の政権でもあったと言えよう。

　労働党も同様の状況下にあった。労働党においては，一方で，社会主義的戦略（国有化の徹底など）への転換を目指す党内左派の圧力を強く受け，その影響が残ってはいたが，実際にはその見直しは，従来型戦略の手直しにとどまった。70年代において労働党が採った戦略は，「社会契約」と呼ばれるものであったが，その内容は三者協議制と呼ばれるコーポラティズム戦略である。具体的には，国家・資本・労働の三者の協議によって政策決定が図られていくというシステムであった。それは，コンセンサスが崩壊しつつある中での，コンフリクト調整のオルタナティヴ的な手段としての役割を担っており，新たな政治的調整様式の試みの一つと言える。主には，「協調」のスローガンの下，労組指導部を国家の中央行政エージェンシーに統合しコンセンサスを回復することによって，統合が緩みつつある労働者層を再統合し，大衆統合を達成しようとする論理である。したがってこの戦略は，低成長下で以前のような再分配のパイが期待できないため，調整役としての国家の介入によって，労働側の合意を取りつけるという点で，政治統合に際して国家がやはり大きな役割を期待されるという性格を持っていた。

　また，この時期の戦略においては，三者協議制というシステムを採ることによって，国家が労働のみならず資本の側に対しても介入を図ることも目的とされていた。この戦略は，市場経済の計画化を目指す党内左派勢力の圧力との間の妥協策であったが，国営化という手段をとることなく，民

間企業の活動をコントロールし，行政による計画的な経済・産業運営を可能とするという目的を持っていたのである(37)。したがって，ワーデが，この戦略を「テクノクラティック・コレクティヴィズムの縮小的バージョン(38)」と表現したことにも示されているように，国家が直接の管理者となる国有化を断念しつつも，調整者としての役割に自らの機能を縮小させることによって，なお，経済運営における国家の中心的な役割を維持しようとした戦略に他ならない。それゆえこの戦略においても，これまでの福祉国家的戦略と同様，国家中心性という性格が維持されようとしていたと言えるのであり，その従来型戦略の手直しという側面が示されているのである。

したがってこの戦略もまた，労働者中心的な統合，国家を媒介とした調整といった意味で福祉国家的戦略のカテゴリーに収まるものであり，ここに見られたことは，根本的な戦略転換ではなかったと言えよう。それは，低成長下で以前のように再分配のパイが十分に増えない状況において，三者協議制というシステムをとることによって，労働を体制内化させ譲歩を引き出しつつ，これまでの経済・階級中心的統合の軸となってきたコンセンサス政治を維持・修復しようとする点で，従来の戦略の手直しと言えるものであった。

しかし，このコーポラティズム戦略は，次の矛盾を抱えたために，その効果は安定期の福祉国家的戦略にはほど遠く，結局は破綻を迎えることになる。コーポラティズム戦略は，労働者層を三者協議制の中に取り込み，体制内化させることによって，労働者を統合し，大衆統合を達成しようとするものであったが，イギリスにおいてはこの目的は達せられなかった。当時のインフレを抑えるために，福祉国家的戦略においてはタブーとされていた所得政策を，労働側に受け入れさせるなど，コーポラティズムは結局のところ，労働者層を抑えつける道具として機能したため，労働者階級内での対立を惹起しつつ，下層を中心として労働者の不満を高めることとなったのである。特に1976年のポンド危機以降はその傾向を強め，それは1978年から79年にかけての「不満の冬」に結びついていく。

したがって，この時期の労働党戦略は，労働者の統合という点では失敗し，政治統合原理としての機能を果たしえなかった。そればかりでなく，「不満の冬」の結果，大衆の側において労働組合および労働組合を制御でき

ない政府に対して不信感が高まり、労働者統合が大衆統合には結びつかない、そればかりか相反してしまうという状況へと至ったのである。また、コーポラティズムはその性質上、政治的センターを議会アリーナの外部へ移動させるため、労働者以外の社会的基盤に対して遮断的となる傾向を持つ。このことは、60年代以来多元化が進みつつあった社会的基盤に対処するという点においては逆効果であり、このことも、この戦略による統合の限界を顕在化させることになったのである。

ここに至って、従来型戦略の限界は決定的となりつつあった。戦後の安定期から潜在的には存在していたが、手直しの過程で徐々に顕在化してきたいくつかの問題は、もはや福祉国家的戦略の有効性を完全に掘り崩していたのである。ここで、これまでの議論で明らかになった福祉国家戦略の限界を整理しておこう。

限界の第一の点は、以下の通りである。福祉国家的戦略は、経済成長による「パイ」の増大分を、リソースとして分配することにより統合を果たすという、経済中心的な統合原理であった。したがって、その戦略がより効果的となるためには、その「パイ」を生み出す経済成長が重要な要素の一つとされる。このことは、前述したように、ゲイツケルやウィルソンが、まずどのように経済成長を達成するかを、戦略構成の中心としていた点からもわかる。しかし、オイル・ショック以後、経済成長が鈍化することによりこの前提は崩れ始める。福祉国家戦略の一つの軸であった経済中心性の有効性を高める重要な条件であった経済成長が停滞することによって、その有効性は掘り崩されていたのである。もちろん、低成長下における福祉国家的戦略の手直しも試みられた。その一つが、「社会契約」というコーポラティズム戦略であったと言えよう。しかし上で見たように、この戦略的手直しは、以前のような有効性にはほど遠いものでもあり、結局破綻したのである。

それに伴って、労働党の福祉国家戦略の第二の軸であった労働者階級中心的統合の有効性も掘り崩されていた。ゲイツケル期より、労働者階級内の分断状況は進行していたし、またウィルソン期には、それに加えて、労働者層にとどまらないアイデンティティの多元化状況が生まれていたことは既に見たが、その事態はとどまることなく進行していた。その結果、労

表7　スコットランドの議席変動（1950-97）

	1950	64	70	74(10)	79	87	92	97
保守党	32	24	23	16	22	10	11	0
労働党	37	43	44	41	44	50	49	56
自由系	2	4	3	3	3	9	9	10
SNP	0	0	1	11	2	3	3	6

注：SNP＝スコットランド国民党
出所：梅川『イギリス政治の構造』，216頁．

働者統合の困難性が増すとともに，労働者統合が直接的に大衆統合に結びつかない状況が生み出されたのである。そのことに拍車をかけるように，これまでその統合を可能にしてきた再分配的統合は，経済成長の鈍化という点で可能性の面でも掘り崩されてきた。

　第三には，国家の肥大化，国家中心性の顕在化がある。元々福祉国家的戦略は，再分配の媒介として国家を強調する論理を含んでおり，その手直しの過程で，先に統計的にも示したように徐々に国家は肥大化していった。ウィルソン期のテクノクラート・コレクティヴィズムはその最たるものであったと言えよう。しかし，この国家中心性は，先にも述べたように，理念を問わない政治の「行政」化を引き起こし，ある種の非民主主義性を生み出す。例えば国家官僚制の肥大化によるテクノクラート化は，市民参加のモメントを希薄化させていったし，また「社会契約」における三者協議制への模索も，そもそもコーポラティズム的システムが，議会を媒介しない制度であるため，一般市民から遮断される傾向を持っていたのである。このことは，多元化の結果，要求を多様化させ，参加を求める市民層からの批判を招くとともに，それらの要求に対して閉鎖的となり硬直性を生み出し，結局統合の有効性を失う原因となっていたと言える。実際，スコットランド国民党などの地域政党が伸長したのもこの時期であった（表7）。

　以上のように，福祉国家的戦略は，その形成期から内在されていた三つの軸である，経済・階級・国家中心性が持った問題性を顕在化させ，その限界を露呈していた。つまり，「社会経済的平等」を国家を媒介として達成することによる統合という理念的前提そのものが問われていたのであり，そのことは，この前提の枠組内での手直しの限界を決定的に示したのである。

第7章 転換の文脈——イギリスの戦後政治と労働党の政治戦略　211

　ここに至り，その福祉国家的戦略の枠組から脱する形での，根本的な戦略的転換が必要であるということが明らかになったのである。そして，70年代前半の戦略的手直しによる危機打開の失敗を承けて，70年代後半，そのような転換を行いうる新しい戦略が保守の側から登場する。それはこれまでの従来型戦略の枠内での手直しではない，まさに「転換」の名に値するものであったと言える。それが，サッチャリズムであり，80年代はサッチャリズムの時代であった。

　サッチャーの戦略的転換は，先に述べたように保守党内で醸成されつつあった，新保守主義への理念的変容圧力を保守党の政治原理として採用・主流化し，民営化や地方政府からの権力の剥奪，反労働組合といった様々な政策領域へと具体化し，実行したことにある。したがって，まずそれは，コレクティヴィズムから個人主義への転換，自由主義の復権といった，理念的・言説的な「保守主義の系譜的交代」[43]を達成したものであったと言える。その結果，労働党との間での敵対性は明らかなものとなり，福祉国家的なコンセンサス政治をまさに破壊する方向性を持った。政治スタイルはコンセンサス維持から，「闘争の政治」[44]へと変化した。ギャンブルが言うように，「サッチャリズムは，古いヘゲモニック・プロジェクトを公然と拒否する新しいヘゲモニック・プロジェクト」[45]であった。

　その新しいヘゲモニック・プロジェクトは，第2部でやや詳しく述べたように，方法的にはポピュリズム的な志向を，内容的には「国家の縮小」と「政治的領域の縮小」を目指したものであった。つまり第一には，政党と支持者との間での既存のつながりを解体し，階級横断的な支持調達を確保しようとした点に，福祉国家的政治戦略からの方法的転換が含まれていたのである。そのことは，「社会経済的平等」の理念の下に，経済的リソースの分配による統合を目指すという点で，福祉国家的戦略が前提とした，経済や階級の中心性を相対化したものであったと言える。

　第二に，国家機能を縮小し，縮小された部分を，市場や市民社会の伝統的規律に委ねるという発想を持っている点で，福祉国家的な戦略からの内容的転換があった。そのことは，民営化の推進など自由市場の全面化を目指す政策に如実に表れていた。また，地方政府からの権限剥奪といった政策は，これまでイギリス的な福祉国家を支えてきた地方自治体の力を弱め

ることによって，福祉国家の解体を目指すという方向性を持っていたのである。[46]

したがってサッチャリズムは，戦後のイギリスにおいて，アトリーによって発明され，またチャーチルによって受容されて，保守党・労働党両党の戦略的基盤となってきた福祉国家的戦略を突破するという点で，大きな転換を果たしたものと言えるのである。

特にそれは，次の点で大転換であった。つまり，福祉国家的戦略が「社会経済的平等」という理念を前提として構成され，その後の諸勢力はその理念の枠内において，手直し的な戦略構成を行ってきたことをこれまで見てきたのだが，サッチャリズムは，その理念の枠自体を超えて，新たな理念や価値を提示した点に，最も大きな転換のポイントがある。それらの理念を通じて，大衆を共鳴盤として再構成するという政治哲学的プロジェクトの側面をそれは持っており，理念を問わず経済的リソース分配で統合しようとする福祉国家的戦略とは性質を異にした。その結果，階級投票の弱まりといった，政党－支持者関係の流動化の状況に対応しうる戦略を構成しえたのである。

この理念や価値は，前述のシンク・タンク等を中心とする理念的変容を受けたものであったが，福祉国家的戦略が時代を経るにつれて抱えた硬直性を，打破するというインパクトを持っており（例えば，民営化による国家中心性の打破)，またそのインパクトゆえに大衆の支持を集めることができたと思われるのである。それらの理念は，経済や市民サービス，地方政府，民営化・自由化，利益団体の排除といった各政策領域へ，国家中心性を排除する形で具体化され実現されるにしたがって，より大衆の支持を獲得していった。[47]それは不平等の増大というネガティヴな効果を持った一方で，多様性と差異に基づき，選択権の拡大を求める消費者的な市民アイデンティティの共鳴を獲得した側面も持っていた（詳しくは後述)。まさにそれは，福祉国家の持つ経済・階級・国家中心性を解体するものであり，またそれゆえに有効性を持ちえたと言えるのである。

一方労働党においても，「不満の冬」と79年の総選挙での敗北後，一定の戦略的転換が図られる。労働党においては，党内左派の主導という形で，福祉国家的戦略の見直しが行われたのである。それは，失業の削減やより

第7章 転換の文脈——イギリスの戦後政治と労働党の政治戦略　213

一層の経済的平等のために，公的支出を莫大に増大させようとするものであり，計画化された経済や，民間企業の再国有化といった政策的志向を持っていた。また労働者や貧困層のより強力な権利を追求する志向を持つという点で，労働者の結束を高めることを目的としていた[48]。これらの政策的提起が，「不満の冬」とそれに伴う総選挙での敗北を経て，労働党が出した結論であり，ある意味でそれは，福祉国家的戦略から社会主義的戦略への転換を意味していたと言えよう。

　確かにこの戦略的転換は，それまでの戦略的手直しと比較して，ラディカルな方向性を持つものであったが，しかし，福祉国家的戦略を支えた理念的・方法的前提を崩すものではなかった。つまりそれは，まさに福祉国家的戦略の硬直性として問題化されつつあった，経済や階級，国家中心性を克服するのではなく，強化するという形でラディカル化した戦略であったといってよい。したがって，その転換は福祉国家的戦略が持った限界と硬直性の克服にはなっておらず，それらを克服する形で転換を果たしたサッチャリズムとは，大衆統合の有効性という点では差は歴然としていた。さらに党内右派との間での分裂などもあって，1983年の選挙では，戦後最大の惨敗に労働党は見舞われる[49]。この結果を承けて，いよいよ労働党も，既存の福祉国家的戦略を乗り越える道を，これ以後模索し始めることになる。

　さて，この大敗北を受けての新たな戦略の模索を主導した人物がキノックであった。キノックの改革は，87年の総選挙での敗北後，88年の「政策見直し Policy Review」で本格化する。87年の敗北を承けて，労働党の政策において時代に対応していないと思われる政策を見直す動きが開始されたのである。カヴァナーは，この「政策見直し」について次のように述べている。

　　「労働党はいまや，市場や競争のメリットを賞賛し，私的所有の役割を認め，公共サービスにおける消費者の権利を主張した。」[50]

他にも多くの論者が指摘するように，「政策見直し」は，「市場システムの有効性の評価」と，「国家の果たすべき役割の見直し」を二本の軸とする

ものであった。その目的は主に、福祉国家戦略の限界の原因であった国家中心性を相対化すること(51)であり、またそのことを通じて、もはや多数派を構成できない労働者中心主義から脱却し、新中間層の支持を獲得しようという意図を持っていたのである。

しかし、キノックのこれらの戦略的改革は、次のようなジレンマを抱えていた。つまり、一方で、国家の縮小と市場への信頼を強調すれば、多くの論者が指摘するように、労働党は「サッチャリズム」へと近づくことになり、伝統的な左翼支持者を失うばかりか、保守党との差異が明確ではなくなるため、新たな支持者層を開拓できるとは限らない状況へと追い込まれる。しかし他方で、実際にキノックが行ったように、サッチャリズムとの差異を強調しようとすれば、市場の失敗を補うという国家の役割を強調すること(52)になり、結局福祉国家的戦略へと引き戻されてしまう、というジレンマである。

したがって、キノックの転換は福祉国家戦略的要素を脱することができない側面を持っていた。代表的には、前節で述べたゲイツケルを想起させる、経済成長という「パイ」の増大の論理をその第一の軸としていた点にこれは見られる。特に党大会における彼の演説では、まず最初に経済成長をいかに達成するかということが述べられることが非常に多かった(53)。キノックにおいては経済成長の達成が第一の目的であり、したがって「社会主義」の見直しも、富の創出やそのための経済的構造転換(効率性の追求)が、社会主義と両立しうるものである、という形で進んだ。そのことは、87年総選挙での敗北を承けて加速した、「政策見直し」のキーワードでもあり中間報告書のタイトルともなった、『社会正義と経済効率性(54)』というテーマにも表れている。

しかし、経済成長が追求されること自体が問題なのではない。重要なことは、その経済成長の目的が、大衆統合のための公的なリソース分配の不可欠な条件とされており、その点に、従来型の福祉国家戦略を超え出ることができない性格が認められることである。キノックにおいて、経済成長の目的は、ヘルス・ケアやコミュニティ・ケアに際しての支払い能力の増加や、産業育成や科学支援のための公共投資の財源を生み出すことに定められる(55)。ここで重要な点は、キノックにおいては福祉国家的戦略の論理が、

かなりの程度維持されているということである。なぜなら，経済成長によって生まれる成果を，労働者への福祉を中心とする再分配によって，大衆統合を果たすことこそが，福祉国家的な戦略であったからである。キノックは，国有化やケインズ主義的経済政策の限界を認識し，他方でサッチャリズムの新自由主義的な経済運営にも対抗した，新たな経済政策を生みだそうとしたが，それが経済成長とその成果の再分配という手段を，大衆統合の第一義的な方法としていたという点では，従来の福祉国家的戦略を超え出ることはできなかった。その結果，キノックはサッチャリズムとの間でどうしても市場‐国家という，戦後体制期に労働党が前提としていた対立軸を立ててしまうことになり，上述のジレンマを解決できなかったのである。

　しかし，キノックの行った労働党改革が全く旧来型の手直しであったというわけではない。そこには，ニュー・レイバーに継承されていくであろういくつかの新しい要素も出始めていた。社会主義を倫理的・価値的に解釈するという，「倫理社会主義」の要素を打ち出し始めた点は，その後のブレアに継承される新しさを持っていた。それは，いわゆる手段が目的化した，経済・階級・国家中心的な「社会主義」からの離脱と，その読み換えの試みを伴っていたのである。これらの志向の前提には，本来社会主義が目指すものは諸個人の自由であり，その手段として国家や集団というものが存在するのであって，まず国家や集団ありきではないという，(56)「手段と目的」の関係の見直しと，それに伴う「自由」の読み換えが存在している。ここには，サッチャリズムが展開したような，政治哲学や理念を中心として言説戦略的なプロジェクトに向かいうる要素がはらまれており，またそれはブレア期において「倫理社会主義」の言説が開花する萌芽ともなった。

　しかし，キノック期においては，これらの志向は上記の福祉国家的論理に飲み込まれてしまっていた。福祉国家の限界を完全には克服できなかったのである。

　以上のような新しさと限界を共存させたキノック労働党は，「労働党の最後のチャンス」(57)とまで言われた1992年の総選挙でも敗北する。しかし，労働党の転換はここから本格化していく。キノック期に萌芽的に表れた「新しさ」を，ブレアのニュー・レイバーが徹底化することによって，労働党

は転換していくのである。それは80年代に福祉国家からの戦略転換を果たし一定の成功を収めたサッチャリズムの要素を部分的には引き継いでいた。論点は、まさに、ブレアにおける労働党の転換が、福祉国家戦略をどのように克服していったのかという点であり、そのことは、イギリス政治にとって、そして90年代の政治空間に対して、いかなるインパクトを持っているのかということである。90年代は、福祉国家戦略を解体した、サッチャリズム的なヘゲモニック・プロジェクトへの融和（新しいコンセンサス）の時代であるのか、それともニュー・レイバーによる新たなオルタナティヴの提起の時代なのか。これらの問題に答えるためには、ニュー・レイバーのヘゲモニック・プロジェクトを取り出しつつ検討することが必要であるし、そのことは、ニュー・レイバーにおける「左翼の転換」が、現代政治に対していかなる意義を持っているのかという本書の課題からも重要である。次節においてはその前提として、90年代のイギリスの状況と、ニュー・レイバーをめぐる研究動向について整理し、更に論点を明確にしていこう。

第3節　ニュー・レイバーへ

　イギリスにおいて90年代は評価の定まっていない時代である。特にそれは、80年代からの連続性と断絶性のどちらを強調して捉えるかによって、評価が分かれてくると言えよう。

　保守党の戦略については、サッチャーからメージャーへの党首の交代があったとはいえ、サッチャリズムとの連続性を認める評価がほぼ固まってきていると言える。カヴァナーによれば、サッチャーからメージャーへの交代自体が、人頭税による選挙での支持低下を恐れた保守党議員によって引き起こされたものであって、保守党内に、サッチャリズムを全面的に否定する潮流が強かったわけではない、とされる。したがって、民営化や労働組合、公務員・行政改革といった主要政策においては、サッチャーとの連続性が強かったのである。[58] ただ、そのプラグマティックな姿勢や、闘争より安定性を好む面といったサッチャーとの違いはあるものの、それはむしろメージャー自身のパーソナリティーや、改革の進展による安定化に伴う変化であって、保守党においては基本的に90年代もサッチャリズム的戦

第7章　転換の文脈——イギリスの戦後政治と労働党の政治戦略　217

略が維持されたととらえてよいだろう。しかしその中においても，例えば経済成長の停滞や，「強い国家」の維持のために「国家の縮小」を果たせず，また，社会保障費の面から見ても依然として福祉国家が維持されている点など，サッチャリズムの問題性も徐々に表れつつあった。また，サッチャリズムの負の面として，市場の全面化による不平等の増大や，犯罪の増加，中央集権化による民主主義の悪化などもクローズアップされるようになり，支持率も低下しつつあった。92年の総選挙では，労働党の失敗もあって勝利したものの，支持率は総選挙の前も後も一貫して停滞していたのである。ポスト福祉国家的戦略として80年代に一定の有効性を打ち立てたサッチャリズム的ヘゲモニック・プロジェクトも，90年代に入りその限界と問題性を露呈しつつあった。

　一方，労働党においてキノックの改革は実を結ばず，92年の総選挙でも敗北を喫することとなったが，その後のスミスからブレアの流れは，一気に改革をラディカル化した。中でもブレアの改革は「ニュー・レイバー」の名にふさわしい転換を果たしたものであったと言ってよい。その内容については次章以降で詳述するが，一般的に言われるように，より強い市場への信頼は政策レベルにおけるポスト福祉国家の模索を含んでいたし，また方法レベルにおいても，労働組合主義を中心とした既存の関係を突破しようとした点などに，新たな大衆統合様式への転換が含まれていた。その結果97年の総選挙では労働党が大勝利を収めることとなったのであるが，このニュー・レイバーの転換は，一つの重要な論点を生んでいる。つまり左翼政党としての転換があったことは認めるとして，それはサッチャリズム化であるのか，それともサッチャリズムを超えた何らかのオルタナティヴであるのかという点である。

　97年の総選挙後，ニュー・レイバーについては多くの研究・評論がなされてきた。それは，97年選挙でのニュー・レイバーの勝利を分析することが，ニュー・レイバーの転換の内容を分析する重要な契機であるためであり，またそのことは90年代のイギリスをどう評価するかという論点にも繋がるからである。その中でも，一方ではニュー・レイバーの転換をサッチャリズム化としてとらえ，その結果90年代を80年代との連続性の中に置く研究が存在する。例えばＣ．ヘイは，97年選挙を51年選挙とのアナロジー

としてとらえる。保守党によって福祉国家的戦略が受容され、コンセンサス政治が形成された契機が51年選挙であったことについては既に述べたが、彼は、97年選挙もまた労働党によるサッチャリズム的戦略の受容としてとらえ、新しいコンセンサスが形成されたとするのである。[61]

 ヘイのように、ニュー・レイバーの転換をサッチャリズム化としてとらえ、その結果90年代の政治を新しいサッチャリズム的コンセンサスの形成として評価する研究は多く、主流をなすものであろう。これらの諸研究においてニュー・レイバーは、包括政党化[62]、プラグマティズム[63]、サッチャリズムのマークⅡ[64]、人間の顔をしたサッチャリズム[65]、リベラル・コンセンサス[66]、中道化[67]、等々様々に表現されている。これらの論理を代表するものとしてここでは、カヴァナーの研究をやや詳細に見ていこう。

 カヴァナーは、次のようにニュー・レイバーを評価する。

　　「票を探し求める中で、労働党は競争市場における商業企業のようになった。つまりそれは、『選挙専門組織』あるいは『包括』政党として作動したのである。」[68]

 そしてこの包括政党化の背景としては、ニュー・レイバーにおける保守党との間での政策的収斂が挙げられる。より具体的には、経済的自由主義、フレキシブルな市場、社会的保守主義の諸政策が挙げられ、その結果、イギリスの政治空間に対しては「1980年代の初頭の分極化の後、戦後期のそれとは異なるものの、我々は収斂へと戻ってきた[69]」とされるのである。その収斂の具体的政策領域としては、マクロ経済政策、市場へのより大きな信頼（そして程度は低いものの、福祉においても）、より消費者に対応できる公的サービス、国家によって与えられるサービスや便益の範囲の再考、コミュニティ、ヨーロッパ連合、フレキシビリティ化、の各領域が挙げられる。[70]

 確かに、90年代における保守党と労働党の位相は、80年代前半の分極化に比べれば収斂した側面を持っており、また、いくつかの政策的収斂を不可避とする社会状況も存在する。例えば経済的に、ケインズ主義的需要管理の限界が明らかになりつつある現在、程度の差はあれ自由主義的な経済

政策を採らざるをえないという点や，グローバル化が進む中，特に経済レベルにおいては，一国レベルで採りうる政策の幅が制約されつつあるという点において，政策的選択肢が狭まっているという状況がある。また国家中心性への批判など，対応すべきイシューも共通となってきているため，例えばリベラリズム的要素の導入などは，どの政党が政権をとったとしても，支持を獲得するためには不可避の選択となってきているのである。これらの状況の下で，90年代は，サッチャリズム的な選択肢への収斂は確かに起こってきており，ニュー・レイバーもその中で，サッチャリズム的遺産を受け継いでいることも事実であるだろう。

しかし一方で，ニュー・レイバーを一方的なサッチャリズムと評価し，90年代のイギリスをサッチャリズム・コンセンサスとすることは一面的でもある。例えば，ニュー・レイバーに見られる分権への志向は，サッチャリズムが持った中央集権的志向とは明らかに対立すると思われるし，また先に述べたサッチャリズムの問題点を，ニュー・レイバーがいかに克服しようとしているか，といった論点が見落とされてしまうのである。対応すべき問題状況が同一だとしても，その解決方法において異なる選択肢を模索することは可能であるし，またそうであるからこそ，政党間のヘゲモニー的闘争の論理は生まれるのである。例えば，「自由」化のモメントを導入することが，どの政党にとっても不可欠な政策判断であったとしても，「自由」の言説にどのような意味付与を行うかをめぐっては，対抗が生まれうる。ニュー・レイバーが構成したヘゲモニック・プロジェクトを正確に分析するためには，共通の状況を前にしつつも，それがどのような否定性を打ち立てたのか，具体的にはニュー・レイバーがサッチャリズムをいかに批判し，どのような対立軸を形成しているかを分析しなければならない。

M．ケニー／M．J．スミスは，「トニー・ブレアの労働党でのリーダーシップがこの国で登場したときの，一般の人々の熱狂と，左翼傾向を持った多くの知識人のむしろペシミスティックな反応との間には，重要な対照性が存在する」[71]として，ニュー・レイバーの転換をサッチャリズム化として評価する主流的諸研究を批判する。特に彼らは，ニュー・レイバーの主流的研究として，ブレアを保守主義者あるいはサッチャー主義者として把握し，ネオ・リベラル・コンセンサスや，サッチャリズム的漂流としてニ

ュー・レイバーを位置づける研究と，ニュー・レイバーを，得票最大化・包括政党としてとらえ，その中道化を強調する研究を挙げ，それぞれについて次のように批判を加えている。

前者については，「サッチャリズムが，1980年代から起きた労働党での再考や，改革を引き起こしたイデオロギー的文脈に影響を与えたことに疑いはないが，しかしそのことは，何らかの直接的な方法によって，労働党がサッチャー主義者になったということではない」と批判する。そしてこれらの研究は，ニュー・レイバーがサッチャリズムとの間で持つ相違（例えば，EUや教育，社会的パートナーシップといった政策領域）の意義を十分にとらえず，サッチャリズムとニュー・レイバーを単純かつ旧来的な左－右の軸へと還元してしまっているとするのである。

後者に関しては，ニュー・レイバーの転換を単純な得票最大化の議会戦略としてとらえることでは，必ずしも得票には結びつかず場合によっては票を掘り崩してしまう可能性を持つ政策領域（綱領改訂，分権，教育，課税など）に，なぜかくもニュー・レイバーが力を入れているか理解できないし，何よりもニュー・レイバーにおける価値やイデオロギーの重要性を矮小化してしまうとして，批判する。

ケニー／スミスの批判に共通することは，いずれも，サッチャリズム＝

図9 戦後政党配置についての，経済・階級中心性を前提とした一元的把握

・戦後体制（福祉国家）　　　　　　　　・80年代

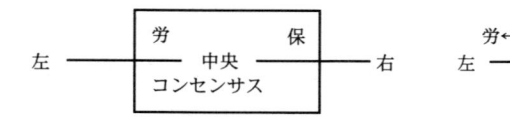

　　　　┌─────────┐　　　　　　　　　　労←　　　分極化　　→保
　　　　│労　　　　保　│　　　　　　　　　　左 ─────────── 右
　左 ──│　中央　　　│── 右　　　　　　　　　　　中央
　　　　│コンセンサス│
　　　　└─────────┘

・90年代（労働党の転換以後）

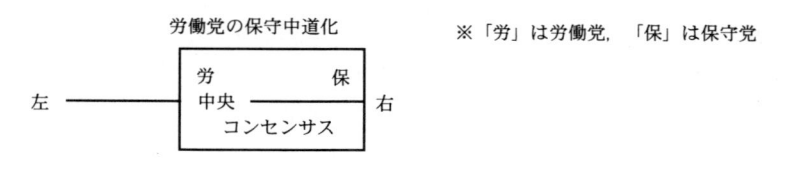

　　　　　労働党の保守中道化
　　　　┌─────────┐　　　　　　　　※「労」は労働党，「保」は保守党
　　　　│労　　　保　　│
　左 ──│　中央　　　│── 右
　　　　│コンセンサス│
　　　　└─────────┘

第7章 転換の文脈――イギリスの戦後政治と労働党の政治戦略　221

右，従来の左翼（福祉国家）＝左とした一次元的把握が，労働党の中道化や包括政党化，コンセンサス化という評価の原因となっているという点であり，それゆえ，その軸に乗らないような変化を正当に評価できないという点である。

確かにカヴァナーやヘイをはじめとして，労働党をサッチャリズム化とする諸研究は，図9のような一次元的把握を前提としていると言える。これらに共通する視点は，イギリスの政治空間を，もっぱら公（あるいは国家）対私（あるいは民間，市場）からなる（経済中心的な）一次元の対立図式からとらえるがゆえに，労働党の転換を，その中道化によるサッチャリズムとの間でのコンセンサスの形成として，評価する結果となる。したがって，この視点から労働党の転換を見る際には，一次元的な対立軸に載るようなイシュー，例えば市場への信頼，選択の自由，「小さな政府」，効率性といった経済的イシューを検討の主たる材料とする傾向を持つのである。

しかし，この経済中心的な一次元の軸によって，ニュー・レイバーの転換，およびそれが持つイギリス政治空間の変容へのインパクトを分析することには限界があると思われる。なぜなら，この軸によっては，例えばサッチャリズムが持っていた「強い国家」や中央集権性，権威主義の側面と，ニュー・レイバーが持つ分権や自治・参加への志向との間にある相違をはじめとして，経済領域に含まれない諸対立軸を正当に位置づけることができないからである。同時に，その軸に沿えばニュー・レイバーは中道化し包括政党化したように見えるが，しかし労働党の従来型戦略からの転換が，もっぱら自由市場の受け入れ等といった経済政策的な面だけにとどめられてしまい，それが持つ価値理念を中心とした戦略への転換といったモメントが正当に位置づけられないことになる。

そういった意味で，一次元的な軸は，福祉国家期の枠組を前提とした，経済・階級・国家中心的な軸となっている。しかし，この福祉国家的な軸を克服したところに，サッチャリズムとニュー・レイバーが持つ新しさはあり，それらの勢力を，福祉国家的戦略と同一の軸に位置づけることはできないということが言えよう。

ケニー／スミスも，上記の批判を経て，次のように結論づける。

「一次元的な軸に沿って,直線的に右側や中道グラウンドへ位置づけることよりもむしろ,現代イギリス政治のイデオロギー的変化のための多次元的解釈フレームワークを採用することが適切と思われる。」[75]

彼らはいかなる多次元的フレームワークが考えられるのかについては言及しておらず,ニュー・レイバー研究としては完結していない。しかし,ニュー・レイバーをイギリス政治の中に位置づけ,また現代政治の状況の下に位置づけて,その転換のインパクトの大きさと意義を図るためには,まさにその作業が求められていると言えよう。図式化された多次元フレームワークが構築できるかは別として(またそれは本書が目指す課題でもない),少なくとも,ニュー・レイバーの戦略的転換が,これまで整理してきた戦後の労働党(および保守党)の従来型戦略をどのような点で突破しているのか,また,80年代にそのような戦略を保守の側から突破していったサッチャリズムとは,どの点で共通し,どの点で対抗するのか,という論点を明確に解きほぐしていくことが必要なのである。そうしてはじめて,「左翼の変容」としてのニュー・レイバーの転換が,戦後政治・現代政治に対して与えたインパクトと意義を明らかにすることができる。

本書が以下で取り組む課題は,まさにこれらの論点にある。戦後コンセンサス政治の中で構成され,キノック期に至るまでその前提となり続けた,福祉国家的政治戦略から,ニュー・レイバーはいかなる点において脱却しているのか,という点がまず第一の論点である。そして第二の論点は,その福祉国家的戦略の枠組を打破した新たな保守的オルタナティヴとしてのサッチャリズムに対して,いかなる関係をニュー・レイバーが切り結んでいるのかという点である。この論点においては,従来型戦略の突破という点でサッチャリズムとニュー・レイバーの共通点を探ることも重要であるが,しかし上記のようなニュー・レイバーのサッチャリズム化という一面的な把握に陥らないために,その対抗関係がどのように構成されているかに重点を置いていく必要がある。福祉国家的統合の限界という同一の状況を前にしながらも,それに対する解決の仕方の違いが存在し,そこにヘゲモニック・プロジェクトの対抗が生まれているのである。その結果,ニュ

ー・レイバーが持つ，ポスト・サッチャリズム的オルタナティヴとしての意義も，明らかになっていくであろう。

以上のように，以下の論述では，ニュー・レイバーの転換が持つポスト福祉国家的戦略としての評価と，ポスト・サッチャリズム的戦略としての評価を定めていくことが課題となる。そのことは，戦後のヘゲモニー構造が行き詰まると同時に，80年代の新保守主義的戦略の限界も顕在化してきた90年代において，左翼はいかなる政治統合原理を提起しているのかという問題を考え，「左翼の変容」の現代の政治空間における位相と意義を確定するという論点の解明にも繋がるであろう。さらに，第2部まで行ってきた理論的研究との関係をニュー・レイバーの中に探ることで，理論的変容を含めて生じつつある「左翼の変容」が，現代政治空間に対して与えるインパクトを，現実に即して実証することも目指している。

（1） D. Kavanagh, *The Reordering of British Politics*, Oxford University Press, 1997, p. 29. 以下ではこの文献を，Kavanagh, 1997 と略記する。なお，第1部でも，この点については言及している。
（2） 梅川正美『サッチャーと英国政治Ⅰ』，成文堂，1997年，210〜234頁。
（3） 例えば，イギリス政治についての標準的で包括的なテキストである次の著作なども，そういった立場に立つ。B. Jones and D. Kavanagh, *British Politics Today*, Manchester University Press, 1998.
（4） A. Warde, *Consensus and Beyond: The Development of Labour Party Strategy since the Second World War*, Manchester University Press, 1982, pp. 28f.
（5） A. Thorpe, *A History of the British Labour Party*, Macmillan, 1997, pp. 123f.
（6） この点については，毛利健三編著『現代イギリス社会政策史』，ミネルヴァ書房，1999年，11頁を参照。
（7） Warde, *op. cit.*, p. 34.
（8） *Ibid.*, pp. 36f.
（9） Kavanagh, 1997, p. 72.
（10） *Ibid.*
（11） 毛利，前掲書，14頁。
（12） 湯沢威「国有化・民営化と戦後経済の軌跡」，服部正治／西沢保編著『イギリス100年の政治経済学』，ミネルヴァ書房，1999年，226頁。
（13） 日本においてサッチャリズム研究を行っている豊永は，イギリスの戦

後の二大政党制を,「二層政党制」と表現する。つまり保守党が,労働党による労働者統合の上に寄生した上で,自らは「一つの国民」をアピールし,「統治政党」として自己規定するという政党システムを描くのである。豊永によれば,その結果,統治政党としての保守党は,階級政党である労働党に対して,常に優位を保つ戦略を構築しうることになる。S．ジョーンズが言うように,労働者層と労働者に同情的な層との統合を目指す戦略こそが,戦後労働党の戦略の特徴であり,労働党を純粋に階級政党として位置づけることはできず,したがって統治政党としての性格は労働党も持っていたという点で,豊永の議論は問題も抱えているが,しかし,この議論は労働党が保守党に対して持っていた弱点の一面をついていると言えるだろう。豊永郁子『サッチャリズムの世紀』,創文社,1998年,36〜41頁。G. S. Jones, "Marching into History?", in J. Curran (ed.), *The Future of Left*, Polity Press, 1984, pp. 12 - 14. また,豊永に対する同様の批判として,次の書評を参照。力久昌幸「新しい視点に基づくサッチャリズム解釈」『レヴァイアサン』25号,木鐸社,1999年,180頁。

(14) クロスランドの思想については,A. Crosland, *The Future of Socialism*, Cape, 1956 を参照のこと。

(15) Kavanagh, 1997, p. 172.

(16) Warde, *op. cit*., p. 53.

(17) Thorpe, *op. cit*., p. 156.

(18) Kavanagh, 1997, pp. 173f.

(19) Warde, *op. cit*., p. 65.

(20) Thorpe, *op. cit*. p. 160.

(21) Warde, *op. cit*., p. 94.

(22) *Ibid*., p. 95.

(23) *Ibid*., p. 102.

(24) 例えばワーデは次のように指摘している。「それ(テクノクラート・コレクティヴィズム)は社会改良主義とは全く異なる――ある点でそれは正反対のものであり,リベラルでもなく,倫理的でもなく,平等主義的でもなく,個人主義的でもない。」*Ibid*., p. 94.

(25) ソープによれば,ウィルソン期において,社会政策など量的にはかなりの程度拡充が図られ,「労働党は福祉国家の擁護者として行為し続けた」とされる。Thorpe, *op. cit*., pp. 168f.

(26) Warde, *op. cit*., p. 103.

(27) *Ibid*., p. 111.

(28) Thorpe, *op. cit*., pp. 176f.

(29) *Ibid*., pp. 172 - 176.
(30) 梅川，前掲書，54～72頁。
(31) Kavanagh, 1997, pp. 93 - 101.
(32) D. Kavanagh, "The Heath Government, 1970 - 1974", in P. Hennesy / A. Seldon (eds.), *Ruling Performance - British Governments from Attlee to Thatcher*, Basil Blackwell, 1987, pp. 224f.
(33) 梅川，前掲書，112～116頁。
(34) A. Gamble, *The Free Economy and the Strong State*, Macmillan Education, 1988, p. 73.（小笠原欣幸訳『自由経済と強い国家』，みすず書房，1990年，105頁）。
(35) ウィルソン政権の後期から，戦闘的組合主義を背景として左派が伸長し，1970年代には，トニー・ベンを指導者として，社会主義路線の綱領も発表されていた。吉瀬，前掲書，12～19頁。
(36) Warde, *op. cit*., p. 153.
(37) *Ibid*., p. 153.
(38) *Ibid*., p. 143. 特に，政府による産業コントロールの手段としての目的を持ったNEB（National Enterprise Board 国家企業庁）は，この戦略の主軸をなすものであったと言える。元々このNEBは，党内左派のT．ベンらによって提唱された際には，本文でも述べたように国家介入による市場経済の計画化という社会主義的要素を強く持つものであったが，実際にはウィルソンらによって骨抜きにされた形で制度化され，まさに「テクノクラティック・コレクティヴィズムの縮小的バージョン」に収まった。この過程については，P. Whitehead, "The Labour Governments, 1974 - 1979", in Hennesy / Seldon (eds.), *op. cit*., pp. 247 - 250.
(39) 不満の冬の後，キャラハン労働党政府への支持率は20％台にまで落ち込んだ。Thorpe, *op. cit*., pp. 198f.
(40) *Ibid*., p. 157.
(41) 梅川，前掲書，97頁。
(42) また，この状況の下で，労働者は労働党に投票するといった，選挙における階級投票の割合が弱まり，労働者統合を目指す方法によって多数派を獲得することはより困難となった。この階級投票の弱まりの原因となったものは，階級にとどまらないアイデンティティの多元化であり，その結果としての争点投票傾向の強まりであった。この点について，数理的に解析したものとして，次のものを参照。M. N. Franklin, *The Decline of Class Voting in Britain - Changes in the Basis of Electoral Choice 1964 - 1983*, Oxford University Press, 1985.

(43) 梅川, 前掲書, 117頁。
(44) 同上, 73頁。
(45) Gamble, *op. cit.*, p. 2. (邦訳14頁)。
(46) 地方自治破壊が福祉国家の解体に結びつく論理については, 福家俊朗「続・変容するイギリスの法と行政——民営化と国家構造をめぐる矛盾の展開方向——」『名古屋大学法政論集』, 第167号, 1996年, 83～85頁, および, 君村昌「サッチャー政権下の地方自治改革」君村昌・北村裕明編著『現代イギリス地方自治の展開』, 法律文化社, 1993年, 37頁を参照のこと。
(47) サッチャー期における, 理念の政策化, そしてその成果については, 次を参照。Kavanagh, 1997, pp. 113 - 140.
(48) Thorpe, *op. cit.*, pp. 211f.
(49) イギリス労働党とドイツ社会民主党 (SPD) の比較検討を行っているT．A．ケルブルは, 左翼政党の危機が,「左傾化」によってより顕在化したことが, イギリスの特徴であったという。つまり, SPDの危機は, 左派的な支持者をドイツ緑の党に奪われる (その結果, 右派的な支持者のみがSPDを支持する) ことによって生じたが, 労働党においては, 党内右派の分裂 (したがって, 労働党自体は左傾化) に伴う, 右派的支持者の離脱が危機を招いたのである。これもまた, 労働党の置かれた文脈の特殊性を示していると言える。T. A. Koelble, *The Left Unraveled*, Duke University Press, 1991, p. 7. この特殊性の背景としては, バート・ゴーデスベルグ綱領によって,「社会民主主義」としてのアイデンティティを宣言したSPDに比べ, 労働党は依然として当時, 名目上は「社会主義」政党を標榜していたことが考えられ, そのことが, 労働党に左傾化の根拠と基盤を与えていたと言えよう。それゆえに, その国有化条項を取り払った綱領四条改訂は, 労働党にとってはその社会主義的伝統から脱却するという意味で,「左翼の変容」としてのインパクトを, 他の諸国の左翼政党の変容と比較してもより強い形で持ちえたと考えられる。
(50) Kavanagh, 1997, pp. 189f.
(51) キノックは, 1989年の党大会の演説で次のように述べ, 国家を相対化することが一つの大きなポイントであることを強調した。「イギリスの人々が魅力を感じ, 理解し支持する種類の社会主義は, 個人の自由と, 自由の中で集合的に組織し契約する権利から示唆を受けた社会主義である。彼らはそのような種類の社会主義を支持し, 過去十年間において, 近代の平時のいかなる時以上に, イギリスにおける個人の生活の上へ課するより多くの権力を, 国家に対して与えてきた, 集権化と検閲とコントロールに抵抗する。」N. Kinnock, *Thorn & Roses: Speeches 1983 - 1991*, Hutchinson,

1992, p. 166.
(52) 例えば1991年の党大会におけるキノックの演説によれば，彼は公的な資金供与に対して批判的であるわけではない。ただ，それが少数者のためではなく，国民全体の利益のために使われなければならないということを強調しているのである。その上で彼は，減税を言うよりも先に，国民全体に還元される租税システムの構築が必要だとしている。ここには，サッチャリズムとの関係ではどうしても公－私，あるいは国家－市場という対立軸を立ててしまい，公あるいは国家の擁護へと引き戻されてしまうキノックの立場が表れている。*Ibid.*, p. 222.
(53) 例えば1990年の党大会での演説はその最も顕著な例である。そこにおいて彼は，まずサッチャリズムにおける経済的退潮を批判することからはじめ，経済成長を達成するための労働党の政策を述べ，そして次のように締めた。「もし，我々の生産者が，将来の投資に必要な富を生み出すならば，それらは本質的である。もし我々が，我々の国における高度に向上する社会正義，福祉サポートと機会を与えるために必要な富を生み出すならば，それらもまた本質である。」*Ibid.*, pp. 191 - 200.
(54) Labour Party, *Social Justice and Economic Efficiency*, Labour Party, 1988.
(55) Kinnock, *op. cit.*, pp. 194 - 200.
(56) N. Kinnock, "Mobilizing in Defence of Freedom", in J. Curran (ed.), *op. cit.*, pp. 161 - 170.
(57) 例えば，A. Heath, R. Jowell and J. Curtice (eds.), *Labour's Last Chance? The 1992 Election and Beyond*, Dartmouth, 1994.
(58) Kavanagh, 1997, pp. 204f.
(59) サッチャー期のイギリスが，社会保障費の縮小を達成しておらず，したがって福祉国家は解体されていないという分析は多く存在する。代表的なものとしては，P. Pierson, *Dismantling the Welfare State?*, Cambridge University Press, 1994 を参照。しかし，筆者の枠組からすれば，社会保障費が減ったかどうかという事実よりむしろ，その政治的統合の様式にスポットを当てて，サッチャリズムにおけるポスト福祉国家の試みを評価すべきであり，したがって，サッチャリズムは依然として福祉国家的であるという見方を，筆者はとらない。
(60) 表6参照。
(61) 例えばヘイは最も顕著には，次のように述べている。「我々は，ケインズ主義的福祉和解から，ネオ・リベラル，ポスト・サッチャー的和解へと移行する，あるいは移行する過程の中にいるのである。」C. Hay, "Blaijorism: Towards a One-Vision Polity?", *Political Quarterly*, vol. 68, no. 4, 1994, p.

372.
(62) 例えば, Kavanagh, 1997, pp. 216 - 230; D. Robinstein, "How New is New Labour", *Political Quarterly*, vol. 68. no. 4, 1997.
(63) 例えば, G. R. Taylor, *Labour's Renewal? The Policy Review and Beyond*, Macmillan, 1997; B. Crick, "Still Missing: A Public Philosophy?", *Political Quarterly*, vol. 68, no. 4, 1997.
(64) 例えば, S. Hall, "Son of Margaret?", *New Statesman & Society*, 6 October, 1994.
(65) 川北稔編著『イギリス史』, 山川出版社, 1998年, 413頁。
(66) 例えば, S. H. Beer, "Britain after Blair", *Political Quarterly*, vol. 68, no. 4, 1997; C. Crouch, "The Terms of the Neo - Liberal Consensus", in *ibid*.
(67) 例えば, I. Adams, *Ideology and Politics in Britain Today*, Manchester University Press, 1998.
(68) Kavanagh, 1997, p. 221.
(69) *Ibid.*, p. 228.
(70) *Ibid.*, pp. 228 - 230.
(71) M. Kenny and M. J. Smith, "(Mis) understanding Blair", *The Political Quarterly*, vol. 68, no. 3, 1997, p. 220.
(72) *Ibid.*, p. 221.
(73) *Ibid.*, p. 222.
(74) *Ibid.*, p. 225.
(75) *Ibid.*, p. 229.

第8章　左派理念の刷新

　ニュー・レイバーの刷新の根本的な新しさは，どこに求められるのか。結論を先取りして言えば，まず第一に，それが，経済・階級中心性を相対化し，新たな政治理念の下に言説的ヘゲモニック・プロジェクトの構成を行った点にある。したがってそのヘゲモニック・プロジェクトは，前章で述べた福祉国家的戦略の枠組を超えた形で構成された点に，最も重要な新しさを持つのである。本章では，「社会主義」概念をめぐる労働党内外の諸議論と，綱領四条改訂に焦点を定めることによって，これらの理念的・言説的政治戦略への転換が，ニュー・レイバーのヘゲモニック・プロジェクトの再構成の中に起こっていたことを描き，その意義を析出していきたい。

第1節　「社会主義」言説の刷新——新たな左派理念へ向けて

　ニュー・レイバーの新しさは，どこに存在するのか。この問いに対して，様々な政策的な諸断片をもって，回答が試みられてきた。例えば，ケインズ主義的経済運営からの脱却，綱領四条に象徴されていた国有化政策の放棄，親ヨーロッパ的政策，等々。それらの政策が，従来の労働党の政策とは異なるものであり，それ自体として新しさを持っていることは確かであろう。しかし，これらの政策的諸断片を根拠として，ニュー・レイバーの新しさを示そうとする試みは，次の点においていまだその新しさを十分には分析しきれてはいない。

　第一に，その政策的変化が多くの場合，ケインズ主義からの脱却等，経済的諸側面に偏って検討されていることである。確かにそれは，それまで

の福祉国家的戦略の前提を崩す側面を持っていたが，ニュー・レイバーの新しい試みは，この経済的側面にのみ限られるものではない。例えば，スコットランドやウェールズに対する分権化の提唱や，ロンドン市長の公選制への支持などといった側面においても，その新しさを持っているのであり，単に経済的な政策変化にのみ着目してその新しさを語ることは，その転換のダイナミズムを十分には分析しきれないと思われる。

　しかし，これらの政策的変化を全て列挙したとしても，その分析の断片性は免れえないであろう。ここに第二の問題が生じる。つまり問題は，これらの政策的諸変化を生み出した一貫した理念的根拠は何かという点である。その理念的一貫性を見出せなければ，ニュー・レイバーが，まさに断片的にのみ政策の変化を提唱する，プラグマティズムの政党に過ぎないという評価も可能となる。

　しかし，本書の立場は，このいずれにも立つものではない。前章で見た福祉国家的戦略の限界の克服がニュー・レイバーの課題であった点を考えるならば，上記の評価はいずれも，それを超えようとするニュー・レイバーの試みの根本的な新しさを見逃しているように思われるからである。ニュー・レイバーの転換のインパクトを正当に析出するためには，福祉国家的戦略の限界を踏まえつつ，それらの諸断片の背景にある，従来型の戦略を超えようとする転換のダイナミズムと，それを支える一貫した基本理念を抽出することが必要である。したがって，第一の課題はまず，ニュー・レイバーが，どのような点で従来型の福祉国家的戦略から転換しているのかという点を検討し，その転換の内容と意義を考えることにある。

　ここでまず，前章で述べた福祉国家的戦略の限界について簡単に敷衍しておこう。それは主に三つの点にあった。第一に，経済的リソース分配による統合が有効性の面でも可能性の面でも掘り崩されつつあるという経済中心性の崩壊，第二に，労働者階級中心的統合の破綻，第三に国家中心性の持つ問題性の顕在化であった。これらの限界のために，「社会経済的平等」の理念の下に，国家を媒介としたリソース分配によって統合を果たすという福祉国家的戦略の前提的枠組自体が問われ，まさにそれを超えた戦略の構成が求められたのである。

　政党戦略の有効性の喪失という点では，次の状況変化も重要であった。

表8　政党アイデンティフィケーション（1963-92）

	1964	66	70	74	79	83	87	92
保守党＋労働党 非常に強い	40	39	40	27	19	18	16	17

出所：梅川『イギリス政治の構造』、207頁。
（資料）P. Norris, *Electoral Change in Britain since 1945*, Blackwell, 1997, p. 126.

表9　政党アイデンティフィケーション（1964-79）

		1963	1966	1970	1974	1979
保守党	非常に強	13.6	18.4	21.5	12.3	10.0
	やや強	16.2	14.7	16.7	18.9	22.7
労働党	非常に強	17.5	24.2	21.1	17.6	11.4
	やや強	19.8	19.9	18.0	18.8	20.3
合　計	非常に強	31.1	42.6	42.6	29.9	21.4
	やや強	36.0	34.6	34.7	37.7	43.0
	合　計	67.1	77.2	77.3	67.6	64.4

出所：梅川『イギリス政治の構造』、207頁。
（資料）I. Crewe, N. Day and A. Fox, *The British Electorate 1963-1987*, Cambridge University Press, 1991, p. 47.

つまり、階級投票の弱まりや、強力な政党アイデンティフィケーションの弱まり（表8・9）が生じ、固定的な政党－支持者関係を前提としえなくなっていることである。代わって、自分が最も重視する争点への対応によって支持政党が変わるという、争点投票の傾向が有権者の側で強まり、政党－支持者関係は流動的な状況になりつつあった[1]。この受け手の側の変化を受けて、政党戦略もそれに対応しうる戦略への変容を迫られる。

では、その転換への契機は、受け手の側の変化や、それを一つの要因とする福祉国家的戦略の限界を受けて、どのような点に求められたのであろうか。

その転換の契機として、最も重要視されたものは、経済中心的な政策体系からの脱皮、加えて労働者を中心とする、階級構造を基礎とした支持調達の打破という二点であった。例えば、労働党の現党首であるT．ブレアが、党首になる前の1993年の演説において、次のように述べたことはこの点を顕著に示している。

「社会的配置の変化、つまり古い階級構造の崩壊は、左派が、新しい選挙多数派を形成するために、その伝統的基盤を超えて接触しなけれ

ばならないことを意味している。この接触は，我々の社会の価値や性質についてのアピールに基礎づけられなければならないのであって，経済の断片にではない。」[(2)]

　ここには，筆者が上で述べた「社会的配置の変化」を承けての，労働党の戦略がそれまで持っていた経済中心性と階級中心性に対する限界の認識が示されている。更に重要であることは，その克服の糸口もまたこの発言の中に込められている点である。つまり，それに替わるものとして，価値や理念による，単に階級に基づくのではない支持基盤の創造の必要性が込められている点である。このことは，価値や理念を中心とした言説戦略への転換によって，政治哲学的に大衆を引きつけようという試みの提起であり，経済・階級中心性を克服したニュー・レイバーの創造の構想を提起した第一のステップであった。

　このステップは，「目的と手段」をめぐる諸議論に，最も顕著な形で表れている。この「目的と手段」をめぐる議論を最も顕著に繰り広げたのは，イギリスの政治学者で労働党との関わりの深いD．マーカァンドであり，その議論は次のようなものである。国有化や所得再分配といった経済政策は，ある目的を果たすための手段であったにもかかわらず，それ自体が目的化してしまったために，労働党の戦略には硬直性が生み出されることになった。しかし，その手段の有効性が問われている現在，まずその手段を必要とした目的・理念を問い直し，それを達成するための手段を再構成する必要がある，というものである。[(3)]

　これは，経済・階級・国家中心性のために硬直性を負わざるを得なかった福祉国家的政治戦略から，理念の政治戦略への転換――「新しい政治」に要請される政治戦略への転換――の一契機となる論理でもあった。なぜなら，福祉国家的戦略そのものが，「手段」としての政治に収束してしまった側面を持つからである。つまり，前章で見たように，福祉国家形成期においては，ベヴァリッジ・プランといった形で，「社会経済的平等」の理念が，正統性獲得のための重要な役割を担っていたが，それが安定的戦略として維持されるにつれ，理念そのものは後景に退き，その理念を所与とした上で，リソース分配の量や方法のみが論争課題，あるいは支持調達の材

料となる過程を，福祉国家はたどったからである。したがって，福祉国家的戦略においても，手段（リソース分配）が目的化し，そもそもの目的であった理念は問われなくなるという意味で，手段の目的化が進んでいたのである。したがって，福祉国家的戦略の枠組を超えるためには，手段レベルにとどまるのではなく，まさに目的を問うという形で，理念をめぐる政治の導入が要請されるのである。

このように，「目的と手段」をめぐる議論は，福祉国家の限界の指摘とそれを超える含意を伴っていた。したがって，ブレアがこの「目的と手段」の議論を労働党改革の一つの軸としていたことは，彼がまず福祉国家の前提的枠組を超えることを第一の課題としていたことを示すと言ってよい。例えばブレアは，労働党の1918年綱領の問題点の一つとして，「社会主義の目的の定義に内在した手段と目的の混合」を挙げ(4)，手段としての経済政策に固執する以前に，「社会主義」の目的をなす理念を問い返し，その理念を中心として労働党としてのアイデンティティを再構成していかなければならないとする。ブレアの次の言葉は，そのことを示している。

　「最も重要なことは，我々のアイデンティティを我々の言葉で設定することによって，我々が理念の闘いを引き受け，それに勝つための知的自信を獲得することができるということである。(5)」

この主張は，国有化の追求について定めた綱領四条の改訂を念頭においたものであり，その点については次節で詳述するが，その中にも，手段とは切り離された，理念を中心とした言説戦略の再構成が込められていると言えよう。そして，自らの目指す政治理念のレベルから言説戦略を再構成することによって戦略の転換を図ろうとする試みは，それまで労働党が依拠してきた福祉国家的戦略の限界を，経済・階級中心性の打破という点から克服しようとするものであった。ブレアは次のようにも言う。

　「我々は，ある価値を追求する政治の中にあるのであり，経済的なドグマを実行する政治の中にあるのではない。(6)」

このように労働党の転換は，経済・階級中心的な福祉国家戦略の限界を，より高次のレベルでの目的，つまり価値や理念をめぐる言説的な政治戦略へと転換することをもって，始まったのである。このことがまずもって労働党の転換の重要な第一のステップであったことは，「ニュー・レイバーは，理念と理想の政党です[7]」という言葉が，1997年総選挙の際のマニフェストの見出しとして採用されている点にも示されている。したがって，ニュー・レイバーによる新たなヘゲモニック・プロジェクトの構成には，これまでのリソース分配を中心的イシューとする「手段」的な政治から，理念自体をめぐる「目的」的な政治への転換という形で，福祉国家的戦略の前提的枠組の乗り越えを図るという意図が込められていると思われる。

さて，これらの理念の構成は，「社会主義」の理念を経済や階級の問題から切り離すという，「社会主義」概念をめぐる言説戦略として行われた。ブレアは，従来の「社会主義」概念が持った問題点として，次の二つの点を挙げる。第一には，国家が強大になるに伴い，それ自体が抑圧の主体となってしまうことであり，第二には人々のアイデンティティが生産者としてだけではなく，消費者としても構成されている現在，経済や階級理論としての「社会主義」は，彼らの共鳴を得られないという点である[8]。前者においては，その国家中心性が，後者においてはその経済・階級中心性が問題点として指摘されていると言えよう。これらにも含意されているが，ブレアは，経済理論としてのマルクス主義理論の，現代的問題性を強く受け止めており，「社会主義」概念をマルクス主義経済理論から切断することによって，まずその経済と階級の中心性から脱却しようとしたのである[9]。この点に関連して，ブレアは次のように言う。

　　「社会主義は，一時定義されていたような固定化された経済理論ではなく，常に再定義可能な一連の価値と原理なのである[10]。」

この志向は，まさに，ある言説の意味や定義を固定化せず，その流動的な言説に対する意味付与のゲームとして政治戦略を組み立てるという，言説的ヘゲモニック・プロジェクトの論理をその中に含んでいる。つまりこのことは，ニュー・レイバーが，主に「社会主義」という概念をめぐって，

言説的な政治戦略へと踏み出したことを意味するのである。そして，経済理論から切り離された，理念や価値中心的な「社会主義」の概念こそ，倫理社会主義や「社会 - 主義 Social-ism」と呼ばれるものであった。この理念に対しては，様々なイギリスの倫理的な社会主義の伝統が大きな影響を与えており，例えばJ．マクマレイなどはその代表者とされている。その理念や価値の内容は，最も理念的には，「諸個人が相互依存しており，彼らが，自分自身に対してだけではなく，相互に義務を負うており，良い社会はその中にある諸個人の努力をバック・アップし，そして，全ての人は立つべき演壇を与えられることを，一般の人間性が求めているという，道徳的主張」に基づくものであり，より具体的には「平等，機会均等，責任，コミュニティの実現」をその四つの軸としている。

　これらの倫理的・理念的価値概念を，その「社会主義」言説の中心に据えることによって，新たな左派アイデンティティを構成しようとするものが，ブレアを中心とするニュー・レイバーの試みの第一歩であった。ここで重要であることは，ニュー・レイバーが，その転換を福祉国家からの脱却という形で試みながらも，あくまで「左翼」としてのアイデンティティを保とうとしている点が，この「社会主義」の言説戦略の中に見出されることである。つまり，「社会主義」の概念に対して新たな意味付与を行うという点で，転換を試みつつも，他方では，あくまで「社会主義」概念に基づいた再生という点で，それは左翼アイデンティティのメルクマールを保とうとしているのである。そのことは，その意味付与が，元来イギリス左翼は「倫理社会主義」という伝統を持っており，経済・階級中心的な「社会主義」の方が，逸脱であったという論理――すなわち，ニュー・レイバーを，イギリスの伝統的左翼アイデンティティへの回帰とする論理――からも見出される。したがって，ニュー・レイバーの転換はあくまで「左翼」としてのアイデンティティを維持・再生する意図を持って進められたと言えるのである。その「左翼」としてのアイデンティティについてのより具体的な内容と，そのことが持つ意味については，次節以降で詳細に述べることにして，ここではその点についての指摘にとどめておく。ここではその前にまず，このような理念・価値中心型の言説戦略への転換が持った意義について整理しておきたい。

まず第一に，これまでも再三述べているように，それは経済中心性からの脱却が最大の目的でありまた成果であった。つまり，経済的リソースの再分配という「手段」によってのみ統合を図ることの限界を打破した点に，そのポスト福祉国家的戦略としての新しさを持っていると思われる。したがって，それが肯定的であれ否定的であれ，経済的な軸のみをもってその転換を評価することは，正当な試みではなくなる。つまり，国有か市場か，どの程度手厚い所得再分配を行うかといった，戦後イギリス政治において構成されていた中心的対立軸をもってのみその試みを分析することはできない。なぜなら，そのような経済中心的な対抗軸そのものを超え，より高次の理念レベルにおいてヘゲモニック・プロジェクトを構成することが，ニュー・レイバーの目的であったからである。その試みは，それゆえ，筆者が第2部で示した，「政治」から「政治的なるもの」への戦略的転換をはらんでいると言える。したがって，ニュー・レイバーの試みは，この点において，「新しい政治」におけるヘゲモニック・プロジェクトへの転換を目指したものと評価しうるのである。

　この転換は，第二に，階級中心的な支持調達からの脱却の試みを伴うことになった。なぜなら，ある理念への共鳴は，階級的配置に規定されるものではないからである。このことは単に，労働者層からの離脱と中産階級への支持層の移行を示すものではない。そうではなく，それが労働者であれ中産階級であれ，経済や階級的なアイデンティティに基づいてのみ支持を調達するという方法そのものの相対化が目指されたのである。これこそが，理念や価値によって，それらに共鳴しうる層を幅広く統合するという戦略を構成したことの持つ意義である。これは，前章で述べた，労働者統合が大衆統合には繋がらないという，社会的アイデンティティの多元化に伴う福祉国家戦略の限界を克服しようとする試みであったと言える。つまり，ポスト福祉国家を象徴する多元性と差異の時代にあって，いかに統合を果たしていくかという問題への取り組みへと，労働党が進んだことを示しているのである。

　したがって，この理念や価値に基づいた言説戦略の構成は，経済的なリソース分配による階級規定的な固定化した支持層に依存した統合の方法から脱却し，新たな方法で共鳴盤を再構成する試みであったと言える。そこ

において，これまで労働党の中心的な支持母体であった労働者あるいは労働組合は，共鳴盤の一つの可能性にすぎない。このことは，労働組合からの不満を呼ぶ要因ともなっているが(15)，逆に言えば，労働党が幅広く，理念に基づいて共鳴盤を再構成する作業に入ったことを意味してもいるのである。このことにより，流動性を増す政党‐支持者関係の中で，その再編を目指したと言えよう。

この二つの意義は，労働党の戦略の，「手段」の政治から「目的」の政治への，経済的リソース分配の政治から政治理念をめぐる政治への，「政治」から「政治的なるもの」への，方法的な次元転換を意味している。この次元転換こそ，福祉国家的政治戦略の限界を超えようとする，ニュー・レイバーの試みの第一のステップであったと言えるのである。

ここで注意したいことは，この方法的転換は，サッチャリズムの方法との間で，ある面においては重要な共通性をもっている点である。サッチャリズムが，方法的には，新たな理念や価値を提示することによって共鳴盤を構成しようとした点に，従来型の福祉国家的戦略の枠組を超える意義を持っていたことについては既に述べたが，ニュー・レイバーもまた，この方法的転換を踏まえていたと言える。したがって，サッチャリズムとニュー・レイバーは，ポスト福祉国家的戦略を構築しようという点においては，同様の志向を持つのであり，それゆえ，この両者は，福祉国家的な枠組を超えた新たな政治的舞台——「新しい政治」——における，政治戦略の構成へ向かったということができる(16)。90年代のイギリス政治は，ニュー・レイバーの転換によって，このような新たな状況へと進んでいるということができよう。

以上見てきたように，支持獲得のための戦略を，理念をめぐる言説戦略の方向へとシフトした点こそ，労働党の転換の根本的な新しさであった。経済や階級の中心性にとりつかれた労働党の戦略を，理念を軸とした言説的な戦略へと転換し，それらの中心性を相対化し新しい時代に対応しようとしたことが，労働党の転換が持つ第一の意義である。しかしこのことは，例えばブレアの思想や，彼をバック・アップする側近や知識人の議論のレベルでのみ浮上していたのではない。この転換は，綱領四条改訂という形で，労働党の根本的な在り方を変える試みの中で具体化されていくのであ

る。またこの視点を持ってこそ，綱領四条改訂の持った本来の意義を理解することができる。次節では，綱領四条改訂にスポットを当て，その意義を更に具体的な状況から析出しておきたい。

第2節　綱領四条改訂

　前節で検討した，理念的な政党言説への転換を，ブレアなど転換を主導する政党指導者の思想のレベルのものから，現実レベルの，政党の方針へと具体化する試みこそ，綱領四条改訂であった。この四条改訂を経てこそ，ニュー・レイバーの方法的転換は，政党の基本方針として完成されたと言える。本節では，労働党の左派理念の刷新の具体化としての綱領四条改訂を採り上げ，その過程と内容を見ることによって，労働党の転換がいかなるものであるかについて検討したい。

　改訂の対象となった綱領四条は，1918年に労働党の設立とともに作られたもので，具体的には以下のような条項であった。

　　旧四条
　　「生産，分配，交換手段の公有の基礎の上に，そして各産業またはサービスの民衆による管理と統制の最善のシステムの上に，産業の全成果及び可能な限り公平なその分配を，肉体的及び精神的労働者に対して確保すること。」[17]

　この中に記されている「生産，分配，交換手段の公有」からわかるように，綱領四条は，労働党が「国有化」を目指すことを明記したものであり，労働党が目指す社会主義のシンボルとなるものであった。戦後に至り，労働党が「社会主義」ではなく「福祉国家」を実質的には目指すようになると，この「国有化条項」はある意味で有名無実化していくが，社会主義を支持する党内左派においては労働党のシンボルとして熱烈に支持され続け，また福祉国家戦略の経済・階級・国家中心性を正当化する理念的存在としての意義を，戦後を通じて持ち続けた。

　綱領四条のこの性格のため，その改訂は，「社会主義」観の読み換えとそれに伴う経済・階級・国家中心性の相対化を目指すブレアにとって，まず

最初に取り組まなければならない課題であったと言えよう。しかし，当時の労働党には，綱領四条改訂は大きなリスクを伴うことが予想されるものであり，その試みは必然性を持ったものではなかった。その最も大きな理由は，ブレア就任直後の当時，綱領改訂の直前である95年3月の段階でも，労働党の支持率は50％を超え，保守党の25％を大きく引き離していたことに関わる（図10）。このように世論調査において高い支持を受ける中，依然として党内左派には労働党のシンボルとして圧倒的に支持されている綱領四条に手を付けることは次のようなリスクを負う。まず，綱領四条改訂に失敗し，旧四条を存続させた場合には，労働党左派の勢力を強めるのみならず，その結果労働党の旧来型社会主義の政党，国有化の政党としての性格を改めてアピールしてしまうことになり，支持率の低下は必至である。また，改訂に成功するとしても，党内左派との間で激しい対立の構図が浮き彫りになることは明らかであり，その結果労働党の分断性が顕在化し支持率の低下を招くことが容易に推測されたのである。第7章でも触れたように，実際50年代においてゲイツケルは綱領四条改訂を試みたが，それは挫折し，労働党の刷新を結局は遅らせることになったし，またブレアの前の党首であるJ．スミスもまた，労働党の刷新のためには綱領四条改訂が最も重要であると考えながらも，それは「寝た子を起こすようなものである」として，その改訂を実行することはなかったのである。

図10　政党支持率の推移（ギャラップ世論調査）

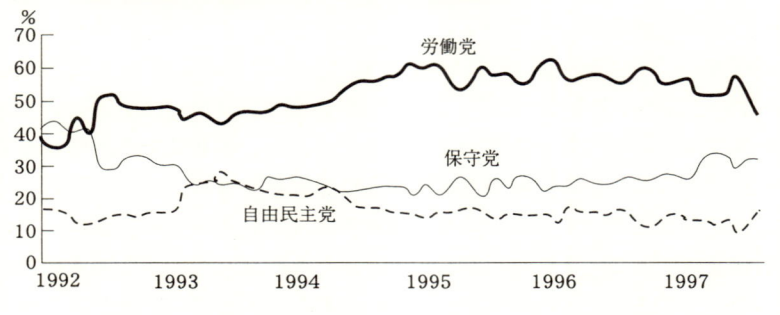

出所：P. Norris, "Anatomy of Labour Landslide", in P. Norris / N. T. Gavin (eds.), *Britain Votes 1997*, Oxford University Press, 1997, p. 4.

これらの阻害要因を抱えながらも、しかし、ブレアにとって綱領四条改訂は、彼の目指す左派アイデンティティの読み換えのための第一歩となるものであり、労働党の刷新のためには決して避けて通ることのできない道であった。彼の考えは次のようなものであった。現在世論調査のレベルで高い支持率を保っているとしても、それは汚職などで信頼性を失墜させた保守党への反対票が集まった「脆い」[20]支持であり、統治政党を決める選挙の際には、それがそのまま得票率に結びつくわけではない。とりわけ、旧四条を改訂しないままでは、旧来型の社会主義政党であり労働組合に支配された政党という、有権者に広がっている労働党への不信・懐疑は全く解消されず、その危険性は高まるであろう。ブレアは、保守党から離れ始めた有権者を、単なる反保守党票としてだけではなく、労働党に対するより確固たる共鳴盤として構成するためには、綱領四条改訂によって新たな左派理念を提起することが必要であると考えたのである。前節で述べたように、「社会主義」観の読み換えによって新たに理念を構成し、手段から目的の政党へと労働党を刷新するためにも、「国有化」を掲げた旧来型の経済中心的「社会主義」のシンボルである綱領四条を改訂することが、最も重要な課題になった。

　したがって、ブレアが綱領四条改訂に踏み込んだことは、それ自体彼の新たな左派アイデンティティの定義への強い信念を証明するものであったと言えるが、その過程は決して平坦なものではなかった。ブレアの党首就任後最初となった94年10月の党大会の演説において、彼が「今まさに我々の党の目的と課題についての明確でアップ・トゥ・デイトな声明を持つべき時である。ジョン・プレスコットと私は、党首と副党首として、NEC（労働党全国執行委員会）にこのような声明を提起したい」と、間接的な形で綱領四条改訂をほのめかす発言をしたこと[21]から、綱領四条改訂への議論の火蓋は切られた。この時の発言は綱領四条改訂自体については触れない、あくまで間接的なものであったが、綱領四条を支持する党内左派は、この発言が意味することを敏感に感じとり、激しく反発した。そしてその2日後には、党内左派の議員を中心として、綱領四条維持の動議が出され、50.9％対49.1％で、その動議は可決されてしまうのである。[22]

　しかしその後、ブレアを中心として、綱領四条改訂を目指す動きも本格

化していく。党大会から2カ月後の94年12月14日には，NECにおいて，95年の春に綱領四条を改訂するか否かの投票を行う臨時党大会を開くとの決定にこぎつけるのであった。⁽²³⁾しかし，四条改訂への制度的な道筋はつけられたとはいえ，情勢は明らかに不利であった。労働党の意思決定において重要なアクターである労働組合には，労働者中心性を脱却し新たな共鳴盤の構成を目指すという改訂の意図のために，とりわけ不評であった。更に，同時期に行われたトリビューン誌の地方労働党への調査では，実に61人中59人が，綱領四条支持に投票するとの結果が出ていた。また，95年の1月10日には，ガーディアン紙に，労働党の欧州議会議員達が，綱領四条保持という意見広告を載せるなど，四条改訂反対への動きも活発化していった。⁽²⁴⁾

この情勢を逆転させたのは，ブレア自身による，地方党員への草の根的なアピールの旅であった。ブレアは，多くの地方支部を自ら訪れ，そこで対話集会を開き，綱領四条改訂の理念と必要性を説き，党員達の疑問に一つ一つ答え，議論を行っていったのである。このブレア自身による直接的な語りかけによって，地方党員の大部分が，綱領四条改訂支持へとまわり，情勢は一気に変化していくことになる。⁽²⁵⁾

さて，3月13日には新綱領四条の文案も発表及び承認され，4月29日にはいよいよ綱領四条改訂の可否を問う臨時党大会を迎える。新四条の内容と分析，及び臨時党大会での議論については後に述べることとして，先に投票結果とそこから明らかになった労働党の転換について述べることにしよう。投票結果は，65.23％対34.77％で，賛成多数で綱領四条改訂は可決された。その投票結果の内訳を見ると，ブレアの全国行脚の対象であった地方党員においては，実に85％の支持を獲得し，500以上ある選挙区支部のうち，四条改訂反対に回ったのはわずか3つであったと言われる。投票権は，各選挙区の支部が30％に対して労働組合70％という労組にとって有利なものであったが，一般党員の圧倒的な支持を無視することはできず，強力な反対派を形成していた労組幹部の多くも四条改訂賛成に回った。⁽²⁶⁾

この綱領四条改訂は，労働党転換への要素を多く含んでいる。まず第一に，改訂の過程は，労働党が労働組合や一部の活動家の政党ではなく，より多くの社会的基盤からなる一般党員の政党へと変貌したことを示す一つの事例となっている。四条改訂においては，労働組合や党内左派の議員，

それと結びついた活動家などが強力な反対派を形成していた。しかし、最終的にこれらの反対派を押し切り、改訂賛成を可決させたのは、上でも見たように地方における一般党員の力であったのである。また、その過程において、労働党の一般党員の数は、25万人から33万人に増えたと言われる[27]。このように、一般党員の力が労働党の転換の大きな力となったという点は、それまでの労組主導という労働党の構造を転換させる要因になったと言える。その結果、労働党の労働者中心性は、その党内構造という点からも相対化されつつあることが、この過程からは示されていると言えよう。

第二には、綱領四条改訂の内容に関わる転換である。この論点こそ、本章の課題である左派理念の刷新を見る上で中心的なものであると言えよう。その中で、労働党のよってたつ左派アイデンティティは再定義され、前節で述べた「社会主義」概念をめぐる言説戦略が展開されたと言える。この点について、新綱領四条の文面を見ながら検討することにしたい。

　　新四条
　　「労働党は、民主的社会主義者の政党である。それは、我々の共同の努力の強化によって、我々が孤立して達成する以上のものを達成し、我々全てに対して、権力や富や機会が少数者にではなく多数者の手にあるようなコミュニティを作り、そこにおいて我々の享受する権利が我々の負担する義務を反映し、我々は連帯と寛容と尊重の精神で自由に共に生きることを信じる[28]。」

ここに引用したものは、綱領四条の全体ではないが、その内容の趣旨をほぼ示している。先に引用した旧四条と対照させる形でその変化を分析することにしよう。そこに込められていることは、まず第一に、前節で見た「手段から目的へ」の論理である。旧四条においては、「管理と統制のシステム」や「分配」等、まさに手段について語られているが、そのシステムや分配によって、いかなる目的を達成するのかについては明記されていない。つまりここでは、手段が目的化していると言えるのである。一方新四条においては、「連帯と寛容と尊重の精神で自由に共に生きること」という形で、極めて理念的に目的が語られている。したがって、綱領四条改訂に

も理念の政治への転換が込められていると言えよう。[29]

　ブレアにとって，綱領四条改訂の目的はまさにこの点にあり，特にそれは，国有化条項を解体することが，「手段」的政治の克服に繋がるという論理で行われた。この点について彼は，1995年4月の臨時党大会での演説において，例えば次のように言っている。

　　「21世紀は，公的セクターと民営セクターとの間の闘争ではないであろう。それは，恒常的な経済的変化の世界において，現代的な市民社会を定義する原理を探し求めることになるであろう。」[30]

　つまり，旧四条においては，まず第一に公的セクターによる運営が強調されていた。そのことは，福祉国家的な論理とも親和的であった。なぜなら，公的セクターによる運営こそ，財を国家を媒介として再分配するという論理を含んでいるからである。したがって，公的セクターの強調は極めて福祉国家的なものであり，それゆえ，福祉国家の硬直性の一つの契機でもあった。

　しかし新四条においては，公的セクターと民営セクターとの間の闘争は，もはや乗り越えられるべきものとして扱われるのである。なぜなら，公的セクターか民営セクターかという問題は手段的なものにすぎず，目的ではないからである。上記の理念的目的のために有用であれば，手段を何に求めるかは二次的な問題となる。このことは，手段を明記しないという点で，旧四条に比べ政党の基本方針としてはあまりに抽象的すぎるという批判も招いているが，むしろ，その方針が手段の政治から理念の政治へと転換したという点を強く表しているのである。このように，綱領四条改訂は，ニュー・レイバーの，手段をめぐる対立を乗り越え，理念レベルでの闘争へと足場を移そうとする意図を示しているのであり，そのことによって，福祉国家的な戦略の限界を乗り越えるという試みを伴うものであった。したがって，前節で見た手段から目的への転換という形での戦略的転換が，綱領四条改訂を支えた論理なのである

　綱領四条における理念の政治への転換は，前章で示した福祉国家的戦略の限界を，経済中心性の相対化，階級中心性の相対化，国家中心性の相対

化という側面から克服しようとする意義を持っている。例えば，旧四条においては分配されるべきものが「産業の全成果」であり，そのための手段が「生産，分配，交換手段の公有の基礎」であった点などに，経済の中心性が保持されているが，新四条においては，分配されるべきものが「権力や富や機会」という形で拡大されており，それは経済の枠にとどまらない。この点において，それは経済中心性の相対化をその結果として伴っていることを示している。また旧四条においては，その分配の対象が「肉体的及び精神的労働者」に限定されており，階級中心的な志向を強く持っているが，新四条においては，ただ「多数者」として述べられているのみである。更に，その分配の手段について，旧四条は前述したように「公有の基礎」を前提としていたのに対して，新四条は「真の可能性を表現する手段」という形で，明確な言及を避けている。このことは，公的セクターの絶対視からの解放という点において，国家中心性の相対化を図ろうとしたものとみることができる。したがって，綱領四条改訂は，前節で示した理念の政治への転換を，その転換が持っていた意義も含めて，政党の基本方針として具体化させたものであったということが言える。

　以上のように，綱領四条改訂の本質には，手段から目的への転換，そして経済・階級中心性を突破した新たな理念型のヘゲモニック・プロジェクトへの転換が込められていると思われるのである。ここに，ニュー・レイバーが持つ，従来型戦略に対する一つのオルタナティヴとしての意義が込められていると言えよう。綱領四条改訂は，このように従来型の福祉国家戦略の限界を克服するという意図と内容を持ったものであり，その意味で労働党の左派アイデンティティを再定義する，新たな戦略の構成の第一歩となったのである。したがって，反保守党という一時的なブームによる高支持率に満足することなく，長期的視点に立った新たな理念の提起によって労働党の共鳴盤を再構成しようとする性格を四条改訂の試みは持っており，だからこそ，ブレアらの改革派は，危険を冒してでも改訂に踏み込むことが必要だったのである。

　このように綱領四条改訂は，労働党の理念やアイデンティティに関わる重要な転換の要素を持つものであったため，前述の通りその過程においては，伝統主義的な党内左派グループを中心とする反対派と，ブレアらの改

第8章　左派理念の刷新　245

革グループを中心とする推進派との間の対立を明確に浮き彫りにしたケースであったと言える。とりわけ，95年の臨時党大会での議論では，党内左派によって多くの反対意見が出された。ここで，臨時党大会でのやりとりを中心としつつ，典型的な批判を採り上げ，それらにについて検討することによって，綱領四条改訂の持ったインパクトと意義の大きさを更に明確にしておきたい。

綱領四条改訂に対してなされる批判として最も多く聞かれるものとしては，綱領四条改訂を，もっぱら市場主義への転換の視点からとらえたり，労働組合からの乖離としてとらえるようなものである。この両批判は，1995年の臨時党大会で，反対派の主な根拠であった。⁽³¹⁾しかし，上で行った分析を踏まえれば，これらの批判は一面的なものと言うことができよう。前者の批判は，これまでも述べてきたように，公的セクター対民営セクターという経済中心的対立軸を保持しており，綱領四条改訂がそういった対立軸を乗り越え，理念レベルの左派アイデンティティの再構成へと進もうとする試みであることを，前提としえていない。後者については，その理念をもって，従来の階級中心的な支持構造を打破し，新たな共鳴盤の構成へと進もうとする試みである点を理解していないと言えるのである。

しかし他にも重要な批判が存在した。それは，その転換が，選挙で多数派を獲得するために，国有化を中心とする党の精神を破棄しプラグマティズム的な方向へ移そうとしたものにすぎない，という批判である。⁽³²⁾例えば，臨時党大会においてB．モリスは，「この会議は，我々のヴィジョンや我々の価値についての討議であるが，結局は，次の総選挙で勝つことについての議論になっている」⁽³³⁾と，改訂に反対の意見を述べたが，この意見には上のような批判が込められていると言えよう。

確かに，政党というものは多数派獲得を常に誘因として働くものであるし，⁽³⁴⁾ニュー・レイバーの新しいヘゲモニック・プロジェクトの構成もまた，多数派獲得のためのプロジェクトという性格を持っていることは明らかである。しかしそれを，プラグマティズム的な評価へと直接的に結びつけることはできないと言えよう。この評価では済まない問題が，綱領四条改訂には含まれているからである。

確かにその試みは，最終的には支持層の開拓と多数派獲得を目的とした

ものであるとは言えるが、だからといって、それが直接的にプラグマティズムや包括政党化を意味するわけではない。その理由は、次の点にある。つまりその転換には、理念を中心として据え、その理念によって社会的諸基盤に訴えかけ共鳴盤を構成する形で支持を獲得するという試みが込められているからである。この試みは、理念的には一貫しない政策であれ、支持を獲得するためには採用せざるをえないプラグマティズム的・包括政党的戦略とは、この点において一線を画していると思われる。

　臨時党大会においても、改訂賛成派はこのことを念頭に置いていたと言えよう。例えば、賛成派のR．ウッズは、選挙に勝つことが目的の一つであることを認めつつも、「我々は、我々が行う諸政策を、なぜ我々が追求しているのかについて説明する、諸価値の枠組を必要とする」と発言し、綱領四条改訂の意義が、この点にあることを示している。また、J．プレスコットは、前出のモリスの発言を引きつつ、次のように反論している。

　　「ビル・モリスは、この討議が、次の選挙に勝つためのものであることを、正当な形で思い出させてくれた。確かにそれはそうだ。しかし、それについてだけのものではない。この討議は、我々が、選挙民に対して、我々に投票するよう説得するために、彼らに提供する政策についてのものであり、そしてそれは、目的と価値についての我々の声明についてのものである。」

　ここには、多数派獲得が目的であることを認めつつも、それがプラグマティズムの枠内に収まるものではないことが示されており、その根拠は、理念や価値によって支持者を引きつけるという点に求められていることが、示されていると言えよう。

　したがって、綱領四条改訂は、経済・階級中心性の打破と、理念的なヘゲモニック・プロジェクトへの転換を、その内容として含み、またその転換へと労働党が踏み込んだことを、シンボル的にアピールする目的を持ったものであったと言える。このように考えれば、次の疑問にも答えることができよう。旧四条が国有化を唱えていたとはいえ、実質的には労働党は従来から市場を容認しており、旧四条は実質的には有名無実化していた。

その中でなぜ敢えて綱領四条改訂に踏み込んだのかという疑問である。しかし，まさに労働党の戦略的転換をシンボル的にアピールするという目的が綱領四条改訂にはあり，綱領四条を変えることそれ自体に意義があったと思われるのである。つまり，福祉国家型戦略から脱却した，ポスト福祉国家型の政党として自らのアイデンティティを打ち出すという目的を，綱領四条改訂は持っているのであり，それこそが，ニュー・レイバーのシンボルとしての役割を担ったのである。本節の冒頭部でも述べたように，世論調査での支持率が高い中，敢えて四条改訂という危険な賭けに出た理由もこのことにある。

　したがって，このような意義を持つ綱領四条改訂は，前節で述べた転換を現実化し，政党の基本方針の転換にまで具体化した第一歩であり，経済・階級中心性を相対化し，新たに構成された理念の下に言説戦略を行おうとする方法的転換を達成するものである。綱領四条改訂は，「社会主義」を理念的に再定義するという点において，言説戦略の論理をその中にはらんでいる。新四条に込められた理念的内容を，「民主的社会主義」として定義しようとしている点にそれが表れているし，また，臨時党大会における，プレスコットの次の発言は，そのことが綱領四条改訂の目的の一つであったことを明確に示している。

　　「綱領四条を変化させる中で，我々は我々の社会主義的諸価値を否定しているのではない。我々は単に，現代の言葉の中でそれを見つめ直しているのであり，そして私は，新四条がそのことを，そしてそれ以上のことをしていると信じている。」[37]

　綱領四条改訂は，このようなヘゲモニック・プロジェクトの方法的転換が込められている点において，新しい左派戦略を構築しようとするニュー・レイバーの，決定的転換点を意味すると思われる。それは，理念を中心とした言説戦略によって，階級関係を超えて共鳴盤を再構成しようとした点で，「新しい政治」に対応した戦略の構成へと労働党が向かったことを示している。したがって，ニュー・レイバーの転換は，第1部でラクラウ／ムフを採り上げて論じた言説的ヘゲモニック・プロジェクトの論理や，第

2部で主にウォーリンを採り上げて論じた経済的リソースの分配にとどまらない政治理念の再構成の論理，つまり「政治」から「政治的なるもの」への転換の契機を，左派の政党戦略として具体化しようとした事例として有効性を持ちうると言えるのである。

この転換は，本書でも先に触れたサッチャリズムによる方法的転換との共通性を持っているということが言えよう。サッチャリズムが，従来の支持層に対してリソース分配を約束することを通じて支持者層を固めていったというよりも，自由主義的言説と権威主義的言説との接合を通じて自らの組み立てた理念，言説，シンボルによって，極めて理念的に大衆の共鳴を獲得した側面を持つ点については前述した。したがってそれは，方法的には「政治」から「政治的なるもの」への転換を試み，「新しい政治」の政治戦略へと踏み出したと言えよう。ニュー・レイバーにおける綱領四条改訂は，サッチャリズムにおけるこの方法的転換とのアナロジーの位置にあり，「新しい政治」の政治戦略へと左派政党もまた転換したことを示す一つの事例としてとらえることができるのである。

しかし注意したいのは，ここで触れた，ニュー・レイバーのサッチャリズムとの近接性は，あくまでそれが方法的に「政治的なるもの」を導入した点に限定されるのであって，その理念の内容においてではない。ここに新たな論点が発生している。つまり，方法的な転換をニュー・レイバーが達成していることをここまで見てきたが，それは内容的にはどのような転換を果たしているのかという点である。

ヘゲモニック・プロジェクトの論理は，共鳴盤と否定性から成る（第2部参照）。つまり，同一の状況を前にしつつも，解決の仕方において差異が生じる結果として，互いに多数派を争うヘゲモニー闘争が起きるという論理である。したがって，ニュー・レイバーもまた，サッチャリズムが解こうとしたものと同一の状況を前にして，戦略の方法においてはサッチャリズムから多くの部分を学びつつも，しかし内容的にはサッチャリズムと対抗する言説を構成することはありうる。

イギリスのポスト福祉国家的状況において，このようなヘゲモニー的闘争を生む争点は，前章から福祉国家的戦略の限界の要素の一つとして強調されてきた，「国家中心性」をいかに相対化するかという問題であった。こ

こでニュー・レイバーに負わされた課題は以下のものである。つまり，どのような論理で国家中心性の相対化を言説戦略に盛り込むかという問題であり，より具体的には，一方で福祉国家的戦略からの脱却として国家中心性の相対化を不可欠の課題としつつも，サッチャリズム的な民営化や国家の縮小のみではない，国家の相対化の方法を，どのような形で構成したのかが，この問題を考える際の最も大きな論点となるのである。

　ニュー・レイバーの理念は，「国家中心性の相対化」を一つのテーマとして，どのような形で旧来型の福祉国家的戦略との間で，またサッチャリズムとの間で差異化を図っているのか。この論点を考えることは，一方で福祉国家を克服し，他方ではサッチャリズムの問題点も克服しようとする，「新しい政治」における統合原理の提起としての意義を，ニュー・レイバーの中で，更に明確にしていくという作業でもある。

　これらの点を踏まえ，次章では，より具体的にニュー・レイバーの政策的問題提起を採り上げ，国家中心性へのオルタナティヴの提起がいかなる内容のものであるかを描き出し，その意義を見ていくことにする。

（ 1 ）　この点については，Franklin, *op. cit.*, pp. 128 - 152. また，梅川正美『イギリス政治の構造』，成文堂，1998年，206～212頁，225～228頁も参照のこと。
（ 2 ）　1993年7月8日，ロンドンでの演説。T. Blair, *New Britain: My Vision of a Young Country*, Fourth Estate, 1996, p. 221. 以下ではこの文献を，Blair, *New Britain* と略記する。
（ 3 ）　D. Marquand, "After Socialism", *Political Studies*, vol. 61, 1993, pp. 51 - 54.
（ 4 ）　1995年7月5日，フェビアン・ソサイアティでの演説。Blair, *New Britain*, p. 17.
（ 5 ）　*Ibid.*
（ 6 ）　*Ibid.*
（ 7 ）　Labour Party, *New Labour: Because Britain Deserves Better*, Labour Party, 1997, p. 4. このマニフェストについては，以下，Labour Party, *Manifesto 1997* と略記する。なお，このマニフェストは，全日本自治団体労働組合『ヨーロッパ社会民主主義の新たな展開』，1999年に一部翻訳されており，筆者も参照したが，本書での翻訳は必ずしもそれに依拠してはいない。

(8)　T. Blair, "Forging a New Agenda", *Marxism Today*, October, 1991, p. 33.
(9)　ブレアによるマルクス主義批判については，例えば次を参照。Blair, *New Britain*, pp. 58f.
(10)　1994年7月21日，党首就任の際の演説。Blair, *New Britain*, p. 31.
(11)　黒岩徹『決断するイギリス　ニューリーダーの誕生』，文藝春秋，1998年，52～54頁。その他にも，ブレアに影響を与えたイギリス倫理社会主義の論者として，R．オーウェンやN．デニスの名を，ブレア自ら挙げている。Blair, *New Britain*, p. 238.
(12)　1995年7月5日，フェビアン・ソサイエティでの演説。Blair, *New Britain*, p. 16.
(13)　T. Blair, *The Third Way*, Fabian Society, 1998. p. 3. なお，本書も全日本自治団体労働組合，前掲書に翻訳されており，筆者も参照したが，本書での翻訳は必ずしもそれに依拠してはいない。また，この点について，ブレアの側近的存在であるP．マンデルソンもまた次のように述べている。「もし，コミュニティや強い社会，正義と公正，全ての我々人民のライフ・チャンスの最大化，いかなるものの社会からの排除も防ぐことにコミットすることが社会主義なら，ニュー・レイバーは社会主義である。」P. Mandelson / R. Liddle, *The Blair Revolution-Can New Labour Deliver?*, Faber and Faber, 1996, p. 30.
(14)　このために，ニュー・レイバーの転換が新しいものではないという評価を生むことがある。つまり，ニュー・レイバーが新たに依拠した倫理的な社会主義概念が，イギリスの倫理社会主義的な伝統に影響を受けていることについては先に述べたが，その点をもって，労働党の転換を古い価値や古い対立軸への回帰であるとする評価である。後述するが，ブレアが顕著に持つコミュニタリアン的志向も，その根拠として挙げられることが多い。

　例えばS．ドライバー／L．マーテルは，労働党の転換の本質を価値への移行に求めており，その点においては筆者とほぼ同様の視点に立つが，彼らはしかし，その移行を何か新しいものというよりも，倫理社会主義などに見られる古い言説への回帰としてみている。つまり，ニュー・レイバーの理念は自由や平等，個人主義やコミュニティという，近代政治思想上の，まさに倫理社会主義が登場した頃の対立軸へと回帰しているとするのである（S. Driver / L. Martell, *New Labour: Politics after Thacherism*, Polity Press, 1998, p. 178）。ブレアらの議論が，倫理社会主義という古い伝統から示唆を受けていることは確かであり，それゆえにニュー・レイバーは，転換を経た後も左派としてのアイデンティティの伝統を引き継いでいると

いうことは言える。また「目的と手段」をめぐる議論にしても,経済的な「手段」的議論の陰に隠されてしまった,本来社会主義が目的とした理念を立ち戻って再確認しようとする点で,古いものへの回帰という側面を持つことも,また確かである。しかし,それを単なる古い理念への回帰,あるいは古い対立軸への回帰としてとらえることは,労働党の転換のインパクトを曇らせることになる。なぜなら,第一に,そのような理念や価値を戦略の軸に据えるという点こそ,福祉国家的プロジェクトの行き詰まりの打開という現代的課題への対応であったのであり,その点の「新しさ」を過小評価してしまうからである。そして第二には,影響を与えた理念が古い価値であったとしても,それを現代的に鋳直すという過程が,労働党にはあったと思われることが挙げられる。例えば,1994年7月21日,党首就任の際の演説において,ブレアが「このこと[労働党の理念の刷新]は,我々の歴史的な連帯やコミュニティの原理を採用するが,しかしそれを今日の世界に合わせて新しくし,新鮮にすることを意味する」(Blair, *New Britain*, p. 31. [ ]内は引用者による補足)と言っている点からもそのことは示されよう。

その価値・理念が,ポスト福祉国家への展望として,どのように現代的に鋳直されたかについては,次章において詳細に検討することになるが,古い価値を活かしつつ現代的な理念を作り上げることこそ,ニュー・レイバーの持った目的であると言えよう。このことはまさに,法と秩序など権威主義的な伝統的価値規範を,ネオ・リベラル経済政策という新たな時代に対応させた言説に対応する形で再構成・接合し,その結果として新たなヘゲモニック・プロジェクトを構成したサッチャリズムと同様に,古い理念を参照しつつ,それを新たな時代の要請に合わせ再構成するという試みを伴っているのであり,それゆえに新しいのである。

(15) 例えば,イギリス労組会議(TUC)の国際部長であるM. ウォルシュは,全日本自治団体労働組合の調査団に対して,ニュー・レイバーはドイツのCDUコール政権よりも右寄りだとした上で,次のように述べている。「特に,ブレア首相の組合との関係を見てみますと,組合に対する理解とか,組合の必要性を認めるとか,その点においては,コール政権ほど組合の重要性とか組合の理解とかないんじゃないかと,私は思います。」全日本自治団体労働組合,前掲書,135頁。

(16) しかしこのことは,ニュー・レイバーがサッチャリズム化したということを意味しているのではない。経済・階級中心性の相対化を基軸とする方法的転換という点では共通性を持ちながらも,国家中心性の相対化といった共通の課題に対する,対応の相違という点において,両者は対抗する

(17) 舟場正富『ブレアのイギリス』，PHP 研究所，1998年，21頁。
(18) 実際ブレアは，1992年の総選挙での労働党の敗北の2日後には，同じ労働党のG．ブラウンに対して，綱領四条の廃棄の必要性について語ったと言われる。その点からも，ブレアにとって綱領四条改訂が，いかに優先順位の高い課題であったかが理解できよう。J. Sopel, *Tony Blair: The Moderniser*, Michael Joseph, 1995, p. 272.
(19) J. Rentoul, *Tony Blair*, Warnar Books, 1997, p. 410.
(20) P. Gould, *The Unfinished Revolution*, Little, Brown and Company, 1998, p. 226.
(21) Labour Party, *Report of Conference: Annual Conference 1994 / Special Conference 1995*, Labour Party, 1995, p. 105. 以下では本書を，*Conference, 1994 / 1995* と略記する。
(22) *Ibid.*, p. 199.
(23) Rentoul, *op. cit.*, p. 413.
(24) *Ibid.*, p. 413, 416.
(25) *Ibid.*, p. 417.
(26) *Ibid.*, pp. 420f.
(27) *Ibid.*, p. 421.
(28) Labour Party, *Labour's Aims and Values*, Labour Party, 1994, p. i. なお，舟場，前掲書，21〜22頁に，原文とその翻訳があり，筆者も参照した。
(29) 新綱領四条にも，手段は語られている。上記の引用部分の下に，例えば開かれた民主主義など，四点ほどその手段が挙げられている。しかし，新四条においてはまず理念を上記のように掲げ，「これらの目的のために」手段が挙げられるという構造になっており，あくまでそれは理念中心的なものとして書かれていると言えよう。このことは，新四条に向けて出された報告書が，「労働党の目的と価値」というタイトルである点からも窺うことができる。*Ibid.*, p. i.
(30) 1995年4月29日，臨時党大会での演説。Blair, *New Britain*, p. 55.
(31) 例えば，前者の批判を行った者としては，S．ニューエンス，P．ヘイン，C．アイアバイン，K．アブラハムらの党員がおり，また後者の批判を行った者としては，B．モリスやB．プリングルらがいる。*Conference, 1994 / 1995*, pp. 287 - 307.
(32) 労働党の中にプラグマティズム的性格を見出そうとする論者の中でも，それがどの時期に開始されたものであるかについては意見が分かれている。例えば，綱領四条改訂において始まるとするものもあれば，プラグマティ

ズムは労働党の以前からの性格にすぎず，綱領四条改訂はそれを強化したものにすぎないとするものもある。しかし，本書においてこの論点を採り上げる場合には，あくまで綱領四条改訂（あるいはニュー・レイバー）がプラグマティズムかどうかが主眼となる問題であるので，それが転換であるか継承であるのかについては問わない。以前からの継承 - 強化とする研究としては，例えば次のものを参照。G. R. Taylor, *Labour's Renewal? The Policy Review and Beyond*, Macmillan, 1997.
(33) *Conference, 1994 / 1995*, p. 294. また，この評価には，「選挙に勝てる」ことを目的とする議員などの肯定的なものと，党の基本精神を失うものだとする批判的なものとの二種類が存在する。引用した発言は後者の立場からの例である。
(34) 例えば，岡沢，前掲書，39頁を参照。
(35) *Conference 1994 / 1995*, p. 298.
(36) *Ibid.*, p. 306.
(37) *Ibid.*, p. 307.

第9章　新たな政策と言説
──国家中心性へのオルタナティヴ

　　「綱領四条改訂は，労働党の目標へ向けての，第一ステップにすぎない(1)。」

　ブレアは，綱領四条改訂後，雑誌のインタビューに対してこう答えた。確かに，綱領四条改訂は，労働党の新しいヘゲモニック・プロジェクトの構成を宣言するものであったが，前節で検討したように，それは方法的転換を示したにすぎない。そのヘゲモニック・プロジェクトが，多元性と差異の時代にあって，いかなる新たな政治的統合原理として展開されているのか，その具体的な内容については，まさに綱領四条改訂を超えて検討しなければならない課題となるのである。また，ここまでの検討で，ニュー・レイバーの依拠する理念が，コミュニティや機会均等といったものを重視する「倫理社会主義」あるいは「社会‐主義」にあることについて述べてきたが，それは未だ抽象的なまさに理念レベルにとどまっており，これらの理念が更に具体的にどのような提言へと結実していったのか，あるいは背景にどのような提言を持っていたのかを見ていく必要がある。「社会主義」の理念的見直しや綱領四条改訂の背景には，その表面には表れない形で多くの理念的・政策的提言が存在しており，また改訂後にも，それをより具体化するために多くの提言が生み出された。これらの提言は，ニュー・レイバーが目指すポスト福祉国家像を示していると言える。本章では，前章の議論を踏まえた上で，綱領四条改訂前後の党改革の時期に，労働党において構成されてきたそれらの言説が，ポスト福祉国家における政治言

説としてどのように具体化されたのかについて考え，それが持つ意義を検討していきたい。特にその際の論点としては，ポスト福祉国家の言説として要求された，国家中心性の相対化というテーマに対して，ニュー・レイバーがいかなる選択肢を採ったかということが挙げられる。この論点の検討は，ニュー・レイバーが，どのように福祉国家的戦略の限界を克服し，ポスト福祉国家の政治構造を構成しようとしたかを更に明確にすると同時に，サッチャリズムとの間でそれが構成した対立軸を映し出すことになるだろう。

第1節　社会正義──福祉国家を超えて

　ニュー・レイバーにとって，新たな理念の軸となったものは「社会正義 Social Justice」というスローガンであった。その言葉自体は，戦後の労働党の言説において広く存在したし，また例えばキノック期の「政策見直し」の中間報告書である『社会正義と経済効率性』(2)のタイトルとなっている点からもわかるとおり，新しいものではない。しかし，それがニュー・レイバーのヘゲモニック・プロジェクトの基軸となる言説として，新たな形で注目されたのは，ブレアの前の党首であるスミスが，社会正義委員会 Commission of Social Justice（以下 CSJ と略記）を，労働党系シンクタンクの公共政策調査研究所 Institute for Public Policy Research（以下 IPPR と略記）の一機関として設置したときであると思われる。CSJ はその後多くの報告書を出し，それらはブレアを中心としてニュー・レイバーの政策提言を支えるものとなった。

　CSJ の目的は特に次の点にあった。つまり，戦後体制を支える「社会経済的平等」の理念を生み出す契機となったベヴァリッジ報告の時代的限界を明らかにし，それに替わる新たな理念を生み出すという点である。その意味で CSJ の目的は，戦後体制型の福祉国家からの脱却と，新たな形での大衆統合を目指しうる理念や展望の構築にあり，この新たな理念が，「社会正義」の言説に意味付与されていくことになる。

　このような CSJ の提言はブレアなど労働党の転換を主導した人物にも影響を与え，「社会正義」の言説はニュー・レイバーによって新たな理念の中心に据えられることになったと思われる。したがって，以下では「社

会正義」を中心としたその政治的言説について検討していくことにより，ニュー・レイバーの新たな戦略の内容とそれが持つ意義について見ていくことにしたい。それは特に，第一には従来型福祉国家に対する批判（それは同時に従来型左翼戦略に対する批判でもある）の文脈から，第二にはサッチャリズム批判の文脈から，何を問題化し何を乗り越えようとしたのか，という問題に焦点を定めることになるであろう。そして，そこから引き出された意義が，「政治的領域の拡大」といった理念とどのように重なり，いかなるポスト福祉国家の構想として具体化されているのかということが，最終的な検討課題となる。

さて，「社会正義」が新たな理念の軸として注目される背景には，サッチャリズムに対する批判があった。それは一口で言えば，サッチャリズムによる福祉国家改革（あるいは福祉国家の解体）を，どのように評価するかという問題と深く結びついていた。ブレアは，サッチャリズムの生みだした問題として次の三つを挙げる。第一に，失業や貧困などの経済的不平等の増大であり，第二に機会 Opportunity の不平等の増大であり，第三には，そのような不平等増大の社会的コスト（例えば犯罪の増大など）である[3]。

これらのサッチャリズム批判は一口で言えば，不平等の増大という点に焦点が定められている。しかし，ここで重要なことは，それが貧富の差など，経済的不平等だけにはとどまらない点にある。上記の二点目にも表れているように，例えば教育へのアクセスの不平等など，諸個人が自らの才能を十分に発展させるために必要な機会の不平等が存在する[4]。また，例えば福祉サービスの受給にしても，市場的なサービスを受けることができその意味でサービスに対して選択権を持ちうる者と，国家的な画一的給付を受け入れなければならない者との間での，選択権の不平等が増大した[5]。これらの不平等は，サッチャリズムが持った中央集権的志向と重ねて考えれば，中央と地域との間での決定権の不平等の増大との関連でも語られうるし，また，政治的権利との関連で言えば，エスニック・マイノリティなどに対する参加権の不平等にも繋がる問題である[6]。また，サッチャリズムによってもたらされた失業の増加は，所得の不平等のみならず，働く権利や勤労による自己実現への可能性の不平等をもたらしていた。したがって，問題化された不平等は，経済的なものだけではなく，決定権や参加の不平

等へと拡大して解釈されているのであった。

　このように広がった「正義のギャップ」の問題をいかに解決するか，この問題への対処こそ「社会正義」の言説を構成する際には最も重要な課題であった。この課題はもちろんサッチャリズム批判という文脈を持つために，全面的な自由市場化に対する対抗という側面を持っており，そのような課題を抱える「社会正義」の言説は，従来の左翼アイデンティティと共通の側面を持っていた。しかし，そのことは従来型の福祉国家への回帰的な支持へと繋がってはいかない。なぜなら，サッチャリズム批判として展開された多くの不平等，特に決定権や参加の不平等は，従来の福祉国家にも根源を持つものであったからである。つまり，解決すべき問題はサッチャリズムによってのみ生み出されたものではなく，イギリスの戦後体制を通じて組み込まれていたのであり，それが時代の変化によって現代的にクローズ・アップされているものなのである。このことは，ベヴァリッジ報告批判の文脈から生じるものであるが，特に次の点が重要であった。

　　「50年前の福祉国家は，専門家の専門技術の上に形成されていた。あまりにもしばしば，人々は政府によって適切に考えられたサービスや便益の受動的受給者として扱われた。今日，活動的で，私的財やサービスについてよく情報を与えられた消費者である人々は，公共空間においてより多くの決定をすることを欲する。」

　テクノクラート的な画一性に依拠して，福祉をはじめとする様々な政策や行政が行われる福祉国家では，その意味において市民は選択権や参加権を剥奪されていた。受け手の側に画一性が受け入れられる状況下においては，この問題性は顕在化しなかったが，多元化や多様化といった社会的変化により，ますます多くのイシューが個人の決定に委ねられるべき状況となる過程で，そうではなくなる。例えば，消費者的選択や自己決定への要求は，画一的なサービス供給の有効性を掘り崩していった。特に，教育や福祉におけるニーズの多元化は，この傾向を強めていったと言えよう。また地域的な差異の承認や分権化への要請，人種や移民などに代表されるアイデンティティの多元化状況もまた，国家による画一的な扱いの有効性を

第9章　新たな政策と言説——国家中心性へのオルタナティヴ　259

喪失させる要因となった。このような，ニーズの多様化や差異の深化の中で，これらの多元的な市民の要請と，画一的な決定の間には軋轢が生じ，現代的な福祉国家の問題点としてクローズ・アップされることになったのである。

　したがって，(従来型の) 福祉国家が持ったテクノクラート的画一性の性格を考えるならば，上で指摘された，決定権や参加の不平等という問題は，その根源を福祉国家そのものの中に持っていたのである。多元性の時代において問題化された決定権や参加の不平等の問題は，決定権や参加の剥奪という点で，福祉国家自体にもその問題の根源が組み込まれているため，従来型の福祉国家への回帰によっては解決されえない。その結果，「社会正義」は左派アイデンティティとして，時代適合的な新たな意味付与を必要とすることになる。

　左派アイデンティティのメルクマールとしての「社会正義」は，一方ではサッチャリズムの中に問題を発見し，他方では従来型の福祉国家にも回帰できない中で，どのような論理を与えられるのであろうか。その契機は，ブレアが演説などで頻繁に口にする二つの言葉——機会 opportunity 及びステークホルダー stakeholder——の中にあると思われる。これらの二つの言葉は，「機会の (実質的) 平等」(12)という側面を重視するものであり，CSJにおいてもその論理は重要な位置を占めるものである。以下では，この「機会の平等」という側面に照らしつつ，「社会正義」の新たな論理の一端に迫りたい。

　ブレアやCSJの重視する「機会の平等」の論理は，福祉国家における市民の受動性の問題をいかに解決するかという問題にその根源を持っている。受動性の問題は，一つには，福祉国家による市民の依存的体質の強化——例えば，国家的給付を受け勤労意欲を持たなくなるといった——という，ネオ・リベラルの福祉国家批判の中でよく聞かれる論点とも重なっているが，しかしそれのみを意味するものではない。(13)すなわち，市民の選択権や参加を剥奪し，画一的に市民を扱おうとする福祉国家システムの性格が問題化されており，そういった広い意味での市民の受動性批判の観点を含んでいるのである。(14)時代的変化の中で，多元性や差異に基づく市民の自己決定的な志向と，テクノクラート的な画一性との間には軋轢が生じており，

その意味で、市民を受動的な立場にとどめておく様式には限界がある、という観点こそがここでは重要である。

受動性批判は、ネオ・リベラルによる福祉国家批判の根幹でもあったため、サッチャリズムもまた、この方向性を共有していた。つまり、これまで国家的な給付の領域にあり、その意味で画一的に行われていた諸サービスの供給を、民間セクターに委ねることにより、市民の消費者的な自己決定を可能にしようとする観点である。このことは同時に、国家的扶助の削減と民営化による市場中心性へのシフトを伴って、市民の競争心、企業家精神を高めることによって、市民の受動性の問題を解決しようとするものでもあった。しかし、それゆえ、サッチャリズムによる国家の縮小と民営化の手法は、様々な問題点を顕在化させることになった。つまり、この解決法は、福祉国家に対する依存的体質の解体という点に対しては確かに有効性を持つが、それは自己決定が不可能な層も生み出し、そこに機会の不平等を生み出すという点である。上記のように、例えば一方で民間のサービスを選択しうる者と、他方で選択しえない者、あるいは国家的給付に頼らざるをえない者との間での不平等が生じる構造となってしまい、したがってそこには、機会の不平等が生じる結果になる。この点こそ、「社会正義」の言説によって批判される最も大きな要素であった。

この文脈の上で、ニュー・レイバーは次の課題に直面していたと言えよう。つまり、一方では、労働党の従来型戦略もまた主導した市民の受動性の問題を、いかにサッチャリズム的問題を回避しつつ、解決する論理を生み出すかという課題である。より具体的にいえば、市民の受動性の原因となった国家の中心性の相対化を、民営化などの市場の全面化による国家の縮小という選択肢のみに陥ることなくいかに達成し、市民の自己決定的な志向と、国家の持つ画一性との間の軋轢を克服していくかということが問われたのである。

この問題に対して、まず第一に、市民に対して選択権や参加を保証し承認するシステムを与える必要性が認識された。CSJ は、福祉国家における市民の受動性を問題化した上記の引用に続く形で次のように述べる。

「人々は多様なニーズを持ち、彼らはほとんど常に自らのニーズにつ

いての最善の判断者であるので，彼らはいかにニーズが充足されるかについての決定において，より大きな発言権を持たなければならない。」
(15)

つまり，自らに関わる諸問題に対して，自ら決定を下しうる——自己決定——領域を拡大することにより，多元性と差異に対応していこうとする点が，ニュー・レイバーの言説の中での一つの大きなポイントとなっているのである。その結果，何らかの問題を抱える市民に対して，直接的に解決を与えるのではなく，解決しうる機会を与える——したがって，解決の方法自体はその市民の選択に委ねられる——形で対応しようとする点で，「機会」というものが重視される。

このような，福祉国家における市民の受動性の問題化と，自己決定の重要性の観点は，政治理論上の潮流から言えば，ラディカル・デモクラシー論とその発想を共有している。つまり，福祉国家は，市民が国家的な権力に依存するシステムを構築してしまうため，市民の自己決定的な能力を剥奪する。したがって，その意味において福祉国家は本来的に非民主主義的であるといった議論と重なりを持っていると思われるのである。その志向(16)は，国家中心性からの脱却やフレキシビリティの導入といった方向性へと結びつく。(17)

しかしこの点は，理念的には先に見たようにサッチャリズムと共有されるものであり，これだけではサッチャリズム的諸問題の回避の論理は生じない。したがって，ニュー・レイバーは，これらの志向を共有しつつ，いかにサッチャリズムの持つ問題性を克服する論理を付加したのかという点を見ることが，ここで重要となる。

ニュー・レイバーにおける，この点に対する回答こそが「機会の平等」の論理であると思われる。それは第一に「可能性の再分配」という論理を(18)軸としている。ここには，何らかの問題を抱える市民に対して，現金であれサービスであれ，画一的な決定に伴って直接的な解決を与えるのではなく，それらの問題を解決しうる可能性を付与していくという論理が含まれている。したがって，サッチャリズムとは異なり，再分配の論理は維持されるのであるが，しかし一方で，再分配されるものが，解決への可能性で

あり，解決の条件である点において，福祉国家的な問題を克服しようとするのである[19]。すなわち，解決の条件を与えるのであるから，解決自体は市民の手に委ねられるという点で，市民の受動性は解決され，またそのことにより多様性にも対応しうると考えられるからである。

　この論理は，次の点でサッチャリズムとは袂を分かつ発想に基づいている。つまり，市民の自己決定の要求を重視しているとは言え，市民社会を，完全な自律的諸個人の集合としては見ていない，という点である。つまり，現状では，市民は何らかの障害を与えられていることが多く（例えば，貧困，教育を受けていない，エスニック・マイノリティ，等々）[20]，全市民が完全に対等な自律への可能性を享受しているわけではない。したがって，そこには自律性への補助，すなわち，自己決定を可能とする条件の付与が必要となるとされるのである。このことこそ，可能性を再分配するという論理であり，個人の自己決定へと全てを解き放つことによって，その中に不平等が発生することを放置するサッチャリズムとの違いなのであり，時代適合的に読みかえられた左翼アイデンティティの遺産でもある。

　この論理は例えば，ニュー・レイバーが教育や職業訓練に力を込める点に表れている。CSJやブレアは，単に学校教育だけではなく，生涯教育という形で，諸個人が彼らの才能を十分に発展させ，自らの選択によって生活を設計する能力を持ちうる機会を付与することの重要性を，ことあるごとに強調している[21]。そのことは，97年総選挙のマニフェストにおいて「教育が最優先課題です」とされている点にも示されていると言えよう[22]。また，やはりマニフェストに掲げられている，「福祉から仕事へ Welfare to Work」の論理も，失業者に対して失業給付という形で現金を与えるだけではなく，職業訓練や教育の機会を付与することによって，自らの望む仕事に就く可能性を開かせるという点を重視しており，ここにもやはり可能性の再分配の論理が活かされているのである[23][24]。したがって，上の論理においては，可能性の再分配を行う主体として，国家の役割も承認されることになる。目指されることは，国家機能を市場を中心とした領域へ委譲するだけに終わる単なる「国家の縮小」ではなく，多様性に対応しうる形での国家のフレキシビリティ化であり，「国家の改革」なのである。

　この論理は，表現こそ変わるが，ニュー・レイバーの言説の構成に携わ

った人々が持つ共通の志向であったと言える。ギデンズが「可能性の再分配」という形で、これらの論理を示したことは既に見たが、他にも、ブレアの言う「ステークホルダー」もまた、市民一人一人が可能性を持った賭け主 Stake Holder となりうることを保証するという点で、同様な意味での機会の平等を表現している。他にもマンデルソンが「退出 opt-out から参入 opt-in へ」という場合や、ＣＳＪが「投資者 Investor のイギリスへ」という場合にも、一部の恵まれた人だけが能力を伸ばしうる社会ではなく、全ての人々がその機会と可能性を与えられるよう投資することが重要だという点で、この論理を共有しているのである。

　以上のように、ニュー・レイバーの構成した「機会の平等」は、一方で諸個人の自律性を重視し、選択権や決定権を付与していくことで、テクノクラート的な福祉国家システムの限界を突破しようとするが、他方では、その選択権や決定権を可能とする条件の付与を重視するという点で、サッチャリズム的な個人主義的社会の問題点を克服しようとする。その論点から発展して、国家機能の縮小を最大の目的とするのではなく、条件の付与という点において国家の機能を承認し、まさにそれに対応しうる国家への改革の志向を持つ点においても、ニュー・レイバーの戦略はサッチャリズムを克服しようとしていると言える（この点について、詳しくは次節で述べる）。すなわち、市民の受動性や国家的画一性の問題の解決の手段として、国家中心性の相対化の必要性を認識しつつも、それがサッチャリズム的な「国家の縮小」に繋がることに伴う問題性を回避する言説として、「機会の平等」は組み立てられているのである。

　したがって、ここには次の論理が見出される。つまり、福祉国家の「国家中心性」に伴う諸問題を共通のテーマとしながらも、ニュー・レイバーとサッチャリズムは、異なる言説を構成し、そこに対抗軸を形成しているという点である。それゆえ、国家中心性の相対化をいかに果たすかという点をテーマとして、サッチャリズムとニュー・レイバーにはヘゲモニー闘争の論理が生じているのであり、そこに、「新しい政治」の右 - 左の軸も形成されているということが言えるのである。この論点については、次節以降の更なる分析も踏まえて、後に詳述することになるが、ニュー・レイバーが構成した「機会の平等」というテーマにおいても、この論理が明確に

表れているということが言えよう。

　さてこう見てくると,「社会正義」あるいはそれが軸とする「機会の平等」の論理が,第2部で採り上げたヘルドの「民主主義的自律」と同様の過程をたどって構成され,また内容的にも共通した志向を持っていることが理解されるであろう。ヘルドもまた,多元性と差異への対応策として,自律性を重視するが,しかしリベラリズム的な問題点を克服するためには,第一には,市民社会内の権力関係によって不利な立場にある層への権利保障（すなわちシティズンシップ）によって,第二には個人的決定だけではなく集合的決定の重視（すなわち参加と討議）によって,自律の概念を「民主主義的自律」へと繋げなければならないとするのである。この中でも特に前者の論理は,ここで見たニュー・レイバーの機会の平等の中核に組み込まれていると言える。

　他方で,ニュー・レイバーの提示する「社会正義」の論理が,福祉国家的諸問題の克服という文脈の上で,個人的決定だけではなく集合的決定を重視するというスタンスを持っていることも明らかである。そのことは,例えば時代の変遷によって重要性を増してきた高齢者福祉の問題や,ニュー・レイバー自らが重視する教育や職業訓練など,現金給付よりもサービス給付が重要になっているという認識に伴って生じている。(28)つまり,それらのサービス供給を,コミュニティの実践やボランタリー活動に委ねるという志向である。この志向においては,サービス供給の在り方を,コミュニティであれボランタリー集団であれ,給付の対象者も含めて集合的討議の中での決定に委ねるという点で,従来の福祉国家システムにおいては国家機能であった決定権限を,市民社会の諸集団に委譲することが強調される。そしてそれによって,個人的にではなく集合的に市民の自己決定を可能にし,多様なニーズを抱えるようになった社会的基盤の要請に応えようとするのである。

　この集合的決定の論理は,ニュー・レイバーにおいて,これまでに述べてきた「機会の平等」と結びついたものである。なぜなら,個人主義的な決定権限の委譲によって生じがちな機会の不平等を,個人を集団の一員として位置づけ,集合的な討議と決定の中でその機会を保証していくという論理によって,解消していく試みでもあるからである。それとともに,集

合的決定の論理は，コミュニティというスローガンと結びついて，機会の平等と並ぶ「社会正義」の一つの大きな軸となっている。そのことは，前章で引用した新綱領四条の中にも「コミュニティ」という言葉が含まれている点からもわかるが，このコミュニティの論理こそ，ニュー・レイバーの言説における，政治制度改革にまで踏み込んだ提言の重要な要素であり，また，サッチャリズム的な「国家の縮小」ではない，ニュー・レイバーによる「国家中心性の相対化」の論理をより鮮明にする，最も包括的で，かつニュー・レイバーの理念を一貫した形で根拠づける政治的言説の出発点でもある。つまり，コミュニティという論点には，ニュー・レイバーが追求する「国家の改革」の具体像の一つが現れており，またそれを根拠づける理念として「政治的領域の拡大」の出発点がはらまれているのである。この論点こそ，ニュー・レイバーが，ポスト福祉国家およびポスト・サッチャリズムの一つのポイントとした，「国家の改革」の具体像を，鮮明にするものである。したがって，次節以降では，コミュニティという論点に焦点を定めることによって，ニュー・レイバーの言説がどのような意義を持つものであるのか，特に，ニュー・レイバーがどのような手段をもって「国家中心性の相対化」を目指し，サッチャリズムとの間で対抗軸を形成しているのかについて，より明確にしていきたい。

第2節　政治的革命——分権とコミュニティ

(1)　政治的革命

　CSJが「社会正義」の理念を構成する際には，三つのステップが必要であった。第一のステップは経済的革命である[29]。このことは，ニュー・レイバーの検討においてよく言われるように，福祉国家を経済面で支えたケインズ主義的経済管理の打破や市場へのシフトを伴うものであり，「国家中心性の相対化」を達成するための不可欠な一手段でもあった。この点のみがとらえられると，ニュー・レイバーに対してサッチャリズム的な評価が生み出される原因ともなる。

　しかしCSJの目的は，単に経済的革命によってのみ，福祉国家の抱える限界を突破しようとするものではない。なぜなら，これまでも述べてきた

ように,この改革だけでは多くの問題点を放置してしまうことを,サッチャリズムが実証したからである。したがって,一方で従来型の福祉国家システムの限界を認識しつつ,他方でサッチャリズムの問題点をも克服するためには更なる改革が必要とされるが,それが「社会的革命」であった。[30] この社会的革命は,前節で検討したように,ベヴァリッジ期からの時代的変化をとらえ,サッチャリズム的な不平等をも解消しうる言説として,「社会正義」を生み出すものである。そこでは,機会の実質的平等を軸として,市民の自己決定権を重視し,その決定の可能性を分配していくという論理が構成されている。この論理こそが,前節の内容であった。

しかし,CSJの提言はこれにとどまらず,第三のステップが存在する。この第三のステップについて,CSJは次のように述べる。

「経済的そして社会的改革は,政治的領域において支持されなければならない。政治的諸要素——権力,大衆の態度,制度的諸構造——が,変化を可能にしたり,あるいはそれを妨げたりするのである。」[31]

つまり,前節で述べられた論理を可能とする形で機能しうる政治システムをいかに構成するかという問題であり,この問題こそが「政治的革命」[32]である。ここでCSJの問題提起は,自らの理念に適合的な政治的制度の改革の問題——「国家の改革」の具体像——へと至る。そこでは一方で,自己決定を可能にするために市民社会はいかにすればその機能を発揮しうるか,そしてそのためにはどのような市民社会の改革が必要であるか,という「市民社会の政治化」の側面からの問題提起がなされる。他方では,国家機能はいかに改革されるべきか,つまり第一にはどのような機能を市民社会へと委譲させうるのか,第二には市民社会の政治化を支えるためには,どのような国家機能の改革が必要であるのかという視点が盛り込まれる。これらの「政治的革命」は,ニュー・レイバーの代表的スローガンの一つである「モダナイゼーション」とその意図を共有しており,ニュー・レイバーの戦略の最も包括的な,政治的構造転換の問題提起である。したがってこの問題は,ニュー・レイバーの言説を政治学的に分析するためには欠かすことのできない論点である。本節では,この「政治的革命」の構想に

第9章　新たな政策と言説——国家中心性へのオルタナティヴ　267

ついて，コミュニティや分権という側面に焦点を定めつつ検討し，ニュー・レイバーの新たなヘゲモニック・プロジェクトの言説のもつ政治学的意義——「政治的領域の拡大」の可能性と，そのポスト福祉国家政治戦略としての具体化——について考えていきたい。

　第1節でも述べたように，ニュー・レイバーの新たな言説の構成，とくに「社会正義」の言説は，これまでも述べてきた，福祉国家戦略の限界の克服の観点から生じたものである。その中でも重要な要素の一つは，市民を，センターによって考えられたサービスの受動的受給者としてとどめておくことの限界であった。つまり，決定はセンター，市民は受動的という，福祉国家システムの構図が持つ問題性が，多元性と差異の時代の中で明らかになりつつあるという認識が，議論の中心となってきたのである。ここまでは福祉国家の限界と克服ということを強調するために，福祉や教育，職業訓練などの政策に絞って考えられてきた。しかし，この問題は，福祉政策や社会政策といった側面に関わるだけではなく，より広範な領域における国家と市民の間での軋轢，市民の自律性一般に関わる問題でもある。「政治的革命」はしたがって，福祉サービスや社会政策などの領域だけにとどまらず，より政治・行政一般の問題として，福祉国家を支えた政治システムそのものの問題性とその克服を考える際の言葉として用いられる。したがって，一般化された「政治的革命」の諸相及び，その意義を検討することが，ニュー・レイバーの言説の全体像をとらえるためには，必要となる。

　「政治的革命」は，最も広い意味では何を意味するのか。最も広い意味では，それは「統治する者と統治される者との間の関係の根本的に新しい方向づけ」である。つまり，前節で見た内容を中心として，時代的変化や，多元性の増大，それに伴う市民の側からの新たな要求にさらされる中で，従来の統治システム，特に中央集権的なトップ・ダウン型官僚制に限界が生じていることを認識し，何らかの形でその改革が求められているという志向がそこには込められている。この問題意識は，前節で見た自己決定権とその可能性の付与から多元性と差異に対応しようとする「社会的革命」の問題意識と重なっており，その意識をまさに政治的な制度改革へと結びつけようとするものであった。そのことは，ボトム・アップ的な自己決定

の必要性へと繋がり、その制度的統治システムとしては、コミュニティや分権化といったものが求められていく。この点について、以下で①市民サービスの領域におけるボトム・アップ的な発想と、②地域的民主主義の観点からの分権の発想の二点に分けて、この「政治的革命」の内容と意義について、より具体的な事例を見つつ検討していこう。

(2) 市民サービスとコミュニティ

まず第一に、前節で述べた福祉政策や社会政策も含め、広い意味での市民サービス供給の文脈において。ここにおいてまず、サービスの選択権を保障することや、サービスをコミュニティ的な実践に委ねることによる、ボトム・アップ的な自己決定への発想が重視されることになる。つまり、これまでは国家＝供給者、市民＝受給者であった構図を、市民を供給者の一部として組み込むことによって変化させていくことを目的としているのである。その際、地域、ボランタリー組織を問わず、コミュニティ単位での討議や実践活動の領域を拡大することが必要であり、そのような形で政治システムを再構成しなければならない。

この発想に対して重要な影響を与えたものは、Ｒ．Ｄ．パットナムの「社会資本」の原理であった。彼によれば、近隣ネットワークであれコミュニティ・グループであれ、様々な市民社会の諸制度と諸関係が構築されている場合（つまり、社会資本を有する場合）に、より民主主義的なシステムが可能になるとされる[35]。この議論は、いかにそのようなコミュニティ・グループなどを育成し、そこでの集団的自己決定を可能にするかという点で、「市民社会の再構築」の必要性へと繋がっていく。この点について、ブレアは次のように発言している。

　　　「我々は、様々な方法で、市民社会を再構築できるが、その際本質は次のような点にある。つまり、……それが明確な義務の感覚に基づくルールを持たねばならないことに同意し、そのルールがどのようなものであるべきかオープンに討議することである。[36]」

この発言に見られるように、ブレアは、コミュニティ中心的なボトム・

第9章　新たな政策と言説――国家中心性へのオルタナティヴ　269

アップのシステムの重要性を認識していた。それは，コミュニティ単位での市民サービス供給権限を拡大することにより，国家的な画一性の限界を克服し，多元的で差異的な市民に対応するために必要であるとともに，例えば「若い人々のエネルギーとアイデアを，コミュニティ・ワークと結びつける(37)」ことによって，若者のライフ・チャンスを拡大しようとする目的などを持つものでもあった。このコミュニティの観念は，「倫理社会主義」や「社会‐主義」といった理念の持つ連帯への信念とも共鳴するため，ニュー・レイバーの新たな言説にとって，不可欠な位置を与えられたのである(38)。

　ここで重要な点は，左翼的なニュー・レイバー批判の論者の議論に見られるように，上記のコミュニティ志向が，単に市民の側の自助に任せ，国家の役割を主に財政的な理由から縮小するという目的によって行われたのではないという点である。つまりそれは，「市民社会の自律化」に伴う「国家の縮小」のみを目的としたものではない。例えばCSJは次のように述べている。

　　「人民に導かれた［コミュニティの］再生は，コミュニティが彼ら自身の働きに放たれるべきであることを意味するのではない。『コミュニティ』についての魔法は存在しない。それは，効果的な政府の必要にとって代わるものではない（またその点において，政府が働く方法を再創造する必要性にとって代わるものでもない）。コミュニティは，地域忠誠心の最善の形をもたらすかもしれない。あるいは人種主義的で差別的で排除的であるかもしれない。リスクを受け入れることなしには，あるいはいくつかの失敗なしには，協同的な諸関係はほとんど形成されない。(39)」

　ここに示されていることは，つまり，コミュニティに権限を委譲すれば，必ずボトム・アップ的で民主主義的な運営が可能となるわけではないということである。例えば，極めて非民主主義的な形で運営される可能性もあれば，そもそもコミュニティが形成されず，自己決定が不可能となる場面もありうる。コミュニティへの委譲を，自助に任せて行う場合には，こう

いった危険が伴うのであり、コミュニティへの権限委譲そのものが、自動的に全ての処方箋となる「魔法」なのではない。

　CSJが単なる自助の観点からコミュニティを主張しているのではないということの根拠は、上記のような自助に伴う危険性を認識し、まさにその危険性を回避するためにはどのような手だてが必要であるかという問題に、多くの議論が割かれている点にある。これらの危険性を持つ以上、そうではない形でコミュニティが形成され運営されるために、何らかの国家的な補助が必要となる。しかしそのことは、コミュニティ運営に対して過度の介入を招かない形で行われなければならない。その補助の目的は「差異を抑圧することではなく、公的な討議の道を開くこと[40]」にあるからである。決定権をあくまでコミュニティに残す形での補助、つまり、コミュニティの民主的決定を可能にし、決定権を委譲するための補助はいかに可能かという点に、コミュニティへの分権の焦点は定められていく。

　この点について、CSJは具体的に「コミュニティ再生」のプロジェクトとしての提言に至っているので、そのいくつかを採り上げておきたい。まず第一に、新しいボトム・アップの再生戦略の軸として構成されるものが、コミュニティ発展トラスト Community Development Trusts（以下CDTと略記）である。この機関は、前述したコミュニティの困難性に対して、援助や助言を与えることをその主要な機能としている。CSJはこのCDTについて、次のように述べる。

　　「おそらく全ての中で最も重要な原理は、トラストが、便益のアドバイスであれ、教育や訓練の給付であれ、企業の立ち上げのサポートであれ、既存の諸活動の中で、社会資本を拡大し、生活の質を改良し、人々の雇用可能性を高めるために、彼らの仕事を統合すべきであるということである[41]。」

　より具体的には、次のような例が挙げられている。例えば、コミュニティにおいて地域的なミニバスサービスを立ち上げようとする場合には、CDTから、ミニバスの運行に関してアドバイスや訓練を行う者が派遣されるといった例である。他にも、チャイルド・ケアやセキュリティ・サービ

第9章　新たな政策と言説——国家中心性へのオルタナティヴ

スなどにおいて，同様なアドバイスや訓練が可能であるという例も挙げられている。これらの提言において重要な点は，いくつかのサービスをコミュニティ的な実践に任せることで，より市民に近い立場からのサービス供給が可能となり，国家的な画一的給付の限界性を突破できるということであるが，他方では，それらの活動を完全に自助に任せるのではなく，常に国家的にサポートしていくという論理が含まれている点でも重要である。この中には，前節で述べた「機会の平等」と同様，サービスそのものを与えるのではなく，サービスを供給しうる条件を与えることによって，市民の間での討議的・自己決定的な実践をより可能にしようという目的が含まれているのである。

　また，このような提言の例として第二には，CDTの上部機関として，ナショナル・コミュニティ再生機関 National Community Regeneration Agency（以下NCRAと略記）がある。NCRAについて，CSJは次のように述べる。

　　「その機関は，ローカル・プロジェクトを監視 moniter・評価し，良い実践について助言し，また，再生イニシアティヴへと地域の人々を従事させていることを示しうるトラストに対して政府基金の放出を行うか否か，助言を与える。」[(42)]

　つまりNCRAは，CDTがコミュニティの要請に対して行っている援助活動を監視・評価し，高い評価を与える場合には，そこに財政的援助を与えるよう政府に対して申し立てるのである。このように，コミュニティ－CDT－NCRA－国家という重層的な援助関係の中でコミュニティの活動はサポートされていく。また財政的には，国家的給付のみならず，コミュニティを基盤とした信用組合的な銀行の設立についても述べられており，具体的にはバーミンガムに設置されたアストン再生トラスト Aston Regeneration Trust の例が挙げられている。[(43)]

　さて，ここで紹介したコミュニティ志向には次の特徴と意義があると言えるだろう。まず第一には，これらの志向は福祉国家の限界を，市民の側の自己決定の領域を拡大することで解決しようとする目的を持つのであるが，その自己決定が，個人主義的にのみではなく，集合的な形で高められ

ようとしている点である。この点について CSJ は、「諸個人を消費者としてだけではなく、市民としてみることが極めて重要である」としている。なぜなら、「重要な点は、反応的で効果的なサービスを与えることであり、そのデザインはパターナリズムではなく、参加と民主主義に基づかなければならない」からであり、そのためには諸個人が、「公的サービスの共同の生産者」でなければならないのである。その結果、CSJ はコミュニティ的実践を重視する。そこでは、集合的な実践により、市民がサービス供給の中に参加できるシステムが構築されるのである。

この論理は次のような意義を持っている。コミュニティ単位での参加のシステムに伴う、自己決定的な供給メカニズムを整備することで、福祉国家が持った受動性と画一性の限界を克服しようとする意義である。つまり、これまで再三問題となってきている国家中心性を、コミュニティ単位での市民参加への権限委譲という形での「政治的領域の拡大」の論理をもって相対化し、そのことによって多様性と差異に対応しようとしているのである。ここには、ニュー・レイバーによる、「国家中心性の相対化」の方法が込められている。

しかし他方でこの「国家中心性の相対化」が、次の点でサッチャリズム的「国家中心性の相対化」へのオルタナティヴでもある点が重要である。第一に、ここには、前節でも述べたように、民営化・市場化によって、「消費者」としてのアイデンティティのみを強調した形で市民の自己決定を高めたサッチャリズムに対抗しようとする側面が認められる。つまり、単に個人的な消費者としてだけではなく、発言権、更には実質的・実践的な参加の権限を市民に与えることが可能になる。そこでは、供給者と利用者がともにプロジェクトの決定に携わる主体となりうるため、選択権を持つとはいえ受動的な立場にとどまる消費者としての主体を乗り越えるのである。

第二には、CDT や NCRA の例で見たように、コミュニティ実践を単に自助に任せず、それを援助するシステムを構築しようとしている点であり、この点において単なる「国家の縮小」ではない「国家の改革」の論理が目指されている。このことは、あくまでコミュニティが自己決定や実践を行いうる条件を援助するという点において、従来の国家中心性からの脱却を

第9章 新たな政策と言説――国家中心性へのオルタナティヴ

図る意図を持っている。この志向は，CSJのみならず，ニュー・レイバーのヘゲモニック・プロジェクトに共有されているものということができるだろう。例えば，マンデルソン／リデルは次のように述べている。

「それは，ナショナルな政府の役割を，中央の計画者や供給者としてよりも，促進者や枠組設定者のそれとして見る。またそれは，多様性やローカル・イニシアティブを礼賛し，画一的解決が働かないことを信じる。」[45]

ここで重要なことは，画一性を生み出す国家的解決の限界が認識され，それが上記のような改革に結びついているが，しかし，他方でそれは，単なる「国家の縮小」の提唱へとは繋がっていかない点である。ここに，サッチャリズムへのオルタナティヴとしての意義が存在する。そこでは，コミュニティにおける「参加と民主主義」が可能となるよう，「市民社会の改革」の担い手としての，国家の役割が承認されているのである。同時に国家の側もまた，その限界性を突破するために，コミュニティを中心として政治化された市民社会にその機能を移譲することによって，「促進者や枠組設定者」としての性格を持つよう，改革されなければならない。ここには，国家改革の中に，市民社会への権限委譲が組み込まれ，また市民社会への権限委譲を果たすための市民社会改革のために国家が必要とされるという，「国家の改革」と「市民社会の改革」の，「二重の民主主義化」の論理が含まれている。このことによって，自助（「国家の縮小」）に任された場合に生ずるであろう不平等の問題を回避しようとするのである。

したがってニュー・レイバーのコミュニティ志向は，一方で従来の福祉国家的限界，他方でサッチャリズムの問題点を乗り越えようとする「国家中心性の相対化」のニュー・レイバー的オルタナティヴとしての意義を持っているということが言えよう。

さて，「市民社会の改革」と「国家の改革」の「二重の民主主義化」の論理は，福祉国家批判と直接に結びついた市民サービスの文脈からまずは展開されたが，この論理は，「政治的革命」として，より広く政治システムの改革の提唱へと繋がっていく。つまり，より大きな意味での分権化の提唱

へと繋がっていくのである。この分権化の提唱をとらえることにより、いかにニュー・レイバーがこの「政治的革命」を中心的テーマとしたかという点と、その「政治的革命」が持つ政治学的意義——「政治的領域の拡大」とその統合原理としての可能性——を更に明確にしうると思われる。したがって、次にはより広い意味での分権化の側面にスポットを当て、「政治的革命」に表出される「二重の民主主義化」の論理をより包括的にとらえてその意義を見ていきたい。

(3) 分権化

ニュー・レイバーにとって、分権化は、そのモダナイゼーションの提唱の一部をなす重要な一主題である。それは、(福祉国家であるかどうかを問わず) 従来の国家中心的な政治システムに対するアンチテーゼであり、同時に、中央集権的な性格を強めたサッチャリズムに対する対抗軸の一つを形成している。したがって分権化は、反中央集権的な志向と強く結びついている。

では、中央集権的、あるいは国家中心的な志向は、どのような点において批判されるのか敷衍しておこう。最も重要な問題は、先にも述べたように、その画一的決定の限界という問題である。これは主に多元性や差異との関連から論じられる。一つは、画一的な決定が、開花した多元性と差異を抑圧する側面に着目したものであり、それらの差異の承認のためには、分権化の必要があるという論理である。これらは、地域的アイデンティティの承認といった論点と絡み合う。第二には、センターからの一元的な決定は、それらの多元性に対応できず、その効果性が浸食されていくという、効果性に焦点を定めたものである。この点について、CSJ は次のように述べている。

> 「イギリス政府は、かなりの程度、分権化される必要がある。現代社会や経済はあまりに複雑であるので、中央からはより効果的には統治されえない。我々の社会資本の刷新は、地方 local レベルや地域 regional レベルでの、効果的で創造的そして責任ある政府に依存している。」[46]

第9章 新たな政策と言説――国家中心性へのオルタナティヴ　275

　社会の複雑化に対応して効果性を高めるためには，決定システムを，より市民の側へと近づけ，場合によってはその中に市民を包含する必要がある。その解決策の一部として，先に述べたコミュニティへの志向が生み出されたわけであるが，そのことはより広い意味でとらえれば，中央集権の限界と分権化の要請を語る一要素なのである。

　分権化の中でも，最も採り上げられることの多い，スコットランドとウェールズの分権化は，主に前者の論理から出発しているということができるだろう。ブレアは，この二地域の分権化の必要性について，次のように認識している。つまり，まず第一に，「彼らは異なったネイションであり，異なった歴史を持ち，まさに今も異なった方法で統治されている」(47)という，その特殊性と差異性をとらえ，まずその差異性をセンターからの画一性によって抑圧すべきではないという点が前提となっているのである。このことは，例えば，スコットランドに住む人々に対して，ブリティッシュとしてのアイデンティティと，スコティッシュとしてのアイデンティティを両立させうるシステムを構築する点で，差異の承認という目的を含んでいる。

　スコットランドやウェールズに対する差異性の承認は，政治システム上の分権化へも繋がっていく。例えば，ブレアは次のように述べている。

　　「スコティッシュとブリティッシュの両方，あるいはウェリッシュとブリティッシュの両方であるという感覚は，自分自身の事柄をめぐってより多くをコントロールしたいという，全く正当な欲求の背後にある。」(48)

　ここには，何らかのイシューに対する問題解決やコントロールのありかたも，差異性に基づいて，その地域なりの独自な方法で行われることが望まれているという考えが込められている。またそのことは，その地域自体の政治システムにおいて，より独自な形で，政治的コントロールを可能にした方が，それらに対するより有効な解決に結びつくという発想にも繋がっているであろう。スコットランドやウェールズに対する分権化は，差異性の承認から，それを活かしたより効果的な政治システムの構築へと，論理的には発展しているということができる。

これらの分権化の提唱は，スコットランド議会 Scottish Parliament とウェールズ議会 Welsh Assembly の設立の是非を問う国民投票の実施や，税率も含めてある一定の範囲内ではあるが財政的にも分権化するという提案へと具体化された。それらは現在においてはかなりの程度実現されてきているわけであるが，これらの提案は次の意義を持つものであったと言える。つまり，ここには多元性と差異を承認した新たな統合原理の契機が込められているのである。センターからの一元化は，強力な統合へと結びつくこともあるが，多元性と差異の開花した現代において，それはむしろ反発を招き逆に分断を深める結果を招きかねない。その中において，逆説的ではあるが，差異を承認し独自性を付与することによって，逆に統合を達成しようという，緩やかな統合原理の発想がここには見られる。この逆説性は，例えばブレアの演説集において，「新しい国民国家」というタイトルの下でスコットランドやウェールズに対する分権化が語られたり[49]，あるいはマンデルソン／リデルの著書の中でも，分権化について述べた章のタイトルが，「再統合された連合王国 Reunited Kingdom」であったりする点からも示される[50]。つまり，差異を承認した分権化こそが，統合の一手段であるという論理である。

　これらの発想を含むため，ニュー・レイバーの分権化政策には次のような批判がなされることがある。つまり，これらの分権化の提唱が，進出しつつある地域政党，例えばスコットランド国民党などから，宥和的に票を奪回する選挙対策の一手段にすぎず，その点において選挙向けのプラグマティズムにすぎない，といったものである。確かに，ニュー・レイバーのヘゲモニック・プロジェクトの最終的な目標が多数派獲得である限り，地域政党からの票の奪回を目指すことも一つの目的であることは明らかである。しかし，この政策は，これらの地域のみに向けた単なるプラグマティックな選挙対策ではない。なぜなら第一に，程度の差はあれ，分権化の提唱はスコットランドやウェールズに限られたものではなかったからである。これらの分権化の理念は，それらの地域にとどまらず，イングランドの各地方にも及んでいる。第二には，単に分権化するだけではなく，民主主義的な市民の集合的決定を可能とする「政治的領域の拡大」の理念の実現を分権化によって果たすことが，重要な要素を占めていることが理由として

挙げられる。

　イングランドを含め，各地方における分権化について，ブレアは次のように述べた。

> 「もし我々が，我々の民主主義を刷新しようとするのであれば，我々は地方政府 local government——人々に最も近い政府——から始めなければならない。私は，地方コミュニティが，自らにかかわる多くのことを，地方議会 local council を通じて決定できるようにしたい。議会の未来は，全ての領域における直接的サービス供給者としてあるのではない。議会は，彼らの代表する領域のためにはっきりと意見を述べる上で，また，その志を実現できるようにコミュニティに権力付与する empower ために必要なパートナーシップを促進する上で，決定的役割を持つのである。」[51]

　このように，ニュー・レイバーによる分権化の提唱は，スコットランドやウェールズにとどまらず，イギリス全体の各地方にも及ぶものである。したがって，ニュー・レイバーの分権化志向が，単に地域政党からの票の奪回を目指したものではないことが示されている。それは，政治的決定権を市民の側へ引き戻すこと，あるいは政治的決定権を市民のより近くへと引き戻すという「政治的革命」の理念の一環として述べられているのである。上の引用にも，例えば「人民に最も近い政府」や「権力付与」という形で，これらを含意するキーワードが登場している。

　このことは，その目的が多元性と差異を承認することを通じたより効果的な統治と，そのことによる緩やかな統合原理の構築の前提となる，市民の自律性，自己決定権の付与をやはり軸としている。地方議会の権限強化もまた，分権化によって市民の側に政治的決定への参加権を付与する（＝エンパワーメント）という点で，市民の自律や自己決定といった目的を含んでいるものなのである。

　ただしここで，（2）でコミュニティ論を検討しつつ見たものと同様な問題が発生する。つまり，地方議会に分権するとはいえ，地方議会そのものが何らかの非民主主義的なシステムを採用している場合がありうる。この

場合，分権化が非民主主義化や市民の決定への参加権の剥奪に繋がりかねない。

しかし，ニュー・レイバーのプロジェクトにおける分権化の目的は，あくまで市民の自律や自己決定へのエンパワーメントであり，その意味において民主主義の刷新であるため，彼らが分権化を主張する際には，まさにそれらを可能とするための地方議会の改革についての問題こそが中心的テーマとなっている。つまり，単に分権化が問題とされるのではなく，市民の声が反映されるアカウンタブルな地方議会をいかに生み出すかという問題こそが重要なのである。

ブレア自身，市民に対してよりアカウンタビリティーを持った形へと地方政府を改革しなければならない，といった趣旨の発言を何度もしているが[52]，ニュー・レイバーにおいて最もこの点について本格的に検討したものは，ブレアが政権に就いた後に，環境運輸地域省 Department of the Environment, Transport and the Regions（以下DETRと略記）によって発表された白書『現代の地方政府，人民の近くに』[53]であろう。大臣のプレスコットによれば，この白書の目的は，「イングランドにおいて，成功裡に地方政府を現代化するための我々のヴィジョンと，変化を達成するための我々の戦略を設定する」[54]ことである。その戦略について，DETRは次のように述べる。

　　「その潜在的可能性を達成するために，地方政府は，地方議会が自らを改良し現代化（モダナイズ）することを促進する正当なフレームワークを必要としている。このようなフレームワークは，公開性とアカウンタビリティーを促進し，地方議会に対して改良と革新のためのインセンティヴを与え，効果的なコミュニティー・リーダーシップを生み出すべきである。」[55]

DETRはこのフレームワークを構成することこそ政府の役割と考え，この白書において実践している。具体的には，例えば首長の公選制，より頻繁な選挙，レファレンダムの導入，ある計画に関しての市民との相談システム，地方議員の倫理的フレームワーク，効果性のための民間・ボランタ

第9章　新たな政策と言説――国家中心性へのオルタナティヴ　279

リー組織とのパートナーシップなどが，フレームワークとして提言されている。これらは，地方議会への分権化によって多様性や地域の選択権の範囲が拡大することを目指すが，そのことによって非民主主義的な地方議会が生じないよう，地方民主主義の質を改善するためのフレームワークも同時に設定するという試みである。

　DETRの提言について，詳細を述べることは避けるが，それが持つ重要な意義は次の点にある。つまり，多元性や差異に対応するために分権化を提唱する際にも，民主主義化を保証するフレームワークの提示という形で，国家の役割は承認されているという点である。つまりここでは，権限を地方に委譲するが，それは単に国家的役割の縮小を意味しているのではなく，枠組設定者としての国家へと，それが改革される必要があることを含意しているのである。したがってここにも，地方における「参加と民主主義」が可能となるよう，改革の担い手としての国家の役割が承認されている。同時に国家の側もまた，その限界性を突破するために，地方へとその機能を移譲することによって，「促進者や枠組設定者」としての性格を持つよう，改革されなければならない。ここには，国家改革の中に，地方への権限委譲が組み込まれ，また地方へ権限を委譲する地方改革のために国家が必要とされるという，「国家の改革」と「地方の改革」の，「二重の民主主義化」の論理が含まれているのである。つまり，（2）においてコミュニティ論を採り上げて論じた「二重の民主主義化」と全く同様の論理が含まれ，具体化されている。したがって，「国家の縮小」にとどまらない「二重の民主主義化」の論理は，コミュニティへの志向から分権化に至る「政治的革命」の言説全般において，市民の自律性を高め統合能力を回復する軸の論理となっているのである。

　したがって，分権化の論理においても，ポスト福祉国家やポスト・サッチャリズムとしての，「国家中心性の相対化」のニュー・レイバー的オルタナティヴが込められていると言える。また，この分権化の提言に至って，これまで検討してきたニュー・レイバーの「政治的革命」の論理が，一種の政治的統合原理としての性格を強めているということも理解される。まさに，コミュニティ及び分権化により多様性や差異に基づく自己決定への権利と可能性を付与することによって，新たな統合を目指す論理が込めら

れているのである。

　以上の検討で，ニュー・レイバーが，どのようにして福祉国家の「国家中心性」の限界を認識し，また克服しようとしたかについての，材料と検討については一通り出そろったと言える。次項では，これらの材料と検討を踏まえた上で，本章の冒頭部に掲げた課題——ニュー・レイバーの言説が持つ，ポスト福祉国家およびポスト・サッチャリズムとしての意義と，そのことによる対立軸の構成——に答える形で，分析と整理をしておきたい。

(4)　分析と整理

　ここまでの検討で明らかなように，(2)で述べたコミュニティ論と，(3)で述べた分権化の議論には，「政治的革命」としての共通の論理が込められている。つまり，第1節で述べた，市民の自己決定や選択権を保障する「機会の平等」の理念が，コミュニティ化や分権化によって，市民をより政治的決定へと参加させうる政治システムの構築へと発展している。そこでは，権力を人々に分権し，自らに影響する重要な決定を自ら行うことを認めることが軸となっている。そのことによって，多元性と差異により対応したシステムを構築することが目指されているのである。この論理こそが，ニュー・レイバーの描く「国家中心性の相対化」の像であると言えよう。

　このことが持つ意義は，これまでも述べてきたが，次のようなものである。つまりその論理が，従来型福祉国家的戦略の限界を，「国家中心性の相対化」によって克服しようとする点においては，サッチャリズムと同様の志向を持ちつつも，他方ではその相対化を，単に民営化など市場への委譲による「国家の縮小」とそれに伴う「政治的領域の縮小」という処方箋によって達成するのではなく，コミュニティの重視や分権化などによる「政治的領域の拡大」のための「国家の改革」（と「市民社会の改革」）によって達成しようとした点である。このように，福祉国家的戦略の限界の突破をいかに果たすかという問題状況の把握については，ニュー・レイバーはサッチャリズム的戦略との間でその課題を共有している。しかし他方でニュー・レイバーは，サッチャリズムと同様の問題状況を前にしながらも，その解決策においては，対立軸を設定する。ここまでの検討でも触れてき

たとおり，リベラリズム的な個人主義に対抗し集合的決定の重要性を前面に出した点や，市民社会への放任に対して市民社会の改革やそのための国家の改革の視点を導入した点，その結果サッチャリズムの中央集権的な性格に対して分権やコミュニティといった志向を持った点，等々においてニュー・レイバーはサッチャリズムに対して対立軸を設定しているのである。
したがって，同様の社会状況や政治的状況に直面しつつも，その解釈や問題解決の方法において対抗し支持獲得を争うヘゲモニー闘争の論理（共鳴盤と否定性）を，ニュー・レイバーは踏まえていたと言えよう。その意味で，ここで採り上げた「機会の平等」や「政治的革命」の言説は，ニュー・レイバーが，オールド・レイバー（福祉国家的戦略）とサッチャリズムの両者に対抗した，新たなヘゲモニック・プロジェクトの基軸となる言説であると言えるのである。ブレアの次の発言は，このような言説を構成したニュー・レイバーの位相を，鮮明に映し出している。

「原理主義的左翼が20世紀に犯した過ちは，国家が市民社会にとって代わることができ，それによって自由を拡大することができるとの信念にあった。ニュー・ライトは他の極端へと舵を切り替え，『自由のため』に国家活動の核心部分の全面的な解体を主張している。本当は，多数者の自由のためには，強力な国家活動が求められている。進歩的政治による挑戦の核心にあるものは，国家を条件を整える力として用い，有効に機能しているコミュニティやボランティアを大切にし，新しい課題に対処するためにその成長を促しつつ，必要な場合には，それとパートナーシップを組もうとする考えである。」(59)

したがってニュー・レイバーは，そのヘゲモニック・プロジェクトによって，福祉国家戦略の限界の克服を前提とした上で，サッチャリズムとの間に，ヘゲモニー的対抗を構成しているということが言える。ではその対抗軸はどのように整理されるのであろうか。
一方でサッチャリズムにおいては，福祉国家的限界を「国家の縮小」によって克服しようとしたが，それはその機能を，市場や市民社会領域にそのまま委譲したために，自己決定権，あるいは能力の不平等を顕在化させ

る結果を伴った。また，それは中央集権的な志向を並存させていたため，地方公共団体や地域にとっては，政治的権限を剥奪される側面もあった。これらのサッチャリズムの特徴は，「政治的領域の縮小」の試みとして整理されることについては，第2部で詳述した。

　一方，ニュー・レイバーにおいては，国家機能の縮小という志向を共有しつつも，それを単に市場や市民社会領域にそのまま委譲しようとしたのではない点に，その特徴を持つ。そうではなく，国家機能の縮小を，コミュニティや分権といった形での，市民による自律的な集合的決定のモメントに繋げることが，ニュー・レイバーの言説にとっては重要であったのである。したがって，ニュー・レイバーにとっては，国家に独占されてきた政治的機能を，政治化された市民社会の領域へと委譲しようとしているのであり，その意味では，「政治的領域の拡大」というモメントを持っている。[60]　上で述べた，「国家の改革」と「市民社会の改革」の「民主主義の二重の改革」の論理は，それがコミュニティレベルでの政治的運営を可能にすることに重点があり，それら「政治的領域の拡大」を可能とするための論理となるのである。

　ここまでの論理を見れば，サッチャリズムとニュー・レイバーとの間の新たな対立軸は，「政治的領域の拡大」と「政治的領域の縮小」との間に構成されているということが言えよう。

　したがって，ニュー・レイバーにおける「左翼の変容」は，ポスト福祉国家への政治空間の変容を引き起こしている。すなわち，ニュー・レイバーの転換に伴って，右‐左の軸は確実に変容していると考えられる。福祉国家的戦略を前提とした従来型の，国家か市場か，より具体的には例えば更なる国有化か否かといった右‐左の一元的な対立軸から，より複合的な対立空間が形成されているのである。それは一方で，福祉国家戦略の擁護か克服かという対立関係を生み出し，その点においてサッチャリズムとニュー・レイバーは「克服」の軸に位置づけられる点で共通する。[61]　しかし他方では，この「克服」の軸においても，上記のような「政治的領域の拡大」か「政治的領域の縮小」かという点で，その克服の方法をめぐって対立軸が形成されているのであり，まさに対立関係は複合化しているのである。それゆえ，ニュー・レイバーの位相を，従来型の一元的な軸で評価するこ

とは一面的な試みとなるのである（この点については，ブレアがニュー・レイバーのアイデンティティとして採用した「第三の道」のスローガンの意義などと関連して，「結び」でより詳細に触れることになろう）。

そのヘゲモニック・プロジェクトによって，ニュー・レイバーは従来の経済・階級中心的な対立軸を超えた動きも作り出していくことになる。例えば，参加や自己決定といった問題群は，従来型の対立軸のいずれにも入りきらない。それが「国家の改革」といった形で国家をめぐる争点を含んでいるとしても，それは従来の国家‐市場という対立軸には位置づけられないのである。なぜなら，分権や市民社会への委譲といった論理こそが主眼であるため，それは国家による運営が目的ではないが，他方でそれは単なる国家の縮小や市場化という視点からもとらえきれないからである。

また，従来の福祉国家体制の中における主要な対立軸が，経済中心的な公‐私の軸（より多くの国有化か市場への信頼かという軸）であったことを想起するならば，ニュー・レイバーのヘゲモニック・プロジェクトは，自己決定権の付与やそのための可能性の再分配を大衆統合の鍵とし，従来の対立軸を克服しようとしている点において，経済中心性を乗り越えようとしていると言える。しかし同時にそれは，そのことによって階級中心性を超えた共鳴盤の構成を試みたものでもある。例えば，これまで見てきたニュー・レイバーの言説は労‐資の対抗には位置づけられない。ニュー・レイバーが最も重要視するものは市民というアイデンティティであり，自己決定を行いうる市民か，それともそれを妨げられた市民かということこそが問題となっているのである。

このことの実証は，主に97年選挙の分析によって試みられている。I.マッカリスターは，97年選挙の結果を数理的に分析した上で，投票行動における階級的クリーヴィッジの規定力は弱まり，むしろ「投票者は，彼らのより直接的な社会的ミリューにおける諸要素によってより影響されている」[62]と述べている。つまり，投票行動が，階級的アイデンティティによって決定されているというよりも，居住地域やジェンダー，年齢，人種などの，より多様化したアイデンティティによって決定されるようになっており，その多元化に対応できた結果，ニュー・レイバーは勝利することができたという分析がなされているのである。ここには，ニュー・レイバーの

言説が，階級アイデンティティを超えて多様化する諸アイデンティティを共鳴盤として再構成することに成功したということを裏付けているとも言える。

例えば，97年選挙のマニフェストにおいて，先述の分権化の志向の公約として，ニュー・レイバーはスコットランドやウェールズに対する分権の拡大を提示したが，その結果，この二地域において，労働党の議席は飛躍的に増加し，保守党の議席は失われた（表10，および第7章の表7を参照）。この結果について梅川は，労働党の政策に対して十分な共鳴盤が形成された，という分析を示している。[63]この点においても，アイデンティティと多元化とそれに伴う自己決定への要求に，ニュー・レイバーが対応しうる形で共鳴盤を再構成したことが示されている。

したがってここで採り上げられた「機会の平等」や分権・コミュニティの論理は，ニュー・レイバーの転換のそもそもの契機であった，従来型福祉国家戦略の限界を踏まえた，新たなヘゲモニック・プロジェクトによる共鳴盤の再構成という，新綱領四条の理念にも見られた課題を，より具体的な政党戦略の言説として引き継ぎ，達成したものとしてとらえることができる。それゆえその戦略は，自律性を保つことによって差異性を承認しつつ統合を図るという，一方で福祉国家的戦略に対する，他方でサッチャリズム的戦略に対する，オルタナティヴ的な政治統合原理を提起し，新たな統合を達成しようとしているということが言えるのである。

さて，これらの検討を経て注目すべきことは，これらのニュー・レイバーの言説が，第2部で理論家レベルで見た左派言説の発想を，具体化する内容を持っている点である。つまりそれは，市民の自律性を，集合的な討議と重ね合わせることによる，リベラリズムの個人主義的志向の持つ問題

表10　ウェールズの議席変動（1950 - 97）

	1950	66	70	74(10)	79	87	92	97
保守党	4	3	7	8	11	8	6	0
労働党	27	32	27	23	22	24	27	34
自由系	5	1	1	2	1	3	1	2
PC	0	1	2	2	2	3	4	4

注：PC＝ウェールズ国民党
出所：梅川『イギリス政治の構造』，217頁。

点を克服する「民主主義的自律」の観点を、コミュニティや地域的分権といったアソシエーショナルな発想と絡み合わせながら、政党戦略の中に組み入れているのである。その点において、ニュー・レイバーの政党戦略は、「政治的領域の拡大」と共通する発想を含んでおり、その発想をポスト福祉国家の政治運営へと具体化したものともとらえられうる。

 それゆえ、それは国家中心性に伴う国家機能の過剰と機能不全という問題に対して、(地方への委譲も含めて)市民社会への権限委譲という側面を強く持つことになるが、ここにも第2部で見た左派言説との共通点が含まれている。それはつまり、そのような市民社会への権限委譲が、単に国家の縮小を目的とし「市民社会の自律化」へと放たれるのではなく、民主主義的な運営を可能にする「市民社会の政治化」のための市民社会の改革や、それを可能とするための戦略的主体としての国家の承認、そしてそれらの機能を中心とした国家への改革という、「二重の民主主義化」の論理を含んでいることである。そのことは、コミュニティでの民主主義的な運営を支えるCDTやNCRA、あるいは地方民主主義に対してのフレームワークを与えるDETRの提言の中に明確に表れていたと言える。

 これらの共通点からしても、これまで見てきたようなニュー・レイバーの言説を、「政治的領域の拡大」をもって国家の中心性を相対化しつつサッチャリズムにも対抗軸を形成する試みとして整理することは、妥当性を持ち、したがって「左翼の変容」は、現代の政治的な行き詰まりの状況に対して、政治的論理の拡大と貫徹によって、オルタナティヴを提起していると考えることができると思われる。しかし、この結論の妥当性の論証を完成させるためには、ニュー・レイバーに対してしばしば提起される、次の論点を解明しておかなければならない。つまり、彼らのコミュニティ論は、保守性や伝統性を持ったものであり、その意味で権威主義的なものであるという指摘も多くなされているという点である。この指摘によれば、ニュー・レイバーのコミュニティ論を中心とする論理は、非政治的な権威主義的言説の強化であり、その点においてもそれはサッチャリズム化しているということになる。次節では、これらの批判を検討することで、ニュー・レイバーの言説が、いかなる意味において「政治的領域の拡大」として意味づけられるのかについて、より鮮明にしていきたい。

第3節 「政治的領域の拡大」へ——コミュニティをめぐって

　ブレアを中心としたニュー・レイバーが，コミュニティへの志向を強く持っていることについてはこれまでも見てきた。前節においては，そのコミュニティ志向がもつ政治的参加や民主主義の側面にスポットを当ててきたが，しかし，このコミュニティの論点は，ニュー・レイバーの評価を左右する論争的なテーマでもある。なぜなら，ニュー・レイバーのコミュニティ論が，道徳や秩序の徹底といった論点と結びついているため，ともすればそれは権威主義的な評価を生み出す原因にもなるからである。

　例えば，ドライバー／マーテルは，ブレアのコミュニティ志向には，社会は個人より優越するというコミュニタリアン的志向が存在すると述べ，それゆえ，「ニュー・レイバーは多くの領域において現代保守主義と共通の基盤を共有している」とする。その際の根拠になるものは，個人の自由を超えた義務の網，個人的道徳を超えて共有された価値や伝統に基づいた道徳的秩序などを，ニュー・レイバーが強調している点である。またI．アダムズも，ブレアが家族や隣人といった存在を強調し，コミュニタリアン的な発想を纏っている点を「伝統主義」と表現し，「この種の問題は保守主義とより結びついている」と結論を下している。他にも，S．ホールなどが，これらの点を採り上げ，ブレアの文化的保守性を強く批判している。[64][65][66]

　なぜこのことが問題となるのか。それは，ニュー・レイバーのコミュニティ論に対して，これらの保守主義，伝統主義，権威主義といった評価が可能になるならば，それは，前章で導かれた「政治的領域の拡大」としてのコミュニティ論とは完全な対立関係に陥ってしまうことになるからである。つまり，これらの権威主義的な側面は，コミュニティが依拠すべき道徳や秩序が所与に存在し，構成員はそれに従うという論理に繋がり，そこには政治的領域は存在しないことになる。その結果，筆者が第2部で述べたサッチャリズムの権威主義的側面と，ニュー・レイバーは重なった性格を持つことになり，サッチャリズム保守主義との違いも曖昧になる。

　しかし，このような評価は，全く根拠のないものではない。確かに，ブレアの言説としてそのような側面はしばしば確認される。例えば，ブレアの次の発言を見よう。

「法と秩序における破綻は,コミュニティへの確固たる感覚が分裂していることと,密接に結びついている。そして,コミュニティの分裂は次に,決定的な程度において,家族生活における破綻の結果である。[67]」

　この発言は,イギリスにおける犯罪の増加や秩序の乱れをいかに解決するかという問題に対してなされたものであるが,この中には主に三つの論理が含まれている。一つは,構成員による価値の共有への志向である。コミュニティの中で共通の価値を生み出し,それを道徳的コンセンサスにすることによって,秩序を保とうとするものであり,そのためにはその価値を教え込む教育が重視される。第二には,このような価値の共有を要請するより具体的な目的であるが,犯罪防止という側面である。コミュニティ内で紡ぎ出された価値や道徳を,構成員一人一人に共有させていくことにより,何が善であり何が悪であるかについての感覚を教え込み,犯罪防止に繋げようとするものである。[68]第三に,この教育過程は,コミュニティ→家族→個人という経路をたどるために,家族の重視という側面を生み出す。つまり,道徳性や秩序の破綻を回復するためには,家庭の教育の中でそれらの感覚を身につけさせることが必要であるとする。そして,家族が依拠すべき道徳や秩序は,コミュニティによって生み出される。

　この論理は,規範の形成においてコミュニティを重視するという点で,コミュニタリアン的志向を持っており,その規範が伝統的で所与的なものに求められるのであれば,それは上で挙げた論者たちが言うとおり,権威主義的な側面を持つことになってしまうと言えよう。それゆえに,ニュー・レイバーの言説を「政治的領域の拡大」に定めようとするならば,そのコミュニティ志向がどのような論理から構成されているのかが,検討を要する課題となるのである。

　しかしここで問題となる点は,コミュニティ単位での規範の重視という点だけでは,その論理を権威主義的とは断定できないことである。つまり,ニュー・レイバーの議論が権威主義であるか否かを判断するポイントは,それらの規範がいかなる方法で紡ぎ出されるか,という点にある。まさにこの点こそが,ニュー・レイバーのコミュニティ論を,「政治的領域の拡

大」とするか権威主義とするかについての，分岐点であると思われる。以下ではこの点について，コミュニタリアンをめぐる議論を迂回することによって考察しておきたい。

　ニュー・レイバーのコミュニティ志向が，いわゆるコミュニタリアンの諸議論に影響を受けたものであり，多くの共通点を持っていることについては，多くの論者が指摘している。上述したドライバー／マーテルやアダムズも，そのような指摘を行っていることは既に述べた。また，例えばブレアに対してＡ．エツィオーニが及ぼした影響はよく採り上げられるし，CSJに対してパットナムが及ぼした影響についても既に採り上げた。確かに，個人よりも社会やコミュニティを上位に置き，善や秩序を生み出す原理としてコミュニティを重視するという立場は，コミュニタリアンの論者に共通するものであり，その意味でブレアもその志向を共有していると言えるだろう。したがって，このコミュニタリアン的志向が，すべからく保守的で権威主義的なものであるのかどうか，ということが論点となってくる。

　コミュニタリアン的発想をどう評価するか。前述のドライバー／マーテルやアダムズは，コミュニタリアンそのものが伝統主義や保守主義であり，ブレアもその範疇に属するという形で，ブレアのコミュニティ論を伝統主義や保守主義として結論づけている。しかし，コミュニタリアンが必ず保守主義や伝統主義的な志向を持つとするならば，それはやや雑な整理であると言えよう。ここで，ニュー・レイバーを少し離れ，コミュニタリアンについての検討を行った上で，再びニュー・レイバー評価に戻ることにしよう。

　日本の法哲学者である井上達夫は，コミュニタリアニズムと一口で言っても，そこには多面性が存在するとして次のような性格を列挙している。つまり，①自省的主体性論，②帰属主義的主体性論，③歴史主義，④卓越主義，⑤特殊主義，⑥公民的共和主義，⑦自治的民主主義の七つである。この七つの詳細な説明については，井上の著書にゆずるが，これらの七つの性格のいくつかを組み合わせて，コミュニタリアンの諸議論は構成されているとするのである。

　その上で井上は，①〜⑤と⑥⑦の間にはある断絶性が存在するとする。

つまり，①〜⑤は「特定の共同体の歴史と伝統の間に埋め込まれた共通の善き生の構想を，成員たる諸個人の自同性［アイデンティティ］の基盤および自己実現の指針として，維持・発展させることを政治の目的とする立場」であり，「歴史主義的共同体論」として性格づけられるのに対して，⑥⑦は，「公共の事柄への共同参加と民主的自己統治に，諸個人の間の共同性の絆を求める」ような「参加民主主義的共同体論」として性格づけられるのである。[71]

井上はこのような区別を付けた上で，なおも両者の間には統合性もあることを主張しているのであるが，政治学的に見た場合には，この両者の間には重要な性格的相違があると思われる。その分水嶺は，本論文で中心的な視角として採用してきた，「政治的なるもの」がその中に存在するか，つまりその中に「政治的領域」が認められるかという点に求められる。

つまり，①〜⑤においては，コミュニティの秩序を支えるべき善や道徳の観念が，伝統であれ歴史であれ，所与的な存在として発見される。そこには「政治的なるもの」は存在しない。なぜなら，それらの観念が所与的に存在するのであれば，それは公的な討議の対象とはなりえないからである。それに対し⑥⑦においては，それがどのような形態であれ，構成員の参加と討議の結果として，コミュニティの秩序が構成される点に本質がある。ここには，統合理念や規範，秩序を所与の存在としてとらえるのではなく，それらを構成員による何らかの形での参加によって形成し，共同性を醸成していくという「政治的なるもの」の論理が前提とされているのである。このことは，本書で言うところの「政治的領域の拡大」にあたる。

したがって，同じコミュニタリアンの諸議論の中にも，「政治的なるもの」の存否を分水嶺として，政治学的には分岐した二潮流が存在すると考えられる。確かに，A．マッキンタイア[72]やM．J．サンデル[73]といった論者が，コミュニティにおける道徳や伝統を重視し，その再興を目指すのに対して，C．ムフ[74]やM．ウォルツァー[75]のような論者は，リバータリアンを批判しコミュニティを重視するとはいえ，参加やそれによる「政治的なるもの」の導入をその中に込めている。

つまりここには，コミュニティ単位での規範や秩序担保の論理を，何に求めるかという先述の論点をめぐって，分岐点が生じている。したがって，

一方での発見的論理と，他方での構成的論理との，どちらにニュー・レイバーのコミュニティ論が位置づけられるかということが，その評価に際しては重要な問題となるのである。

ニュー・レイバーのコミュニティ論はそのどちらに位置づけられるのか。この論点に対してブレアの次のような考えが鍵となる。つまり彼が，コミュニティに関して，それは「明確な義務の感覚に基づくルールを持たねばならない」として秩序を強調するが，その際にも「そのルールがどのようなものであるべきかオープンに討議する」必要性をあくまで重視している点である。[76] この論理は，コミュニティの秩序が，参加と討議を経て構成されるという点により比重を置いており，「政治的なるもの」の導入を図ったコミュニタリアンにより近い。また，前節で詳しく議論したように，コミュニティ志向や分権化の根本的な目的が，権力を市民に分権し，彼らに対して，自身に影響する重要な決定をしうるよう認めることである点は，[77] このことを裏付けていると言えよう。[78]

したがって，ブレアのコミュニティ志向は，その秩序担保の論理を，コミュニティ構成員による民主主義的な参加と討議の過程を経て構成されるものとする点において，「政治的なるもの」の導入を図るものであり，「政治的領域の拡大」の理念を象徴するものであると言える。その結果，まさに秩序担保の論理を伝統や権威的規律に求めその意味で，「政治的領域の縮小」としての性格を強く持ったサッチャリズムに対して，オルタナティヴを形成していると思われる。

ゆえに，ニュー・レイバーにとって，コミュニティは権威主義的な伝統への回帰ではなく，「政治的領域の拡大」の理念に基づくものとしてとらえられる。これまで見てきたように，CSJの「政治的革命」の諸要素は，分権化も含め，コミュニティ単位での民主主義的な参加と討議の過程を保証するという点で，「政治的なるもの」の論理をより広い範囲に拡大しようとするものであったし，また，機会の実質的平等とそのための可能性の再配分の論理もまた，個人レベルにおける自己決定権の保障を，権力関係の残存による不平等を発生させることなく実現するという点では，そのような内容を持つものであったと考えられる。

コミュニティの論理は，「政治的領域の拡大」による，集合的なものも含

めた自己決定権の付与という内容を持っていたがために，福祉国家的戦略の限界を露呈させた多元性と差異に対応し，それらを包括した新たな統合原理の鍵となる言説としての意義を持ちえたのである。それは，そのヘゲモニック・プロジェクトの，統合原理としてのオルタナティヴ性のためには不可欠な条件であった。つまり，コミュニティにおける自治的民主主義の機能を高めることによって政治的領域を拡大し，多元性と差異を承認した新たな政治的統合原理を提起しようとしているのである。例えばブレアの次の著述は，その核心を捉えている。

> 「受け入れられた規範の中で寛容性を育み，現代的な統治を代替するのではなく，補完するものとしての市民活動を推進する。多様性を有しながら，それを包み込む社会を，我々は求めている。」[79]

この著述の前段においては，コミュニティの役割が述べられていると言えよう。そして後段において，コミュニティを重視する目的が語られる。それは，多様性を，画一性に還元することなく包摂しうる，緩やかな統合のための手段として。この目的からしても，コミュニティはまさに，多元性と差異を包み込むための「政治的領域の拡大」の実践の場として，とらえられるのである。

この言説によって，ニュー・レイバーは，福祉国家的戦略の抱えた諸問題，つまり国家中心性・経済中心性・階級中心性を克服し，新たな共鳴盤の構成へと向かうとともに，サッチャリズムへの対立軸の構成も目指したと言える。したがってこの試みは，一方ではポスト福祉国家としての，他方ではポスト・サッチャリズムとしてのオルタナティヴ的意味を持つものでもある。90年代イギリス政治における，ニュー・レイバーの変容は，こういった意義を持つものとして登場し，その結果，イギリスの政治空間の変容を引き起こしているのである。

さて，「結び」では，これまで行ってきた検討を踏まえ，「左翼の転換」によって引き起こされた政治空間の変容はどのようなものであったのかについて述べつつ，ニュー・レイバーについての検討の結論を提示することにしよう。

(1)　*New Statesman & Society*, 28 April, 1995, p. 25.
(2)　Labour Party, *Social Justice and Economic Efficiency*, Labour Party, 1988.
(3)　1994年10月24日，CSJ の最終報告書の出版の際の演説。Blair, *New Britain*, p. 140.
(4)　The Commission on Social Justice, *The Justice Gap*, IPPR, 1994, p. 30. 以下では本書を，CSJ, 1994a と略記する。
(5)　Mandelson / Liddle, *op. cit.*, p. 140.
(6)　CSJ, 1994a, p. 18.
(7)　*Ibid*.
(8)　例えばブレアは，市場には市民の教育機能やトレーニング機能が備わっていないため，個人の自己実現の可能性を平等に分配できない，という点などから市場主義を批判している。1994年10月 4 日，党大会での演説より。Blair, *New Britain*, p. 38. ここに見られる「可能性の再分配」の論理については，本論で後述する。また，CSJ も市場主義に対しては対抗的である。この点については，Commision on Social Justice, *Social Justice*, Vintage, 1994, p. 17 を参照のこと。以下では本書を，CSJ, 1994b と略記する。
(9)　CSJ, 1994b, p. 62.
(10)　CSJ のベヴァリッジ批判は，次のようなものである。「福祉国家の諸問題は，我々の経済・社会・政治における構造的諸変化――その他の先進諸国においても映し出されているが，イギリスにおいては特殊な形態をとっている諸変化――に起因している。ベヴァリッジ・モデルの三つの柱――完全(男性)雇用，核家族，強い国家――はもはや当然視されえない。」CSJ, 1994a, p. 2.
(11)　*Ibid*., p. 85.
(12)　本論で後に述べるように，ニュー・レイバーの依拠する「機会の平等」は，市場の自由な競争の中で機会が提供されているといった，機会の形式的平等の論理よりも，機会の実質的平等を重視した形で意味付与されている。つまり，多様な機会が用意されてはいるが，それらの選択可能性もまた個々の自助能力に委ねられる機会の形式的平等を超え，それらの機会を獲得し活かしうる能力を付与することによって，機会の実質的平等を目指すという論理がそれには含まれている。前者は言うまでもなくサッチャリズムの論理であり，本論で見たようにそれは結局実質的には機会の不平等を生み出した。ニュー・レイバーはそれに対抗するため，機会の実質的平等の言説を構成しているのであり，その言説の軸は後に見るように「可能性の再分配」の論理ということになる。

(13) 例えばブレアは，福祉国家の問題点の一つを，それが「自立性の成長，つまり給付から労働へと向かう動機付けを，適切に援助できない」点に求め，その依存性の問題を提起している。1996年1月8日，シンガポール・ビジネス・コミュニティでの演説。Blair, *New Britain*, p. 294.

(14) CSJの次の指摘を参照のこと。「諸問題は専門家によって解決され，一般の人々が彼ら自身の生活に影響する諸決定に参加するメカニズムが存在しない。」CSJ, 1994b, p. 88.

(15) *Ibid.*, p. 85.

(16) S. S. Wolin, "Democracy and the Welfare State", *Political Theory*, vol. 15, no. 4, 1987, pp. 474 - 477.

(17) このフレキシビリティは，例えば教育においては次の形で主張される。学校ごとにカリキュラム編成の自由を与えたり，生徒のニーズに合わせて，授業選択の自由を認めたりといった形においてである。これらの点については，Blair, *New Britain*, pp. 173 - 176.

(18) A. Giddens, *The Third Way*, Polity Press, 1998, pp. 100 - 109.（佐和隆光訳『第三の道』，日本経済新聞社，1999年，170～185頁）。

(19) 例えば，ニュー・レイバーの言説に対して大きな影響を与えた知識人の一人であるギデンズは，この再分配の論理について次のように述べている。「再分配は，社会民主主義のアジェンダから消えてはならない。しかし，最近の社会民主主義者間の討議は，全く正当なことに，強調点を『可能性の再分配』へと移行させている。」*Ibid.*, pp. 100f.（邦訳171頁，ただし翻訳には従っていない）。

(20) CSJ, 1994a, p. 30.

(21) ブレアは演説をする際，最後に「Education, Education, Education」という形で，教育の重要性を連呼して締めくくることが非常に多かったという。

(22) Labour Party, *Manifesto 1997*, pp. 6 - 9.

(23) *Ibid.*, pp. 18f. またこの「ウェルフェア・トゥー・ワーク」という考え方は，CSJがポスト福祉国家を展望する際の一つの軸となる観念であった。CSJ, 1994b, pp. 221 - 305.

(24) このような論理は，CSJの例えば次の記述にも表れている。「我々は，福祉国家を，困難な時代のセイフティ・ネットから，経済的機会のためのスプリングボードへと変容させるべきである。」*Ibid.*, p. 20.

(25) 「ステークホルダー」は，ブレアの演説や論文では随所に見られる言葉であるが，例えば，以下を参照。Blair, *New Britain*, pp. 291 - 321.

(26) Mandeson / Liddle, *op. cit.*, p. 143.

(27) 例えば，CSJ, 1994b, p. 105.
(28) この認識もブレアやCSJなど，ニュー・レイバーの核においては共有されているものである。例えばブレアは，「今日のイギリスはベヴァリッジのイギリスではない」一つの根拠として，現金ではなくサービスが重視される局面が増加していることを挙げている。1994年10月24日，CSJの最終報告書の出版の際の演説。Blair, *New Britain*, pp. 142f.
(29) CSJ, 1994b, pp. 64 - 77.
(30) *Ibid.*, pp. 77 - 84.
(31) *Ibid.*, p. 84.
(32) *Ibid.*, pp. 84 - 91.
(33) *Ibid.*, p. 84.
(34) CSJのこのような提言の構築の際に影響を与えたものは，アメリカにおいて大きな影響力を持った，D．オズボーン／T．ゲーブラーを中心とする「行政革命」の議論であった。D. Osborne / T. Gaebler, *Reinventing Government*, Addison - Wesley, 1992.（高地隆司訳『行政革命』，日本能率マネジメントセンター，1994年）。
(35) パットナムの社会資本の議論については次を参照。R. D. Putnum, *Making Democracy Work*, Princeton University Press, 1993.（河田潤一訳『哲学する民主主義』，NTT出版，2001年）。また，CSJにおけるパットナムの影響については，CSJ, 1994b, pp. 306 - 310.
(36) 1995年3月22日，スペクテイターでのレクチャーにおいて。Blair, *New Britain*, p. 242.
(37) 同上。Blair, *New Britain*, p. 242.
(38) ブレアは，ニュー・レイバーの持つ，連帯的な信念について次のように述べている。「左派の最も基本的な信念は，人々が相互に孤立した諸個人なのではなく，自分自身とともに相互にも義務を負い，相互に依存し，部分的には成功するような，コミュニティや社会の構成員であるということである。」ここには，コミュニティ的な発想から，新保守主義的な個人主義でもなく，国家主義的なコレクティヴィズムでもない，新たな個人と社会の関係を構築しようという試みが含まれている。1993年6月8日，チャリティ・エイド財団での講演。Blair, *New Britain*, p. 221.
(39) CSJ, 1994b, p. 326.
(40) *Ibid.*
(41) *Ibid.*, p. 329.
(42) *Ibid.*, p. 330.
(43) *Ibid.*, pp. 336 - 339.

(44) *Ibid.*, pp. 88f.
(45) Mandelson / Liddle, *op. cit.*, p. 197.
(46) *Ibid.*, p. 353.
(47) 1996年2月7日, ジョン・スミス追悼講演にて。Blair, *New Britain*, p. 315.
(48) 1996年6月28日, エディンバラ大学での演説。*Ibid.*, pp. 269f.
(49) *Ibid.*, pp. 259 - 268.
(50) Mandelson / Liddle, *op. cit.*, pp. 124 - 156.
(51) 1996年2月7日, ジョン・スミス追悼講演にて。Blair, *New Btritain*, p. 313.
(52) 同上。*Ibid.*, p. 315.
(53) Department of the Environment, Transport and the Regions, "Modern Local Goverment, In Touch with the People"(http://www.localregions.detr.gov.uk/lgwp/index.htm).
(54) *Ibid.*
(55) *Ibid.*, 1. 3.
(56) *Ibid.*, 3. 27. また, 地方議会そのものも分権化した構造をとることをDETRは提言する。それによれば, 政府 - 地方議会 - 地方行政区 parish 議会 - コミュニティという形で, それぞれ下位組織に権限を委譲しつつ, 上位組織がフレームワークを設定するシステムが描かれている。*Ibid.*, 2. 12 - 2. 14.
(57) *Ibid.*, 4. 1.
(58) このことは, 単にイングランドの地方議会と同様, スコットランドやウェールズの議会への分権に関しても, ニュー・レイバーが基本的な軸としている志向である。例えば次のようなブレアの発言を参照。「スコットランドは, すでに, それ自身の法システム, それ自身の独自な教育システム, それ自身の地域政府のシステムを持っている。それは, スコットランド・オフィスに基づいた官僚制も持っている。我々は, その官僚制やその公的サービスを, スコットランドの人々にとってよりアカウンタブルなものにすることを目的としているのである。」1995年11月30日, 雑誌『タイム』の企画した演説にて。Blair, *New Britain*, p. 261.
(59) Blair, *The Third Way*, p. 4.（邦訳260～261頁）。
(60) これらの論理が, 何故に「政治的領域の拡大」としてとらえられるのかについてのより詳細な検討については, 第2部を参照のこと。
(61) 例えば, 労働党内には, 依然として福祉国家的・社会主義的戦略に依拠する党内左派勢力も存在しており, それゆえ, 党内における対立関係が

存在している。この対立関係は，本書でも既に述べたような，綱領四条改訂をめぐる論戦の中に，最も顕著に現れている。
(62) I. McAllister, "Regional Voting", in P. Norris / N. T. Gavin (eds.), *Britain Votes*, Oxford University Press, 1997, p. 137.
(63) 梅川正美『イギリス政治の構造』，成文堂，1998年，216～217頁。
(64) Driver / Martell, *op. cit.*, p. 169.
(65) Adams, *op. cit.*, p. 149.
(66) S.Hall, "Son of Margaret?", *New Statesman*, 21 November, 1997.
(67) 1993年6月にアロアで行った演説。Mandelson / Liddle, *op. cit.*, p. 48.
(68) 犯罪防止をいかに果たすか，という課題は，1993年2月に2才の子供が，二人の少年に連れ去られ殺害されるというイギリス国内で起きた事件以来，世論の中では大変な高ぶりを見せていた。ブレアが，犯罪防止を強調した際にも，この事件のことが背景にあったとされる。Mandelson / Liddle, *op. cit*, pp. 47f.
(69) 例えば，*New Statesman & Society*, 28, April, 1995, p. 25.
(70) 井上達夫『他者への自由――公共性の哲学としてのリベラリズム――』，創文社，1999年，129～130頁。
(71) 同上，131頁。なお，[ ]内は筆者による補足である。
(72) マッキンタイアの議論については，次を参照。A. MacIntyre, *After Virtue*, University of Notre Dame Press, 1984（篠崎栄訳『美徳なき時代』，みすず書房，1993年）。
(73) サンデルの議論については，次を参照。M. J. Sandel, *Liberalism and the Limits of Justice*, Cambridge University Press, 1982（菊池理夫訳『自由主義と正義の限界』，三嶺書房，1992年）。
(74) ムフの議論については，次を参照。C. Mouffe, *The Return of the Political*, Verso, 1993（千葉眞他訳『政治的なるものの再興』，日本経済評論社，1998年）。
(75) ウォルツァーの議論については次を参照。M. Walzer, *Spheres of Justice: A Defence of Pluralism and Equality*, Basic Books Inc. Publishers, 1983（山口晃訳『正義の領分 多元性と平等の擁護』，而立書房，1999年）; Walzer, *Interpretation and Social Criticism*, Harvard University Press, 1987（大川正彦・川本隆史訳『解釈としての社会批判』，風行社／開文社，1996年）。
(76) 1995年3月22日，スペクテイターでの講演。Blair, *New Britain*, p. 242.
(77) *Ibid.*, p. 298.
(78) また，例えば家族の役割の重視といった点に触れる際にも，ブレアはそれが伝統主義や保守主義の性格を持ったものではないことを強調してい

る。例えば，次の著述はそのことを表している。

　「私が強調している家族の重要性についての訴えが，50年代における家族生活の再現を願う郷愁であると理解されては困る。50年代家族への回帰は，煙突が林立する工業への回帰と同様，非現実的であり，道を誤らせるものである。男はフルタイムの雇用，女は専業主婦という，伝統的な家族構造は男女平等が求められる社会では存続しえない。」(Blair, *The Third Way*, p. 14. 邦訳267頁)。

　ここには，家族の強調が必ずしも伝統主義の観点からのみ述べられているのではないことが示されている。このような点を踏まえれば，マンデルソン／リデルも言うように，ブレアの家族の強調には，現代の社会的なあり方に合わせた家族の役割や役割分担の意識も強く込められているのであり，ただ単にそれをノスタルジックな社会的権威主義の表出としては評価できないということが言えるだろう（例えば，Mandelson / Liddle, *op. cit.*, p. 48)。

(79) Blair, *The Third Way*, p. 12.（邦訳266頁）。

結び　左翼の転換と政治空間の変容

　ニュー・レイバーの転換の中に，福祉国家的政治戦略の限界を克服し，新たなオルタナティヴを提示するための，戦略的・言説的転換が含まれている点について，ここまで述べてきた。これまでの議論を整理し，ニュー・レイバーの転換の内容をまとめるならば，次のようになる。
　第一には戦略の方法的転換である。第8章で主に述べたように，ニュー・レイバーは，理念そのものによって大衆統合を目指す言説戦略を構成することによって，それまでの経済的リソース分配を中心とした「手段」的な政治から脱却し，福祉国家的戦略の限界を突破しようとした。このような理念中心型の政党への転換を示す象徴的改革が綱領四条改訂であり，この転換によって，限界の見えていた労働者中心的な統合から脱却し新たな共鳴盤を構成しようとしたのである。
　第二には，その戦略言説をめぐる転換 – 内容的転換である。主に第9章で述べたように，ニュー・レイバーは，機会の平等＝可能性の再分配，コミュニティ，分権化といったテーマを中心としてその言説を構成することによって，市民の手に民主主義的な自己決定への権利を付与するという意味での，「政治的領域の拡大」の理念を自らの新たな左派アイデンティティの基軸とした。この理念は，一方では福祉国家的戦略の持った国家中心性の限界をその相対化によって突破しようとする点ではサッチャリズムと同様の志向を持つものであったが，他方では，その共通した志向の中で単に「国家の縮小」を中心的言説としたために様々な問題点を引き起こしたサッチャリズムに対して，「国家の改革」の論理をもって対抗しようとするものであった。したがって，この「政治的領域の拡大」への内容的転換は，国家中心性の相対化による福祉国家的戦略の克服への左派的な試みであり，

そのことによって多元性と差異に対応した新たな統合原理を提起したものと言えるのである。

さて今までの検討から，ニュー・レイバーの転換の内容と意義について，上記の結論が析出されたわけであるが，ここでは，第3部「はじめに」及び第7章で提起された課題に対して，その結論はどのように答えているのかについて整理しておきたい。

第一には，このニュー・レイバーの転換は，どのような形でイギリスの政治空間の変容を引き起こし，その政治空間の中でどのような位相を持つものとしてとらえられるのかという点である。具体的には，労働党をサッチャリズム化ととらえ，その結果90年代イギリス政治に，サッチャリズム・コンセンサスをもたらしたとする議論（第3部第7章参照）への批判的応答をここで行いたい。そのことによって，ニュー・レイバーに見られる「左翼の変容」が，現代政治上にもたらした意義とインパクトについて，これまでの検討から得られた結論を提示していくことを目的としている。

第二には，ニュー・レイバーの転換が，第2部までで筆者が扱った理論的な「左翼の変容」とも多くの点で共通点を持っていることについては，これまでの議論でも述べてきたが，その中において理論的変容と現実的変容がどのようにリンクしているのかという点が問題となる。この問題を整理することにより，理論的変容が現代政治上に与えたインパクトを，ニュー・レイバーの転換を見ることによって明らかにするという，本書の課題について，回答を与えておきたい。

(1) 「第三の道」の意味

97年の総選挙での勝利後，ニュー・レイバーは自らのアイデンティティについての自己規定として，「第三の道」というスローガンを前面に打ち出すようになった。この規定を行ったのはブレアであったが，彼自身は「第三の道」について次のように述べている。

> 「それを『第三の道』というのは，国家統制，重税，生産者的利益に固執するオールド・レフトと，公共投資や，時として社会や共同的努力という観念そのものを排除すべき悪とする，ニュー・ライトの両者を，

決定的に踏み越えているからである。」

　彼によるこの規定は，ギデンズによる「第三の道」論を踏襲したものであり，具体的には本書でもこれまで述べてきた内容を含んでいる。それは，一方でオールド・レフトを乗り越え，他方でネオ・リベラル的なサッチャリズムを乗り越えようというニュー・レイバーの意図を示している。また，この自己規定と同様の意味を持つものとして，「中道左派」や「ラディカル・センター」という自己規定も存在する。
　これらの自己規定が前面に押し出されているため，ニュー・レイバーの転換は，ともすれば従来の対立軸を前提とした，保守中道化としての評価を受ける傾向にある。これらは，プラグマティズム，新たなコンセンサス，政策の収斂等，表現こそ様々だが，ニュー・レイバーに対する主流的評価をなすものであることは，第7章で既に述べた。
　しかし，これまでの筆者の議論からするならば，「第三の道」を，サッチャリズムとオールド・レイバーの間に位置する「保守中道化」として，またその結果としてのサッチャリズム化としてとらえることは，一面的であると言えよう。では，この「第三の道」のスローガンは，どのようなニュー・レイバーの位相を示すものなのであろうか。結論から言うならば，「第三の道」とは，その両者の間の単なるセンター部分を意味するのではなく，その両者に対して対立軸を構成する，複合的な試みとしてとらえることが重要である。
　ここまでも述べてきたように，ニュー・レイバーの転換は一方では，限界を露呈した福祉国家的戦略を，経済・階級・国家中心性の解体という形で克服しようとするものであり，その意味で従来の労働党の戦略（したがって，コンセンサス政治期の政治戦略）とは明確に次元が異なるものである。この点において，ニュー・レイバーの試みは，福祉国家期のイギリスの政治空間を前提としては読み解けない位相にあり，オールド・レイバーの戦略そのものに対して対立軸を形成している。
　第7章でも整理したように，このような従来型戦略の乗り越えという点はサッチャリズムも共有したものであり，またニュー・レイバーがサッチャリズムから学んだものでもあった。その点で，ニュー・レイバーはサッ

チャリズムの遺産を引き継いだものであることは確かである。むしろ，このモメントを持つからこそ，ニュー・レイバーの「左翼の転換」としてのインパクトもまた，従来型戦略を突破しうる打撃力を持ちえたのである。

しかし，このことをもってニュー・レイバーを，単にサッチャリズム化としてのみ評価することは一面的であり正当性を欠く。これまで詳しく議論してきたように，そこには「国家中心性」をいかに相対化するかという点では対立が生じているからである。つまり，「国家の縮小」と「強い国家」化に伴う「政治的領域の縮小」か，「国家の改革」と「市民社会の改革」に伴う「政治的領域の拡大」か，という点にである。したがって，ニュー・レイバーの中では，反サッチャリズム的な言説も重要な位置を占めているのであり，そこにサッチャリズムへの対抗も形成されているということが言えよう[5]。

したがって，ニュー・レイバーの転換の中には，一方での従来型福祉国家戦略に対する，他方でのサッチャリズムに対する対抗軸が設定されていると言えよう。この中において，イギリスの政治空間もまた変容を迫られつつある。最も典型的には，右－左の対抗軸が，その意味を変容させているという点である。上にも示したように，サッチャリズムとニュー・レイバーは，福祉国家の枠組を超えて（すなわち，従来の右－左の軸を超えて），新たな次元において「政治的領域の縮小」と「政治的領域の拡大」という右－左の軸を形成していると思われるのである[6]。

ただしこの点に関わって，一つの問題が生じる。つまり，保守の側も左翼の側も転換を経たということになるが，その対立軸は今なお右－左の軸としてとらえることができるかという点である。特にニュー・レイバーにおいては，「左右を超えて」[7]や「ラディカル・センター」など，自らの左翼としてのアイデンティティを否定するようなスローガンも強調されている中で，対立軸は今なお右－左と言えるのであろうか。

この点について，転換の中においても，伝統的な保守的アイデンティティや左翼アイデンティティは，脈々と受け継がれているということが，これまでの検討から示されている。サッチャリズムにおいては，自由市場の強調や，伝統的・権威主義的な言説は，まさに伝統的保守主義の再考という側面を持っていた。またニュー・レイバーにおいても，自己決定の可能

性というものを言説の新たな基軸としながらも，そこに，機会の平等といった形で自己決定権の不平等を問題化するという点で，平等や公正といった伝統的な左翼アイデンティティを受け継いでいる。また，第8章や第9章で見たように，言説戦略によって新たな意味付与を与えつつも，あくまで「社会主義」や「社会正義」の言説を維持しようとする点においても，ニュー・レイバーにおける左翼アイデンティティの維持への志向が認められるのである。「倫理社会主義」が，伝統的なイギリス社会主義の伝統であった点からも，このことは言えるだろう。

したがって，現代のイギリスの政治空間は，その意味内容を変化させつつも，右-左という対抗軸を保持する形で進められているということが言えよう。それゆえ，ニュー・レイバーのスローガンが，従来の労働党の福祉国家戦略からの転換を強調するために，中道やセンターといった言葉を強調しつつも，中道「左派」や「ラディカル」センターという形で，何らかの左翼アイデンティティを示す付加語を，自己規定として必要としたのである。ニュー・レイバーの転換は，時代対応的な「左派」アイデンティティの再構築なのであり，その結果として，イギリスの政治空間もまた，サッチャリズム対ニュー・レイバーの，「新しい政治」における右-左のヘゲモニー的対抗へと，変容しつつあるのである。

（2） 左翼の変容

したがって，ニュー・レイバーに見られる，現実的動向としての「左翼の変容」は，多くの論点を筆者が第2部まで議論してきた理論レベルにおける「左翼の変容」と共有していると言える。その結果，ここまで分析してきたニュー・レイバーの転換は，理論レベルにおける「左翼の変容」が，福祉国家以後の揺らぎの中にある現代的政治状況に対して，いかなる意義とインパクトを持っているかということを示してもいるのである。この論点は，本書の冒頭部で示した課題でもあるので，ここで整理して，課題への回答としておきたい。

ニュー・レイバーの新たな戦略は，方法的には，綱領四条改訂をめぐって展開されたように，経済・階級の中心性を相対化し，理念型のヘゲモニック・プロジェクトの構成によって，新たな共鳴盤を形成しようとした点

において，第1部でラクラウ／ムフを主な素材として検討した「左翼の変容」を受けている。更にこの点に関して，そのヘゲモニック・プロジェクトが，経済的リソースの再分配の方法や量に関してだけではなく，政治理念そのものをめぐって構成されている点を考えるならば，その戦略は，「政治的なるもの」の再興を目指す，ラディカル・デモクラシー的な問題提起を具体化したものであると言えよう。

また，それが内容的に構成した言説は，機会の平等・分権やコミュニティによって個人的・集合的な自己決定権を付与し，多様性と差異を含みこんだ緩やかな政治統合プロジェクトとして提起されている点において，第2部において検討した，ヘルドの「民主主義的自律」やハーストの「アソシエーショナル・デモクラシー」の理論と志向を共通のものとしている。ニュー・レイバーの戦略は，まさにそれらの理論を政党戦略へと具体化した事例であるとも言える。

したがって，イギリスにおける「左翼の転換」は，理論上の転換が，政党戦略上の転換へとインパクトを与える形で進んでいったと言える。例えば，ラクラウ／ムフの理論が，直接ニュー・レイバーに影響を与えたことはないとしても，それらの議論が左派理論の変容の契機となりその中で引き継がれ，その影響を受けた理論家がニュー・レイバーに影響を与えるという形で，インパクトを与えていったと思われる。例えば，ギデンズやハーストら，これまでの筆者の理論的検討の対象となった理論家は，理論的な「左翼の変容」を摂取した上で，ニュー・レイバーに対してかなり直接的な影響を与えた。ギデンズは，前章でも採り上げた「第三の道」や「ラディカル・センター」という概念をもって，ブレアに影響力を与えたし[8]，またハーストも，国家の縮小から分権化へのベクトルを生み出すアイデアを提供した。また，マークァンドは，本書でニュー・レイバーの言説の構成に際して重要な役割を果たしたものとして採り上げた，CSJのメンバーであった。

そのように見るならば，イギリスにおいては，理論における左翼の転換と，政党戦略における左翼の転換が，かなりの程度結びついた形で展開されているということができよう。政党の側からすれば，理論家のアイデアを受ける形で転換が進んだと言えるし，理論家の側からすれば，その転換

のアイデアが，政党戦略に受容される形で，具体化されていったということができる。ニュー・レイバーの転換においては，このような理念・アイデアの要素が大きな役割を果たしたと言えよう。

　以上のように，元々現代政治上の閉塞を契機として開始された理論的転換が，ニュー・レイバーという政党戦略をフィルターとして，現代政治上の閉塞状況の突破へとインパクトを与えているのである。このことは，イギリスにおける理論的転換が，現代政治において持つ意義を，映し出していると言えよう。特に，「政治的なるもの」の再生といった抽象的な議論が，綱領四条改訂や分権化・コミュニティの言説といった具体的な動きの中に見られる点，またそのことによって引き起こされた，ポスト福祉国家およびポスト・サッチャリズムとしてのオルタナティヴの提起と，それに伴う右‐左の対抗軸の意味の変容という点での，現代政治空間の変容を，ニュー・レイバーを通じて検討することができたと思われるのである。

（1）　Blair, *The Third Way*, p. 1.（邦訳258頁）。
（2）　Giddens, 1998.
（3）　Labour Party, *Manifesto 1997*, p. 3.（邦訳233頁）。
（4）　Giddens, 1998, p. 45.（邦訳84頁）。
（5）　したがって，ポスト福祉国家的戦略への方法的転換の基礎を作ったという意味でも，また，内容的転換における乗り越えるべき対象となったという意味でも，サッチャリズムは，ニュー・レイバーの転換を引き起こした不可欠の要素であったと言ってよい。つまり，サッチャリズムという形で新保守主義が最もラディカルに既存の体制を打破したからこそ，「左翼の変容」もそれに対応する形でラディカル化したのである。このようなイギリスの文脈は，新保守主義勢力があまり大きな影響力を持たなかった，（西）ドイツなどの国と比べて特殊なものであり，イギリス特有の「左翼の変容」の条件をなすものであったと言えよう。ニュー・レイバーの変容には，前述した労働組合の強さ→経済・階級中心性の強固さ，といった変数も合わせ，イギリス固有の文脈が関わっている。このような「左翼の変容」に関わる，イギリス固有の促進・制約条件については，本書からもいくつか引き出されえたと思われるが，その点に焦点を定め，日本も含めた他国との比較からより詳細に検討していく作業は，筆者の今後の課題となる。
（6）　しかし，ニュー・レイバーが新たな対立軸を構成しているからと言っ

て，イギリスの政治空間がその新たな対立軸へと一元化されているとみることも単純な整理である。労働党内での対立を見てもわかるとおり，新たな対立軸を構成しようとする一方で，従来型の対立軸の有効性を未だ支持する勢力も存在するのであり，その結果，従来型の対立軸を支持するものと，新しい対立軸を構成しようとするものの間で，なおかつまた対立軸が形成されているという複合的な関係をとらえなければならない。このことは，第2章で採り上げた，労働党における綱領四条改訂をめぐる過程を見ても明らかであろう。

(7)　A. Giddens, *Beyond the Left and Right*, Polity Press, 1994.
(8)　Giddens, 1998. また，ギデンズの理論との関連を枠組として，ニュー・レイバーを分析したものとして，次のものを参照。Martell / Driver, *op. cit.*
(9)　ただし，本書の主に第2部で採り上げた全ての左派理論家が，ニュー・レイバーに好意的な評価をその後行っているわけではない。ギデンズなど，かなり直接的なブレーンとして活躍した理論家が存在する一方で，S.ホールなどはその後ニュー・レイバーに対して批判的である。ホールの批判については第9章第3節でも採り上げているので参照のこと。

結論──左翼の変容とその政治学的意義

福祉国家の危機以後の政治的な激動期において，左翼勢力は一つの中心的なアクターであった。従来型戦略の破綻，新保守主義勢力に対する敗北，そして復権。この左翼勢力の浮き沈みは，現代政治において何を意味しているのか。EUの主要国において，左派政党が政権を担うかあるいは政権に参加している現在，このような問いは政治学における現代の中心的テーマとなりつつある。それは，新しい左翼的オルタナティヴの提起を伴ったものであるのか，あるいは，左翼のネオ・リベラル化に伴う左翼の死，社会民主主義の死としてとらえられるべきものであるのか。この論点は，単に左翼政党の変容を読み解くというだけでなく，現在の揺らぎの状況の下で，いかなる政治的統合原理が可能であるのかという問題や，それに伴い現代の先進諸国の政治空間が，ポスト福祉国家としてどのように再構築されつつあるのかという，現代の政治学の中心に位置づけられる重要な論点をなすものである。

　これらの状況を背景としつつ，本書では，イギリスを中心とした理論動向と現実動向を分析することによって，先進諸国における「左翼の変容」を描きその意義を抽出してきた。そのことによって，単に左翼なるものの戦略的転換を描くだけでなく，90年代のポスト福祉国家及びポスト新保守主義という揺らぎの状況下における，新たな政治統合原理の可能性を探るという，現代的な政治学的テーマの解明に取り組んできたのである。

　「左翼の変容」は，現代の政治学及び政治に対して，何を語っているのか。それは，戦後以来数十年にわたり安定を保ってきたが，現代においては危機に陥っているシステムを，打破する試みである点において，まず重要なインパクトを持ちうる。その転換において左翼は，自らがかつて構築し，戦後の政治学及び政治の大前提となってきた福祉国家的ヘゲモニー構造を，経済・階級・国家中心性の相対化という点で，自ら打破しようとしているのである。この左翼の転換が，イギリスをはじめとした先進各国の左翼の復権の背後にあるならば，現代の先進国政治は，ポスト福祉国家の模索としての「新しい政治」の状況へと突入しているということが言えよう。

　その「新しい政治」の中で，これまで政治空間を規定してきた最大の要素である右-左の対抗軸もまた，意味を書き換えられつつある点においても，「左翼の変容」は大きなインパクトを持つものである。イギリスにおい

ては特に,サッチャリズムに対して,「政治的領域の縮小」と「政治的領域の拡大」という対立軸が「左翼の変容」によって構築されつつあり,右-左の対抗軸は書き換えらえれつつある。したがって,左翼の変容はポスト新保守主義への試みという意義も持つものであり,それに伴う現代政治空間の変容を,ネオ・リベラリズムへの収斂としてとらえることは一面的であるという結論も得られるのである。

　以上のように,本書がそのテーマとしてきた「左翼の変容」は,単に左翼の戦略的転換だけを射程に入れたものではなく,そこからポスト福祉国家における新たな政治統合原理はいかに可能かといった論点を考え,そのことに伴って政治空間の変容や右-左の軸の書き換えを描き出すことのできる,政治学的に見て重要なテーマであったということが言えよう。

　しかし,「左翼の変容」を検討したことが,現代の政治学の論点に与える意義は,更なる広がりを持ったものである。上記の意義を持つものとしてとらえられる「左翼の変容」には,その政治学的インパクトの最も重要な本質として,「政治的なるもの」の導入＝「政治的領域の拡大」という点があったと言えるだろう。方法的な観点から言えば,第1部で述べたように経済や階級の中心性を相対化し,構成主義的な言説戦略の論理が左翼理論に中に組み込まれたことは,そのヘゲモニック・プロジェクトにおいて,政治的論理の貫徹を意味している。また,左翼の転換の言説的内容においても,第2部で述べたように,討議や決定の場としての政治的領域を,国家のみにとどまらない領域へ拡大するという志向を持つ点において,それは「政治的なるもの」の導入という側面を前面に出しているのである。戦後左翼戦略の限界として提起された経済・階級・国家の中心性が,「政治的なるもの」の導入によって相対化されていったという点が重要であり,またそれは一方で福祉国家の限界の乗り越え,他方では新保守主義への対抗の言説の鍵となって,左翼政党のヘゲモニック・プロジェクトへと具体化されていったのである。左翼の変容の本質は,「政治的なるもの」の導入という点にあったのであり,それゆえに,その変容は,政治学的に大きなインパクトを持つ現象であるということが言える。

　これらのモメントを持つために,ここまで行ってきた分析は,政治学上の大きな論点を多く含むものであった。例えば,「政治的なるもの」の導入

という論点は，国家‐市民社会関係の再構築という問題を含んでいる。左翼の変容においては，第2部で述べたように，福祉国家において問題化されてきた国家中心性の相対化を，市民社会の政治化という形で達成するための国家‐市民社会関係の再編に関する論点を軸として進んできた。

また，それゆえ，リベラリズムをどう考えるかという論点に対しても，左翼の変容は重要な問題提起を行っている。上で述べた市民社会の政治化というテーマは，市民社会内に付着した権力関係をいかに解決するかという論点を含んでいる。新保守主義＝ネオ・リベラリズムが市民社会への放任という点で，その権力関係を放置する一方で，従来の福祉国家は，国家的介入によってこの権力関係を解決しようとし，成果を上げたが，国家の肥大化という負の部分を招いた。左翼の変容は，このいずれの手法も採らず，市民社会の政治化によってこの問題を解決する点において，一方ではネオ・リベラル的なリベラリズムに対抗し，他方で福祉国家的・社会主義的なリベラリズムの軽視にも対抗する，新たな選択肢を生み出そうとしているのである。

その他にも本書では，民主主義における国家や議会の位置の問題や，構造と行為者に関連した論点などの政治学的な論点も扱ってきた。「左翼の変容」についての検討が，このように多くの政治学的論点に関わるのは，それが「政治的領域の拡大」という形で，「政治」とは何かという問題に対する提起をはらんでいるためである。「左翼の変容」は，これらの大きな問題提起をするものであるため，「国家と市民社会」や「リベラリズム」といった，多くの政治学上の概念についての検討を伴うものである。またそれゆえにこそ，現代において「左翼の変容」は，一過的な単なるブームにとどまらない，政治学上の一転換点をなすものとして，重要性を持つと言えるのである。

したがって，先進諸国における左翼の変容及びそれに伴う政治空間の変容は，上記のような重要な政治理論上の論点に関わる問題を提起しているのであり，それらを見逃すならば，その政治学的インパクトを正当に評価しえない結果となるだろう。左翼の変容は，政治理論の転換と連関しており，その転換が，政党戦略へと具体化され，ポスト福祉国家，ポスト・サッチャリズムという形で，現代の政治状況に対してインパクトを与えてい

る。そういった政治理論的論点を解いていくことによって，多元性と差異の開花した時代における，新たな政治的統合原理の提起として，現在起こりつつある「左翼の変容」の政治学的意義をとらえることができるのであり，そのような意義を踏まえることによってはじめて，現代の政治空間上に生じている具体的な変容を的確に読み解くことも可能となると言えよう。

　このように本書は，イギリスを事例として採り上げつつも，常に政治理論的な問題を意識して議論を進めているため，ここで得られた結論は，ポスト福祉国家の政治像へ向けて模索する先進諸国全体の問題状況の解明へと一般化される可能性を持っていると思われる。したがって，単にニュー・レイバーの転換の本質をとらえるだけでなく，西欧を中心とした先進諸国における左翼の変容とそれに伴う政治空間の変容の解明に対して，一定の寄与をなしえたのではないだろうか。その結果，新しい社会民主主義とは何か[1]，ヨーロッパに共通する中道左派とは何か[2]といった，現在の政治学界を席巻する重要な論点に対しても，本書は一定の回答を試みるものであると言えよう。イギリスのみならず，例えばドイツにおいても，CDUコール政権が，サッチャーほどではないにしろ新保守主義的傾向を持っていたこと，そしてSPDが，新しい社会運動と緑の党の影響を受けた形で1989年ベルリン綱領を経て転換した点から，イギリスと同様な政治空間を経た上で，現在のシュレーダー政権へと至っていることが類推できる[3]。また，イギリス労働党のブレアを中心として，ドイツ社会民主党（SPD）のシュレーダー，イタリア左翼民主党のプローディおよびダレーマ，アメリカ民主党のクリントンらが，「第三の道」を共通のスローガンとして協力関係を結び，共通の目標を達成しようとしたり[4]，ブレアとドイツSPDのシュレーダーが「第三の道／新中道」と銘打たれた共通文書を99年6月に発表したりといった事例も見られた[5]。この中で，本書で取り扱った内容が，一国レベルを超えて，西欧先進諸国に共通した政治的傾向へと結びついている可能性は確かに存在するであろう。

　しかし，このような可能性はまだ端緒的なものに過ぎない[6]。また，本書で分析したような形で変容を果たした左派政党が，福祉国家や新保守主義に替わる新たなヘゲモニー構造を既に打ち立てた，あるいは総選挙などに今後も成功し続けて打ち立てるであろう，といった可能性にも留保が必要

であろう。実際，イタリアのように，一旦左派政権が樹立されたものの，最近になって再び敗れる事例も見られる。その一方で，イギリスでは，ブレア労働党政権が依然として高い支持率を集め，2001年6月の総選挙でも歴史的な大勝利を収めた。これは，ニュー・レイバーのヘゲモニック・プロジェクトが，政権に就いた後も一定の成功を収めた結果と見ることができ，今後もその政策アイデアがより具体化された形で実行されていくであろう。依然として，左派を巡る政治状況は，現在進行形の形で分析を必要としているのである。

西欧諸国において左派政権が樹立されて数年の時を経た現在，その可能性を更に深化させて検討するためには，その後の政権運営において左派政党がその政策アイデアをいかに具体化させ，その結果制度変化をもたらしたのか，そしてその過程で西欧左派政権はいかなる共通性と差異性を持っているのかについての検討が我々に課せられているとも言えよう。つまり，「左翼の変容」がその後どのようなポスト福祉国家の政治システムを具体化しているかの分析の中で，その可能性を更に深化させて検証するとともに，共通の状況にある諸国の比較等によって，「左派の挑戦」による政治空間の変容の，共通性と差異性，そしてそれらを生み出す原因を探っていくことも要請されると思われるのである。したがって，本書の結論を踏まえて，ニュー・レイバーの試みとその後の政治システムの変容を更に浮かび上がらせ，イギリスの政治状況を分析するとともに，様々な違いを持った左翼の変容と現代政治空間の変容の諸相を読み解きつつ，ポスト福祉国家への展望を探っていくことが，筆者に課せられた今後の課題となる。

（1） 例えば，以下のものを参照。A. Gamble / T. Wright (eds.), *The New Social Democracy*, The Political Quarterly, 1999.
（2） これらの問題は例えば，D. Sassoon (ed.), *Looking Left: European Socialism after the Cold War*, I. B. Tauris, 1997（細井雅夫・富山栄子訳『現代ヨーロッパの社会民主主義―自己改革と政権党への道』，日本経済評論社，1998年）のような著作の主要テーマとして採り上げられるなど，世界的に一つの論点であるし，またそれらの趨勢を受けて，日本でも，「『中道左派』政権を選択した欧州」『世界』，1999年2月号のような座談会が組まれたり，2000年10月の日本政治学会では，「"第3の道"の比較研究」なる分科会が

開かれるなど，注目されている．
（3）　例えばF．ヴァンデンブロークは，本書でも着目したイギリスの社会正義委員会（CSJ）の諸報告書と，ドイツのフリードリッヒ・エーベルト財団の将来委員会の報告書を比較検討した上で，それらの理念の間の収斂状況について述べている．F .Vandenbrouke, "European Social Democracy: Convergence, Divisions, and Shared Questions", in A. Gamble / T. Wright (eds.), *op. cit.*, pp. 37 - 39.
（4）　1998年9月21日には，ブレアとクリントンが中心となって，「第三の道」の理念の，国際的な出発を計画する会議がニューヨークで開かれ，イタリアのプローディやスウェーデンのペアションも参加した．なお，ドイツのシュレーダーは総選挙前であったため参加できず，またフランスのジョスパンは，「第三の道」の共同推進者となるにはあまりに伝統的な社会主義者であるとの判断から，招かれなかった．*The Guardian*, August 14, September 21, 1998. これらの動きは，一方で先進諸国の現在の左翼勢力が持つ共通性と連帯可能性を示唆しているとともに，そこにある差異を浮かび上がらせる可能性を持ったものであると言えよう．これらの共通性と差異に注目し，EU統合も背景としながら，新たなヨーロッパ左派勢力の構築の可能性について検討したものとして，以下のものを参照のこと．F. Vandenbrouke, *op. cit.*; D. Sassoon, "European Social Democracy and New Labour: Unity in Diversity?", in A. Gamble / T. Wright (eds.), *op. cit.*
（5）　T. Blair / G. Schröder, "Euroupe: The Third Way / Die Neue Mitte", 1999. なおこの文書は，次の文献の中に資料として収録されている．B. Hombach, *The Politics of New Center*, Polity Press, 2000, pp. 157 - 177.
（6）　実際，99年の欧州議会選挙で左派政党が軒並み敗北した後は，イギリス労働党とドイツ社会民主党（SPD）の連携を含め，西欧左派政権間の連携は進展を見せていない．

あとがき

　学生から，あるいは一般の友人から，よく投げかけられる質問で，なかなか答えづらい質問がある。
　「○○（政治家などの人名，あるいは政党名）は，左（翼）ですか？　それとも右（翼）ですか？」
　「○○（同上）は，保守でしょうか，革新でしょうか。」
　例えば，現在の日本政治を念頭において，○○の中に，「民主党（日本）」や「小泉純一郎」「田中康夫」といった名前を当てはめてみてはいかがだろうか。現在，右‐左，保守‐革新の軸は確かに揺らぎ，その指標は見えにくい。新保守主義の登場，社会主義の崩壊，冷戦構造の終焉，日本においては55年体制の崩壊といった過程で，それまで所与かつ不変とすら思われた構造が解体され，それに伴い，これまで当然と思われてきた右‐左，保守‐革新の意味も変化しつつある。また，ヨーロッパ諸国において次々と左派の復権が実現する中，イギリス労働党であれ，ドイツ社会民主党（SPD）であれ，その姿は従来とらえられていた「左翼」政党とは姿を異にしており，やはりそれらが「右なのか左なのか」「保守なのか革新なのか」という点で，一般の市民ばかりか研究者の評価も分かれている。本書は，このような状況について，「左派」に焦点を定める形で，イギリスの労働党を採り上げて考えてみたものである。
　しかし，本論でも述べたとおり，本書は単に「左派」についてのみ論じたものではない。現在の日本においてマスコミや論壇を賑わせている「無党派層」の存在に顕著に示されているように，右派政党であれ左派政党であれ，その統合能力の低下は否定しがたい。おそらく上記のように，これまで前提とされてきた指標が失われたことも一因であろう。この状況の下，どのような統合戦略が可能なのか，という論点が本書の最も中心となる論点である。

おそらく，無党派層の中心をなす若い世代に今のところ筆者も属すると思われるので，そのような世代と価値や発想を共有しうる者による分析として，本書が一定の新しさや価値を持つことを期待している。しかし，当然その反面，若さゆえの先走りも含まれているのではないかとおそれているが，この点については，読者の方々のご指導を仰ぎたい。

　さて本書は，1999年12月に名古屋大学大学院法学研究科に提出した博士学位論文「『新しい政治』における左翼の変容——ポスト福祉国家のヘゲモニック・プロジェクトをめぐって——」に，若干の加筆・修正を施したものである。出版に際して，タイトルを『左派の挑戦——理論的刷新からニュー・レイバーへ——』に改めた。

　本書の内容は，筆者が1998年から2001年にかけて発表した以下の論文をもとにしている。ただし，いずれの論文も，博士学位論文あるいは本書にまとめる過程で，程度の差はあれ，加筆・修正がなされている。

　　「新しい社会運動と『ヘゲモニーの政治』——『新しい政治』とポスト・マルクス主義——（一）（二）完」（『名古屋大学法政論集』第174・175号，1998年）

　　「現代イギリスにおける左派言説の変容——『新しい政治』の政治戦略へ向けて——（一）（二）完」（『名古屋大学法政論集』第177・178号，1999年）

　　「ニュー・レイバーのヘゲモニック・プロジェクト——『新しい政治』の左派政党戦略——（一）〜（四・完）」（『名古屋大学法政論集』第183〜185号・187号，2000〜2001年）

　また，本書の出版に際しては，平成13年度科学研究費補助金（研究成果公開促進費）の交付を受けた。

　本書の完成までには，多くの方々のお世話になった。まず，名古屋大学法学部の学部生時代に筆者を政治学の世界にお導きくださり，その後名古屋大学大学院法学研究科においても，指導教官としてご指導いただいた小野耕二先生にお礼を申し上げたい。先生の情熱的なご指導からは，論文

云々を超えて，学問の面白さと厳しさを教えていただいた。先生に出会わなければ，本書の存在はおろか，研究者としての私もなかったであろう。

　小野先生をはじめとして，名古屋大学大学院法学研究科の先生方には，多くのご指導とご支援を受けた。とりわけ，ゼミに参加させていただき，様々な形で啓発を受けた，北住炯一，後房雄，進藤兵の各先生に深く感謝したい。また，そこで共に「養成されつつある研究者」として切磋琢磨した諸先輩や友人たちにもお礼を申し上げたい。特に，筆者の一年先輩である田村哲樹氏には，学部生時代よりお世話になり，また現在もなりつづけている。後輩である筆者の生意気な議論にもいつもお付き合い下さり，知的刺激を与えてくれる先輩の存在なくしては，現在の私はなかったであろう。また，ともすれば殺伐としがちな大学院生としての生活の中でほど，友人の存在の有難さを感じたことはなかった。名古屋を離れた今でも，帰省するたびに温かく迎えてくれる友人たちにも心からありがとうと言いたい。

　本書に取り組んだ時期は，大学院生から大学の教員へと，筆者を取り巻く環境が大きく変化した時期でもあった。現在勤務している筑波大学は極めて快適な研究環境にある。これは，進藤榮一，中村紀一両先生をはじめとする社会科学系政治学専攻の先生方，谷川彰英，江口勇治両先生をはじめとする教育研究科の先生方のご尽力によるものであろう。先生方にはいつも知的刺激を受けるばかりか，研究や教育に対して未熟な筆者を気にかけ，適切なアドバイスを下さるなど，ご配慮いただいている。また，とりわけ辻中豊先生には，研究者としても大学のスタッフとしても，また「つくば市民」としても，右も左もわからない筆者の文字通り「世話人」として，公私にわたりご迷惑をおかけしている。そればかりか，本書の出版をお薦めくださり，出版社までご紹介いただいたのも辻中先生であった。このご恩には，筆者の今後の精進をもって報いるしかない。

　しかし，本書の成立には，「公的領域」ばかりでなく「私的領域」における支えもまた不可欠であった。不安定な身分とも言える大学院生時代より，常に私の研究者としての可能性を信じ，支えつづけてくれている妻・加奈に感謝したい。また最後になるが，幼少期より私の進路にはほとんど口を出さず，私の望む道を常に歩ませてくれた両親に感謝したい。とりわけ筆

者の長い学生生活には不安も抱くこともあっただろうが，温かく見守りつづけてくれた。本書の成立，そして研究者としての私は，まさに両親のそのような教育の賜物であろう。したがって，私にとって最初の著作となる本書は，父・近藤政彦と母・朗子に捧げたい。

　　　2001年7月

　　　　　　　　　　　　　　　　　　　　　　　　　　　近藤康史

文献一覧

【外国語文献・文書】

Adams, I.(1998) *Ideology and Politics in Britain Today*, Manchester University Press.

Barker, B.(1958) *Reflection on Government*, Oxford University Press.

Beck, U.(1986) Risikogesellschaft, Suhrkamp Verkamp.（東廉・伊藤美登里訳『危険社会』, 法政大学出版局, 1998年）

Beer, S. H.(1997) "Britain after Blair", *Political Quarterly*, vol. 68, no. 4.

Benhabib, S. ed.(1996) *Democracy and Difference*, Princeton University Press.

Benhabib, S.(1996) "Towards a Deliberative Model of Democratic Legitimacy", in do. ed., *Democracy and Difference*, Princeton University Press.

Bertramsen, R. B. et al.(1991) *State, Economy and Society*, Unwin Hyman.

Blair, T.(1991) "Forging a New Agenda", *Marxism Today*, October.

—— (1996) *New Britain: My Vision of a Young Country*, Forth Estate.

—— (1998) *The Third Way*, Fabian Society.

Bobbio, N.(1996) *Right and Left*, Polity Press.（片桐薫・片桐圭子訳『右と左　政治的区別の理由と意味』, 御茶の水書房, 1998年）

Byrne, P.(1997) *Social Movements in Britain*, Routledge.

Cohen, J. / Rogers, J.(1995) "Secondary Associations and Democratic Governance", in E. O. Wright ed., *Associasions and Democracy*, Verso.

Cohen, J. L.(1985) "Strategy or Identity: New Theoretical Paradigms and Contemporary Social Movement", *Social Research*, Winter, 1985.

Cohen, J. L. / Arato. A.(1992) *Civil Society and Political Theory*, The MIT Press.

Commision on Social Justice(1994) *The Justice Gap*, Institute of Public Policy Research.

—— (1994) *Social Justice*, Vintage.

Crick, B.(1997) "Still Missing: A Public Philosophy?", *Political Quarterly*, vol. 68, no. 4.

Crosland, A.(1956) *The Future of Socialism*, Cape, 1956.

Crouch, C.(1997) "The Term of Neo-Liberal Consensus", *Political Quarterly*, vol. 68, no. 4.

Curran, J. ed.(1984) *The Future of Left*, Polity Press.

Dalton, R. J. et al.(1984) "Electoral Change in Advanced Industrial Democracies",

in do. eds., *Electoral Change in Advanced Industrial Democracies*, Princeton University Press.
Department of the Environment, Transport and the Regions (1998) "Modern Local Government, In Touch with the People"(http://local-region.dter.gov.uk/lg wp/index.htm).
Driver, S. / Martell, L.(1998) *New Labour: Politics after Thacherism*, Polity Press.
Eagleton, T.(1991) *Ideology*, Verso. (大橋洋一訳『イデオロギーとは何か』, 平凡社, 1996年)
Esping - Andersen, G.(1985) *Politics Against Markets*, Princeton University Press.
—— (1996) "After Golden Age? Welfare State Dilemmas in a Grobal Economy", in do. ed., *Welfare State in Transition*, Sage Publications.
Frankland, E. G.(1989) "Federal Republic of Germany: Die Grünen", in F. Müller=Rommel ed., *New Politics in Western Europe*, Westview Press.
Franklin, M. N.(1985) *The Decline of Class Voting in Britain - Changes in the Basis of Electoral Choice 1964-1983*, Oxford University Press.
Gamble, A.(1988) *The Free Economy and the State*, Macmillan Education. (小笠原欣幸訳『自由経済と強い国家』, みすず書房, 1990年)
Gamble, A. / Wright, T. eds.(1999) *New Social Democracy*, The Political Quarterly.
Gamson, W. A. / Meyer, D. S.(1996) "Framing Political Opportunity", in D. McAdam / J. D. McCarthy / M. N. Zald *Comparative Perspectives on Social Movements: Political Opportunities, Mobilizing Structures, and Cultural Framings*, Cambridge University Press.
Giddens, A.(1994) *Beyond Left and Right*, Polity Press.
—— (1994) "Brave New World", in D. Miliband ed., *Reinventing the Left*, Polity Press.
—— (1998) *The Third Way*, Polity Press. (佐和隆光訳『第三の道』, 日本経済新聞社, 1999年)
Gould, P.(1998) *The Unfinished Revolution*, Little, Brown and Company.
Hall, S.(1984) "The Crisis of Labourism", in J. Curran ed., *The Future of Left*, Polity Press.
—— (1988) *The Hard Road to Renewal*, Verso.
—— (1989) "The Meaning of New Times", in do. et al. eds., *New Times - The Changing Face of Politics in the 1990s*, Lawlence and Wishart. (葛西弘隆訳「『新時代』の意味」『現代思想3月臨時増刊総特集ステュアート・ホール』, 青土社, 1998年)
—— (1994) "Son of Margaret?", *New Statesman & Society*, 6 October.

Hall, S. / Jaques, M. eds.(1989) *New Times - The Changing Face of Politics in the 1990s*, Lawlence and Wishart.
—— (1989) "Introduction", in do. eds. *New Times - The Changing Face of Politics in the 1990s*, Lawlence and Wishart.
Hall, S. / Held, D.(1989) "Citizens and Citizenship", in S. Hall / M. Jaques eds., *New Times - The Changing Face of Politics in the 1990s*, Lawlence and Wishart.
Hay, C.(1997) "Blaijorism: Towards a One-Vision Polity?", *Political Quarterly*, vol. 68, no. 4.
Heath, A. / Jowell, R. / Curtice, J. eds.(1994) *Labour's Last Chance? The 1992 Election and Beyond*, Dartmouth.
Held, D.(1992) "Liberalism, Marxism and Democracy", in S. Hall et al. eds., *Modernity and its Futures*, Polity Press.
—— (1995) *Democracy and the Grobal Order*, Polity Press.
—— (1996) *Models of Democracy*, 2nd. ed., Polity Press.（中谷義和訳『民主制の諸類型』，御茶の水書房，1998年）
Held, D. / Keane, J.(1984) "Socialism and the Limits of State Action", in Curran, J. ed., *The Future of Left*, Polity Press.
Hennesy, P. / Seldon, A. eds.(1987) *Ruling Preformance - British Governments from Attlee to Thatcher*, Basil Blackwell, 1987.
Hirsch, J.(1990) Kapitalismus ohne Alternative?, VSA.（木原滋哉・中村健吾訳『資本主義にオルタナティブはないのか？』，ミネルヴァ書房，1997年）
—— (1991) "From the Fordist to the Post-Fordist State", in B. Jessop et al. eds., *The Politics of Flexibility*, Edward Elgar.
Hirsch, J. / Roth, R.(1986) Das Gesicht des Kapitalismus, VSA.
Hirst, P.(1988) "Associational Socialism in a Pluralist State", *Journal of Law and Society*, vol. 15, no. 1.
—— (1990) *Representive Democracy and its Limits*, Polity Press.
—— (1993) "Associational Democracy", in D. Held ed., *Prospect for Democracy*, Polity Press.
—— (1994) *Assosiative Democracy*, Polity Press.
—— (1996) "Democracy and Civil Society", in P. Hirst / S. Khilnami eds., *Reinventing Democracy*, The Political Quarterly / Basil Blackwell.
—— (1997) *From Statism to Pluralism*, UCL Press.
Hombach, B.(2000) *The Politics of New Center*, Polity Press.
Inglehart, R.(1977) *The Silent Revolution*, Princeton University Press.（三宅一郎他

訳『静かなる革命』, 東洋経済新報社, 1978年)
Jessop, B.(1991) "The Welfare State in the Transition from Fordism to Post-Fordism", in do. et al. eds., *The Politics of Flexibility*, Edward Elgar.
—— (1991) "Thacherism and Flexibility", in do. et al. eds., *The Politics of Flexibility*, Edward Elgar.
—— (1994) *State Theory*, Basil Blackwell, 1990. (中谷義和訳『国家理論』, 御茶の水書房, 1994年)
—— (1994) "The Transition to Post-Fordism and the Schumpeterian Workfare State", in R. Burrows / B. Loader eds., *Towards a Post-Fordist State?*, Routledge.
Jones, B. / Kavanagh, D.(1998) *British Politics Today*, Manchester University Press.
Jones, S. G.(1984) "Marching into History?", in J. Curran ed., *The Future of Left*, Polity Press.
Kavanagh, D.(1987a) *Thacherism and British Politics*, Oxford Universuty Press.
—— (1987b) "The Heath Government, 1970-1974", in P. Hennesy / A. Seldon eds., *Ruling Performance - British Governments from Attlee to Thatcher*, Basil Blackwell, 1987.
—— (1997) *The Reordering of British Politics*, Oxford University Press.
Keane, J.(1984) "Civil Society and the Peace Movement in Britain", *Thesis Eleven*, no. 8.
—— (1988) *Democracy and Civil Society*, Verso.
—— (1991) "Democracy and the Idea of the Left", in D. Maclellan / S. Sayers eds., *Socialism and Democracy*, Macmillan. (吉田傑俊訳『社会主義と民主主義』, 文理閣, 1996年)
Kenny, M. / Smith, M. J.(1997) "(Mis)understanding Blair", *The Political Quarterly*, vol. 68, no. 3.
Kinnock, N.(1984) "Mobilizing in Defence of Freedom", in J. Curran. ed., *The Future of Left*, Polity Press.
—— (1992) *Thorn & Roses: Speeches 1983-1991*, Hutchinson.
Kitschelt, H.(1991) "New Social Movements and the Decline of Party Organisation", in R. J. Dalton and M. Kuechler eds., *Challenging the Political Order*, Polity Press.
—— (1994) *The Transformation of European Social Democracy*, Cambridge University Press.
Koelble, T. A.(1991) *The Left Unraveled: Social Democracy and the New Left Challenge in Britain and West Germany*, Duke University Press.

Labour Party(1988) *Social Justice and Economic Efficiency*, Labour Party.
——— (1994) *Labour's Aims and Values*, Labour Party.
——— (1995) *Report of Conference: Annual Conference 1994/Special Conference 1995*, Labour Party.
——— (1997) *New Labour: Because Britain Deserves Better*, Labour Party.
Laclau, E.(1989) *New Reflection on the Revolution of Our Time*, Verso.
——— (1994) "Introduction", in do. ed., *The Making of Political Identities*, Verso.
——— ed.(1994) *The Making of Political Identities*, Verso.
——— (1996) *Emancipation(s)*, Verso.
——— (1996) "Deconstruction, Pragmatism, Hegemony", in C. Mouffe ed., *Deconstruction and Pragmatism*, Routledge.
Laclau, E. / Mouffe, C.(1985) *Hegemony and Socialist Strategy*, Verso.(山崎カヲル・石崎武訳『ポスト・マルクス主義と政治』, 大村書店, 1992年)
Laclau, E. / Zac, L.(1994) "Minding the Gap - The Subject of Politics", E. Laclau, ed., *The Making of Political Identities*, Verso.
Lipietz, A.(1989) *Choisir L'audace:Une alternative pour le vingt et unième siècle*, Éditions La Découverte.(若森章孝訳『勇気ある選択』, 藤原書店, 1990年)
——— (1992) *Berlin, Bagdad, Rio*, Edima.(若森章孝・井上泰夫・若森文子訳『ベルリン-バグダッド-リオ 冷戦後の世界経済と地球環境問題』, 大村書店, 1992年)
——— (1993) *Vert Esperance*, Editions La Découverte.(若森章孝・若森文子訳『緑の希望 政治的エコロジーの構想』, 社会評論社, 1994年)
McAdam, D. / McCarthy, J. D. / Zald, M. N.(1996) "Introduction: Opportunities, Mobilizing Structures, and Framing Process - Toward a Synthetic, Comparative Perspective on Social Movements", in do. eds., *Comparative Perspectives on Social Movements: Political Opportunities, Mobilizing Structures, and Cultural Framings*, Cambridge University Press.
——— (1996) *Comparative Perspectives on Social Movements: Political Opportunities, Mobilizing Structures, and Cultural Framings*, Cambridge University Press.
McAllister, I.(1997) "Regional Voting", in P. Norris / N. T. Gavin eds., *Britain Votes*, Oxford University Press.
MacIntyre, A.(1984) *After Virtue*, University of Notre Dame Press.(篠崎栄訳『美徳なき時代』, みすず書房, 1993年)
McLennan, G. / Held, D. / Hall, S. eds.(1984) *State and Society in Contemporary Britain*, Polity Press.
Mandelson, P. / Liddle, R.(1996) *The Blair Revolution - Can Labour Deliver?*, Faber

and Faber.
Marquand, D.(1993) "After Socialism", *Political Studies*, vol. 61.
Meehan, E.(1994) "Equality, Difference and the Democracy", in D. Miliband ed., *Reinventing the Left*, Polity Press.
Melucci, A.(1989) *Nomads of the Present*, Hutchinson.（山之内靖他訳『現代に生きる遊牧民』, 岩波書店, 1997年）
―― (1996) *Challenging Codes*, Cambridge University Press.
Miliband, D. ed.(1994) *Reinventing the Left*, Polity Press.
―― (1994) "Introduction", in do. ed., *Reinventing the Left*, Polity Press.
Mishra, R.(1990) *Welfare State in Capitalist Society*, Harvester Wheat Sheaf.（丸山泠史他訳『福祉国家と資本主義―福祉国家再生への視点』, 晃洋書房, 1995年）
Modhood, T.(1994) "Ethnic Difference and Racial Equality", in D. Miliband ed., *Reinventing the Left*, Polity Press.
Mouffe, C.(1992) "Democratic Politics Today", in do. ed., *Dimentions of Radical Democracy*, Verso.（岡崎晴輝訳「民主政治の現在」『思想』第867号, 1997年）
―― (1993) *The Return of the Political*, Verso.（千葉眞他訳『政治的なるものの再興』, 日本経済評論社, 1998年）
Mouzelis, N.(1988) "Marxism or Post-Marxism?", *New Left Review*, no. 167.
Müller=Rommel, F. ed.(1989) *New Politics in Western Europe*, Westview Press.
New Times, The.(1989) "From the Manifesto for New Times", in S. Hall / M. Jaques eds., *New Times - The Changing Face of Politics in the 1990s*, Lawlence and Wishart.
―― (1989) "Realignment of Politics", in S. Hall / M. Jaques eds., *New Times - The Changing Face of Politics in the 1990s*, Lawlence and Wishart.
―― (1989) "Path to Renewal", in S. Hall / M. Jaques eds., *New Times - The Changing Face of Politics in the 1990s*, Lawlence and Wishart.
Norris, P.(1997) "Anatomy of a Labour Landslide", in P. Norris / N. T. Gavin eds., *Britain Votes*, Oxford University Press.
Norris, P. / Gavin, N. T. eds.(1997) *Britain Votes*, Oxford University Press.
Offe, C.(1985) *Disorganised Capitalism*, Polity Press.
―― (1985) "New Social Movements - Challenging the Boundary of Instituional Politics", *Social Research*, Winter.
―― (1987) "Democracy against the Welfare State?", *Political Theory*, vol. 15, no.4.
―― (1992) *Beyond Employment*, Polity Press.

Osborne, D. / Gaebler, T.(1992) *Reinventng Government*, Addison - Wesley.(高地隆司訳『行政革命』, 日本能率マネジメントセンター, 1994年)

Parekh, B.(1994) "Comment: Minority Right, Majority Values", in D. Miliband ed., *Reinventing the Left*, Polity Press.

Pierson, C.(1991) *Beyond the Welfare State*, Pennsylvania State University Press. (田中浩・神谷直樹訳『曲がり角にきた福祉国家』, 未来社, 1996年)

Pierson, P.(1994) *Dismantling the Welfare State?*, Cambridge University Press.

Poguntke, T.(1989) "The 'New Politics Dimension' in European Green Politics", in F. Müller=Rommel ed., *New Politics in Western Europe*, Westview Press.

Putnum, R. D.(1993) *Making Democracy Work*, Princeton University Press. (河田潤一訳『哲学する民主主義』, NTT出版, 2001年)

Rentoul, J.(1995) *Tony Blair*, Warner Books.

Robinstein, D.(1997) "How New is New Labour", *Political Quarterly*, vol. 68, no. 4.

Rootes, C.(1995) "Britain: Green in a Cold Climate", in D. Richardson / C. Rootes eds., *The Green Challenge*, Routledge

Sandel, M. J.(1982) *Liberalism and the Limits of Justice*, Cambridge University Press. (菊池理夫訳『自由主義と正義の限界』, 三嶺書房, 1992年)

Sassoon, D. ed.(1997) *Looking Left - European Socialism after the Cold War*, I. B. Tauris. (細井雅夫・富山栄子訳『現代ヨーロッパの社会民主主義:自己改革と政権党への道』, 日本経済評論社, 1999年)

Sassoon, D.(1999) "European Social Democracy and New Labour: Unity in Diversity?", in A. Gamble / T .Wright eds., *New Social Democracy*, The Political Quarterly.

Sopel, J.(1995) *Tony Blair: The Moderniser*, Michael Joseph.

Szankay, Z.(1994) "The Green Threshold", in E. Laclau ed., *The Making of Political Identities*, Verso.

Taylor, G. R.(1997) *Labour's Renewal? The Policy Review and Beyond*, Macmillan.

Thompson, G.(1984) "Economic Intervention in the Post-War Economy", in G. McLennan / D. Held, / S. Hall eds., *State and Society in Contemporary Britain*, Polity Press.

Thorpe, A.(1997) *A History of the British Labour Party*, Macmillan.

Vandenbrouke, F.(1999) "European Social Democracy: Convergence, Divisions, and Shared Questions", in A. Gamble / T. Wright eds., *New Social Democracy*, The Political Quarterly.

Walzer, M.(1983) *Spheres of Justice - A Defence of Pluralism and Equality*, Basic Books, 1983. (山口晃訳『正義の領分 多元性と平等の擁護』, 而立書房,

1999年）
—— (1987) *Interpretation and Social Criticism*, Harvard University Press.（大川正彦・川本隆史訳『解釈としての社会批判』, 風行社／開文社, 1996年）
—— (1992) "The Civil Society Argument", in C. Mouffe ed., *Dimentions of Radical Democracy*, Verso.（高橋康浩訳「市民社会論」『思想』, 第867号, 1997年）
Warde, A.(1982) *Consensus and Beyond: The Development of Labour Party Strategy since the Second World War*, Manchester University Press.
Weber, M.(1920-21) "Einleitung", in ders., Die Wirtscaftsethik der Weltreligionen.（大塚久雄・生松敬三訳「世界宗教の経済倫理序論」,『宗教社会学論選』, みすず書房, 1972年）
Whitehead, P.(1987) "The Labour Governments 1974-1979", in P. Hennesy / A. Seldon eds., *Ruling Preformance - British Governments from Attlee to Thatcher*, Basil Blackwell, 1987.
Wolin, S. S.(1986) "Contract and Birthright", *Political Theory*, vol. 14, no. 2.（木部尚志訳「イサクと二人の息子 契約と生得権」,『現代思想』第17巻12号, 1989年）
—— (1987) "Democracy and the Welfare State", *Political Theory*, vol. 15. no. 4.
—— (1996) "Fugitive Democracy", in S. Benhabib ed., *Democracy and Difference*, Princeton University Press.
Zald, M. N.(1996) "Culture, Ideology, and Strategic Framing", in McAdam, D. / McCarthy, J. D. / Zald, M. N. eds., *Comparative Perspectives on Social Movements: Political Opportunities, Mobilizing Structures, and Cultural Framings*, Cambridge University Press.

【日本語文献】
阿部潔 (1998) 『公共圏とコミュニケーション』, ミネルヴァ書房
井上達夫 (1999) 『他者への自由―公共性の哲学としてのリベラリズム』, 創文社
後房雄 (1994) 「左翼は『民主主義ゲーム』に入りうるか」同『政権交代のある民主主義』, 窓社
梅川正美 (1989) 「福祉国家の危機とサッチャー政府」田口富久治編著『ケインズ主義的福祉国家』, 青木書店
—— (1997) 『サッチャーと英国政治 I』, 成文堂
—— (1998) 『イギリス政治の構造』, 成文堂
大嶽秀夫 (1994) 『自由主義的改革の時代』, 中央公論社
大塚久雄 (1966) 『社会科学の方法』, 岩波書店

岡沢憲芙 (1988) 『政党』, 東京大学出版会
小野耕二 (2000) 『転換期の政治変容』, 日本評論社
賀来健輔・丸山仁編著 (2000)『ニュー・ポリティクスの政治学』, ミネルヴァ書房
加藤哲郎 (1986)『国家論のルネサンス』, 青木書店
────(1991) 『東欧革命と社会主義』, 花伝社
────(1996) 「ポスト・マルクス主義とリベラリズム」同『現代日本のリズムとストレス』, 花伝社
川北稔編著 (1998) 『イギリス史』, 山川出版社
吉瀬征輔 (1997) 『英国労働党』, 窓社
君村昌 (1993) 「サッチャー政権下の地方自治改革」君村昌・北村裕明編著『現代イギリス地方自治の展開』, 法律文化社
君村昌・北村裕明編著 (1993)『現代イギリス地方自治の展開』, 法律文化社
黒岩徹 (1999) 『決断するイギリス ニューリーダーの誕生』, 文藝春秋
斉藤日出治 (1998) 『国境を越える市民社会』, 現代企画室
向山恭一 (1994) 「ポスト・マルクス主義における『根源的民主主義』の可能性」『慶応大学法学研究』第67巻5号
佐々木毅 (1995) 「20世紀型体制についての一試論」『思想』856号
シュミッター／レームブルッフ編, 山口定監訳 (1984・86)『現代コーポラティズムⅠ・Ⅱ』, 木鐸社
白鳥令 (1996) 「政党の研究と現代政党の問題点」白鳥令・砂田一郎編『現代政党の理論』, 東海大学出版会
全日本自治団体労働組合編 (1999)『ヨーロッパ社会民主主義の新たな展開』
高橋進・高橋直樹・馬場康雄・宮本太郎・渡邊啓貴 (1999)「『中道左派』政権を選択した欧州（座談会）」『世界』1999年2月号
田口富久治 (1997) 「B．ジェソップ」田口富久治・中谷義和編『現代の政治理論家たち』, 法律文化社
田口富久治・鈴木一人 (1997) 『グローバリゼーションと国民国家』, 青木書店
田中宏 (1998) 『社会と環境の理論』, 新曜社
田端博邦 (1988) 「福祉国家論の現在」東京大学社会科学研究所編『転換期の福祉国家（上）』, 東京大学出版会
千葉眞 (1995) 『ラディカル・デモクラシーの地平』, 新評論
────(1996) 「デモクラシーと政治の概念」『思想』, 第867号
東京大学社会科学研究所編 (1984)『福祉国家Ⅰ 福祉国家の形成』, 東京大学出版会
豊永郁子 (1998) 『サッチャリズムの世紀』, 創文社

福家俊朗 (1996) 「続・変容するイギリスの法と行政―民営化と国家構造をめぐる矛盾の展開方向―」『名古屋大学法政論集』, 第167号
舟場正富 (1998) 『ブレアのイギリス』, PHP研究所
真柄秀子 (1998) 『体制移行の政治学』, 早稲田大学出版部
宮本太郎 (1996) 「ポスト福祉国家の政治経済学」生田勝義・大河純夫編『法の構造変化と人間の権利』, 法律文化社
毛利健三 (1990) 『イギリス福祉国家の研究』, 東京大学出版会
毛利健三編著 (1999) 『現代イギリス社会政策史』, ミネルヴァ書房
山口二郎 (1998) 『イギリスの政治 日本の政治』, 筑摩書房
山口定 (1989) 『政治体制』, 東京大学出版会
湯沢威 (1999) 「国営化・民営化と戦後経済の軌跡」服部正治／西沢保編著『イギリス100年の政治経済学』, ミネルヴァ書房
力久昌幸 (1999) 「新しい視点に基づくサッチャリズム解釈」『レヴァイアサン』25号, 木鐸社
リピエッツ, A．著, 井上泰夫・若森章孝編訳 (1993) 『レギュラシオン理論の新展開』, 社会評論社

用語索引

あ行

アイデンティティ 71～, 78～
　　―の重層的決定 57-58
　　―の多元化 8-10, 44-48, 55-56, 109, 122, 139, 177, 205, 209, 225, 258
　　―の浮遊 57, 83
IPPR 256
アカウンタビリティー 165, 278
アソシエーショナル・デモクラシー 144～, 152-153, 156, 159～, 164～, 304
新しい社会運動 43～, 57～, 66, 77-81, 97, 101-102, 109～, 139, 160
新しい政治 21-25, 48, 55～, 65, 74, 77～, 82, 98, 109, 184～, 237, 309
ウェールズ 203, 230, 250-252, 284, 295
エコロジー 22
エスニシティ 140
NGO 111, 144
NPO 111, 144
エンパワーメント 142, 161, 277-278
オイル・ショック 204, 209

か行

階級還元性 22-23, 42, 74
階級中心性 15, 24, 40, 44, 58, 64～, 195, 197, 209～, 232～
　　―の相対化 44, 147, 244, 309
可能性の再分配 261, 263, 293, 299
完全雇用 32, 35
議会（制） 157-158, 163～, 186-187
機会の平等 259, 263～, 246, 280, 284, 292, 299
北アイルランド 37, 140
共鳴（盤） 74～, 88, 99, 108～, 131, 147, 236-237, 240, 245, 248, 284
グローバル・デモクラシー 173
経済規定性 23, 74
経済成長 31, 35, 39, 199, 201-204, 209
経済中心性 15, 40, 58, 64～, 195, 197, 209～, 232～
　　―の相対化 44, 45, 147, 244, 309
経済的政治体制 29-30, 40, 45, 106
ケインズ主義 31, 35, 39, 207, 229
権威主義的ポピュリズム 37, 50, 127-128
言説 56, 59, 61-62, 65, 84, 285
　　―戦略 98, 109, 114, 233, 242, 299, 310
公共性 143, 152
構造と行為者 74～
構造の再活性化 38-40, 43, 56, 76
構造の沈殿 37-38, 76
構造の転位 37～, 46, 48, 56, 66, 75～
綱領四条改訂 200, 229, 233, 238～, 255, 303-306
国家－市民社会関係 130, 155, 311
国家中心性 15, 125, 147, 153, 195-197, 201～, 210～, 230～, 263-265
　　―の相対化 158, 244, 272, 279, 302, 309
国家の縮小 131, 152
コーポラティズム 207-210
コミュニタリアン 250, 286～
コミュニティ 144, 161, 190, 218, 250, 255, 264～, 286～, 299, 304-305
コレクティヴィズム 194, 211, 294
コンセンサス政治 31, 32～, 122, 194～, 204-205, 208, 211
　　―の終焉 35～

さ行

サッチャリズム 9, 37, 101, 113, 127～, 148～, 183～, 211～, 227, 237, 248, 257～, 280～, 287, 301～, 305
左翼 8, 18, 97, 235
　　―リバータリアン 80-81
CSJ 256, 259, 262-263, 265～, 274, 292-294, 304, 314

用語索引 329

シティズンシップ　151-152, 156, 264
市民社会　119, 125, 134, 157, 167, 262-264, 273, 281
　　―の自律化　112, 113, 126, 148, 269, 285
　　―の再構築　268
　　―の制度化　145-146, 156
　　―の政治化　112, 114-117, 119, 148-149, 159～, 186, 266, 285, 311
社会経済的平等　30～, 58, 106, 194-197, 205, 211～, 230
社会主義　107-108, 124, 215, 229, 233～, 242, 247, 303
社会正義　256～, 303
社会福祉　30-31, 196
社会保障　30-31, 39, 196
社会民主党（ドイツ）　9, 226, 314
自由経済と強い国家　129
シュンペータリアン・ワークフェア国家（レジーム）　66, 68～, 87
新保守主義　8, 16, 42, 97, 113～, 126～, 141, 147～, 154, 160～, 178, 206, 211～, 305, 311
スコットランド　36-37, 140, 203, 230, 250-252, 284, 295
　　―国民党　210
ステークホルダー　263, 293
政治的なるもの　106, 119, 131-137, 148, 154-155, 165～, 175, 186, 237, 248, 289-291, 304, 310～
政治的領域の拡大　101-102, 116-119, 133-139, 141～, 158, 169～, 178, 185～, 211, 257, 265-267, 272～, 282～, 287～, 310～
政治の優位性　26, 58, 74, 77, 97
戦後ヘゲモニー構造　29～
戦略―理論アプローチ　62, 64, 68

た行

第三の道　153, 283, 300～, 314
代議制民主主義　165～
対話的民主主義　143, 175
脱組織資本主義　39
脱物質主義　44, 56, 109
中道左派　301, 312

テクノクラート　24, 200-203, 210, 258-259, 263
　　―コレクティヴィズム　200-203, 205, 210

な行

日本社会党（社会民主党）　13, 97
ネオ・マルクス主義　11, 64, 74
ネオ・コーポラティズム　31, 43

は行

バイアスの動員　33
フォーディズム　43, 53, 66-68
福祉国家　30～, 45, 48, 106～, 147～, 195～, 238, 257～, 293
　　―の危機　8, 39-40, 125, 183, 204～, 309
　　―の再構築（論）　40～, 52, 97-98
不満の冬　36, 208-209, 213
フレーミング理論　90
平和運動　113
ベヴァリッジ・プラン（報告）　33-36, 194, 256, 258
ヘゲモニー　25-27, 55～, 60～, 74, 84
　　―構造　29, 32～, 36, 49
　　―と主体の関係　72～
ヘゲモニック・プロジェクト　27, 27, 34～, 59, 79～, 99, 105, 150, 183～, 248, 310
　　サッチャリズムの―　128-129, 211, 217
　　ジェソップにおける―　63-64
　　ニュー・レイバーの―　229, 234-236, 244～, 255, 276, 281, 303～
　　―の不在　23-24, 46
ポスト・フォーディズム　66-68, 87, 122, 130, 178
ポスト福祉国家　8, 12, 17, 25, 48, 131, 188-196, 217, 255, 291, 309
ポスト・モダン　98

ま行

マルクス主義　9, 21, 74, 83, 124-125
緑の党（ドイツ）　44, 81-82, 91, 102
民主主義的自律　141-143, 148-149, 156, 264, 285, 304

民主主義の二重の過程　160-163
民族（問題、運動）　22, 56, 157, 161
モダナイゼーション　266, 274

ら行

ラディカル・デモクラシー　155-157, 160, 163, 172, 175, 187, 261, 304
ラディカル・センター　301-304
リバータリアン－コミュニタリアン　136, 153-154
リベラリズム　112-114, 125-127, 133-136, 141, 149, 163, 264, 281, 285, 311
倫理社会主義　215, 235, 250, 255, 269, 303
レーガノミクス　183
レギュラシオン（学派，理論）　53, 60, 64

人名索引

あ行

アダムズ　I.Adams　286-288
アトリー　C.Attlee　195-198, 212
イーグルトン　T.Eagleton　71-72
井上達夫　288-289, 296
イングルハート　R.Inglehart　44
ウィルソン　H.Wilson　200-205, 209
ヴェーバー　M.Weber　89
ウォーリン　S.Wolin　29-30, 106-107, 118, 156-157, 159, 172, 175, 248
ウォルツァー　M.Walzer　157, 173, 289, 296
梅川正美　194
エスピング＝アンデルセン　G.Esping-Andersen　55
エティオーニ　A.Etzioni　288
大嶽秀夫　49
大塚久雄　89
小野耕二　82, 175
オッフェ　C.Offe　39, 53, 110〜, 115〜

か行

カヴァナー　D.Kavanagh　32, 35, 51, 198-199, 206, 213, 216, 218
加藤哲郎　11, 18, 26
ギャンブル　A.Gamble　129, 207, 211
キッチェルト　H.Kitschelt　21, 24, 80-81
ギデンズ　A.Giddens　12, 18, 97, 129, 134, 143, 173, 175, 177, 263, 293, 301, 304, 306
キノック　N.Kinnok　213〜, 226-227, 256
キーン　J.Keane　98-99, 134, 158, 160, 167-170, 175, 186-187
グラムシ　A.Gramsci　26, 54, 61
クリントン　B.Clinton　312, 314
クロスランド　A.Crosland　198〜
ゲイツケル　H.Gaitskell　198-201, 204, 209, 214, 239
ケインズ　J.M.Keynes　205
ケニー／スミス　M.Kenny/M.J.Smith　219-222
ケルブレ　T.A.Koelble　226
コーエン／アラート　J.L.Cohen/A.Arato　113, 119, 120, 156

さ行

佐々木毅　50, 53
サッチャー　M.Thatcher　206, 211, 216〜, 312
サンデル　M.Sandel　289, 296
ジェソップ　B.Jessop　60〜, 66〜, 72-74, 84-86, 137
シャンカイ　Z.Szankay　81
シュミット　C.Schmitt　169
シュレーダー　G.Schröder　312, 314
ジョスパン　L.Jospin　314
ジョーンズ　S.Jones　224
スミス　J.Smith　217, 239, 256
ソープ　A.Thorpe　200, 224

た行

ダルトン　R.J.Dalton　54
ダレーマ　M.D'Alama　312
チャーチル　W.Churchill　212
千葉眞　156
トゥレーヌ　A.Touraine　67
豊永郁子　224
ドライバー／マーテル　S.Driver/L.Martell　250, 286-288

な行

ノージック　R.Norzick　112

は行

ハイエク　F.A.Hayek　50, 206
パウエル　E.Powell　205
ハースト　P.Hirst　134, 140, 144〜, 153, 158,

161, 165〜, 186, 304
パットナム　R.D.Putnam　268, 288, 294
ハーバーマス　J.Habermas　67, 174
パレク　B.Parekh　161
ピアソン　C.Pierson　31, 39〜, 41〜, 52-53, 66, 70
ヒース　E.Heath　206-207
ヒルシュ　J.Hirsch　60〜, 66〜, 72-74, 84-86, 137
ブラウン　G.Brown　252
フリードマン　M.Friedman　50, 206
ブレア　T.Blair　153, 216〜, 231〜, 250-252, 255〜, 275-278, 281, 286-287, 290, 300, 304
プレスコット　J.Prescott　240, 246-247
プローディ　R.Prodi　312
ヘイ　C.Hey　218, 227
ベック　U.Beck　173
ヘルド　D.Held　22, 122, 124, 126, 134, 141-147, 151, 158〜, 186, 264, 304
ベルンシュタイン　E.Bernstein　46〜, 65, 70
ベン　T.Benn　225
ボッビオ　N.Bobbio　18, 97, 177
ホール　S.Hall　122-123, 127, 134, 151, 286

ま行

マークァンド　D.Marquand　107, 232, 304

マッカリスター　I.McAllister　283
マッキンタイア　A.MacIntyre　289, 296
マルクーゼ　H.Marcuse　67
マンデルソン　P.Mandelson　250, 263, 273, 276, 297
ミシュラ　R.Mishra　41〜, 52-53, 70
宮本太郎　68, 88
ミリバンド　D.Miliband　131
ムーゼリス　N.Mouzelis　73-74
ムフ　C.Mouffe　289, 296
メージャー　J.Major　216-217
メルッチ　A.Melucci　119
モドフッド　T.Modhood　151

や行

山口定　49, 52

ら行

ラクラウ／ムフ　E.Laclau/C.Mouffe　21, 23〜, 37〜, 45〜, 55〜, 63〜, 71〜, 77〜, 82, 97-98, 100, 187, 264, 304
リピエッツ　A.Lipietz　53
レーニン　B.Lenin　54
ロールズ　J.Rawls　112

著者略歴

近藤　康史（こんどう　やすし）
　1973年　愛知県に生まれる
　1995年　名古屋大学法学部卒業
　2000年　名古屋大学大学院法学研究科博士課程後期課程修了
　現　在　筑波大学社会科学系講師，博士（法学）
　専　攻　政治理論，現代イギリス政治，福祉国家論
　主な論文
「ニュー・レイバーのヘゲモニック・プロジェクト―『新しい政治』の左派政党戦略―（一）～（四・完）」『名古屋大学法政論集』第183～185号・187号，2000～2001年

左派の挑戦：理論的刷新からニュー・レイバーへ

　2001年9月30日第一版第一刷発行©

著　　者：近藤　康史
発 行 者：能島　豊
発 行 所：有限会社　木鐸社（ぼくたくしゃ）
印　　刷：㈱アテネ社
製　　本：関山製本社
住　　所：〒112-0002 東京都文京区小石川 5-11-15-302
郵便振替：00100-5-126746
電話／ファックス：(03) 3814-4195
乱丁・落丁本はお取替致します
著者との了解により検印省略
ISBN4-8332-2314-7　C3031

力久昌幸著 **イギリスの選択**
　　　　　―欧州統合と政党政治
　　　　　　A5判442頁6000円　ISBN4-8332-2233-7

近藤潤三著 **統一ドイツの変容**
　　　　　―心の壁・政治倦厭・治安
　　　　　　A5判396頁4000円　ISBN4-8332-2258-2

P.シュミッター，G.レームブルッフ編　山口定監訳
現代コーポラティズム（Ⅰ）
　　　　　―団体統合主義とその理論
　　　　　　46判360頁3000円　ISBN4-8332-0206-9

G.レームブルッフ，P.シュミッター編　山口定監訳
現代コーポラティズム（Ⅱ）
　　　　　―先進諸国の比較分析
　　　　　　46判360頁3000円　ISBN4-8332-0207-7

長尾伸一・長岡延孝編監訳
制度の政治経済学
　　　　　―制度論的アプローチ
　　　　　　A5判320頁3000円（2000年）ISBN4-8332-2288-4
ロジャー・ホリングスワース，ロベール・ボワイエ，ピーター・ホール，カッツェンスタイン，ジェフリー・ハート，A.コーソン，P.シュミッターらの諸論考を独自に編集構成

小笠原浩一著 **「新自由主義」労使関係の原像**
　　　　　―イギリス労使関係政策史
　　　　　　A5判276頁4000円　ISBN4-8332-2201-9

森建資著 **雇用関係の生成**
　　　　　―イギリス労働政策史序説
　　　　　　A5判402頁5000円　ISBN4-8332-2116-X